工业和信息化部“十四五”规划教材

船舶与海洋工程流体力学

段文洋　编著

科 学 出 版 社
北 京

内 容 简 介

本书从质量、动量和能量守恒定律出发，针对连续介质流体，用形象的物理概念和生活现象启发思考，而不追求抽象的数学力学推演，简明讲述流体力学的基本概念和基本理论。本书内容分为三部分：第一部分为流体性质及其静力学(第 1、2 章)，讲述流体基本概念、物理性质和流体静力学；第二部分为流体动力学基础(第 3～6 章)，讲述控制体概念及守恒定律的流体应用、流线与伯努利定理及其应用、理想流体的欧拉方程、黏性流体的纳维-斯托克斯方程、量纲分析与流动相似理论及其应用；第三部分为流体力学应用基础(第 7～10 章)，讲述层流与湍流管路分析、边界层与流动分离、摩阻与压阻、涡旋流动与无旋流动、水波流动。本书内容丰富，配有例题和实践题，适合自主学习。

本书可作为船舶与海洋工程、机械类等相关专业的本科生教材，也可供船舶和海洋平台设计人员参考。

图书在版编目（CIP）数据

船舶与海洋工程流体力学 / 段文洋编著. —北京：科学出版社，2024.5
工业和信息化部“十四五”规划教材
ISBN 978-7-03-078489-6

Ⅰ. ①船… Ⅱ. ①段… Ⅲ. ①船舶流体力学-高等学校-教材 ②海洋工程-流体力学-高等学校-教材 Ⅳ. ①U661.1 ②P75

中国国家版本馆CIP数据核字(2024)第092633号

责任编辑：朱晓颖 张丽花 / 责任校对：王 瑞
责任印制：师艳茹 / 封面设计：马晓敏

科 学 出 版 社 出版
北京东黄城根北街 16 号
邮政编码: 100717
http://www.sciencep.com
北京九州迅驰传媒文化有限公司印刷
科学出版社发行 各地新华书店经销
*
2024 年 5 月第 一 版 开本：787×1092 1/16
2025 年 1 月第二次印刷 印张：13 1/4
字数：314 000
定价：59.00 元
（如有印装质量问题，我社负责调换）

前　言

党的二十大报告指出："教育、科技、人才是全面建设社会主义现代化国家的基础性、战略性支撑。"同时提出："发展海洋经济，保护海洋生态环境，加快建设海洋强国。"在中国的现代化进程中，高等教育担负着为海洋强国培育人才、孕育科技创新动力的重要使命。海洋覆盖地球表面约 70%的面积，在气候调节、生态系统、资源能源、船舶运输等方面发挥着至关重要的作用。海水是流体，永不停息地运动，掌握流体力学基本概念和基本理论，对于认识海洋、创新船舶结构物并保护好海洋具有重要意义。

传统的流体力学是一门宏观力学，不考虑流体的分子运动，研究连续介质流体运动规律，以及流体与固体、液体与气体界面之间相互作用力问题，是水利、土木、航空、造船、海工、核能、石化、动力及机械工业的理论基础。随着新能源、新材料、低碳环保、海洋生态、微机电流动和生命科学的发展，对于流体力学的研究，与统计力学、物理化学、物理力学等学科联通交叉，向着介观和微观力学层次迈进，活跃在科学前沿。

对于工科大学生，普遍反映学懂弄通流体力学并不简单，往往是被流体力学数学方程占领头脑，而不是对流体力学物理规律融会贯通。这不仅造成热爱流体力学进而深入研究流体力学新问题的人才较少，而且导致利用基本流体力学原理解决大量工程实际问题的技术创新手段匮乏。实际上，许多工程技术发明创造，特别是海洋工程领域的新技术都是基于浅显的流体力学原理，例如，深海工程 SPAR 平台的发明就是巧妙利用了水波沿水深的衰减特性。

作为流体力学研究人员和船舶与海洋工程专业的从教人员，作者对于上述问题研究思考多年。2020 年作者被任命为哈尔滨工程大学南安普敦海洋工程联合学院(以下简称联合学院)院长。联合学院是教育部批准的首个海洋工程中英联合办学机构，涉及船舶与海洋工程、轮机工程、水声工程、自动化等四个专业。因此作者有机会研究当前欧美大学工程专业的流体力学教学模式。与我国工程专业显著不同的一点是，欧美大学的流体力学大多不是用一门课完成教学的，而是划分为 2 门或 3 门前后衔接的课程，分布在 2～3 年(学期)分层递进完成。这符合当今大学生普遍思想活跃、网络信息丰富、便于知识搜索自学的特点。课程和教材以启发兴趣、调动学生实践和批判思维为导向，逐步实现对流体力学的融会贯通。实际上，联合学院四个专业的热流体、流体力学和海洋水动力学等递进课程就是这样开展的。

作者认为学生需要一本与上述新工科教育思想匹配的中文流体力学教材。它既可以针对多数工科专业学生分 2～3 学期学习使用，也可以针对少数学生一气呵成学完。作者正在数易其稿的时候，发现了流体力学 Batchelor 奖获得者、普林斯顿大学的美国工程院院士 Alexander J. Smits 教授的流体力学电子教材。该教材的撰写思想不同于传统依靠方程表述流体力学的数学模式，而是着力于从物理现象启发读者，并结合基本微积分表述的物理模式，体现了循环递进、深入浅出、能力提升的流体力学教育思想。

受该书启发，作者形成撰写本书的三条新思路。

第一，为读者逐步揭开流体力学的面纱。打破传统教材流体静力学、流体运动学、流体动力学的知识递进模式，改成面向能力渐进的模式：初阶——流体物理与静力学，中阶——流体守恒与伯努利定理，高阶——量纲分析与管内湍流、边界层与分离涡流。

第二，使读者逐渐提高解决流体问题的能力。初阶能力——理解常见流动现象，解决海洋静压问题；中阶能力——解决常见流量与流速、流线、压强与流动受力问题，理解黏性能量耗散原理；高阶能力——以量纲分析作为桥梁，以实际常见的内外湍流现象为抓手，提升抓住流动物理本质的能力。

第三，引导读者循环提升对于流体力学的兴趣。当今是信息爆炸的时代，知识无处不在。关键在于是否有兴趣主动寻找。联合学院的教学模式强调教时不等于学时，学生自主学习是主体。本书在介绍流体力学基本理论的基础上，在有关章节设置【实践感悟真知】专栏，建议多维度自主学习和动手实践，教材和思政内容相结合，真实感悟流体力学更远更深、更广更新的问题，循环提升个性化的批判思维能力。

本书入选工业和信息化部“十四五”规划教材。教材编著过程中，哈尔滨工程大学船舶工程学院流体力学研究所赵彬彬教授和部分研究生绘制了本书的插图，作者对此表示感谢。作者希望本书能够激发学生对于流体力学的学习兴趣，为海洋强国建设和教育、科技、人才协同融合作出贡献。

由于作者时间和水平有限，书中难免存在疏漏之处，恳请专家和读者批评指正。

段文洋

2023 年 11 月

目　录

第一部分　流体性质及其静力学

第三部分 流体力学应用基础

第一部分　流体性质及其静力学

第1章　流体的物理性质

本章将介绍质量、动量和能量概念在流体中的具体物理表现，目的是建立流体流动分析的物理基础，使读者能够从物理的角度分析实际流动。本章将从流体物质微观粒子的运动及其力学行为解释宏观流动现象；从微观粒子质量及其数量分布引出质量密度概念和流体分析常用的连续介质假设；从几何连续宏观流体微元的受力引出体积力和表面应力概念；从微观粒子热运动引出温度和内能的概念及其与不同流动假设下的流体状态方程的关系；最后，用宏观平衡状态流体介绍上述物理性质的基本应用。

1.1　流体的性质

本节首先从人类实践观察结果出发，引出流体的宏观概念，进一步从微观分子间作用的角度，分析流体不同聚集态的表现和原因，最后介绍流体的应用领域。

1.1.1　流动性、黏性和压缩性

周围看到的几乎所有物质都可以用固体(solid)、液体(liquid)和气体(gase)来描述。固体具有确定的形状，而且仅当外部条件改变时才会发生形状的改变。例如，金属和木材等固体具有明确的形状，受力时会发生变形而达到新的平衡状态，变形的程度与作用力的大小有确定的关系。作用力消失后，固体的弹性变形往往可以恢复原貌。液体和气体统称流体(fluid)。宏观上，流体受到剪切外力作用时总会发生变形，并且会有不断继续变形的运动特性，称为流动性(fluidity)。流体与固体的不同在于流体不能承受剪切力的同时保持静止状态。一团流体没有特定的形状，例如，常温常压下，无法说水和空气是什么形状，把水盛放在不同的容器中，水就会表现为不同的外形。

『实践感悟真知』-【上善若水】　从中国文化感悟流体，老子《道德经》第八章中提到“上善若水”，将文化与水联系起来。请通过网络等途径查找原文并摘抄，学习思考其内涵，从人文和心智角度理解流体的流动性。

从力学观点来看，流体和固体的差别可以从物质截面对法向和切向作用的承受能力来区分。固体的截面在静止时，既能承受法向应力，也能承受切向应力，抗剪切是固体的特性。流体的截面在静止时，仅能承受法向应力，而不能承受切向应力，无论切向应力多小，

流体都会连续不断地流动变形。流体在具有变形速度时也有切向应力，但流动停止时这种切向应力便消失，并且流体不能恢复原来的形状。流体的这种抗拒变形的特性称为黏性(viscosity)。例如，在水池中，无论用手掌面推水，还是用手侧面划水，水都会产生平行于掌面和垂直于掌面方向的流动，并对手产生阻力。手停止运动，水的黏性作用抵抗水体间运动，水逐渐停止流动，不再对手产生阻力。如果用手拉长弹簧，无论是在拉长的过程中，还是拉到一定长度停止不动时，手始终受到弹簧的拉力。这就是水作为流体的黏性表现与弹簧固体特征的不同之处。实验表明，黏性依赖于流体物质本身的性质，并随温度而变化。例如，人在浅水泳池中步行受到的阻力比人在空气中以相同速度步行受到的阻力大，这是由于水的黏性比空气大。流体的黏性作用力还与相对速度紧密相关。例如，人在泳池中快步前进比慢步前行阻力大。与之相比，用手拉长弹簧时受力大小仅仅与弹簧变形大小有关，与拉长弹簧的快慢无关。这进一步表明流体与固体的区别。

因此，流体可定义为在任意小的剪切力作用下可以无限连续变形的物质。显然，真实流体的流动性或容易变形的特征，都源于流体不能抵抗剪切作用力的性质。当流体的相对速度和黏性都不大，且黏性作用相对于流动惯性很小时，可以把流体近似看成无黏性的，称为理想流体。注意，理想流体在真实世界是不存在的，仅是一定条件下的流体近似模型。

流体中区别液体和气体的重要特征是压缩性(compressibility)。作用在流体上的压力会引起流体体积和密度的变化，这一性质称为流体的可压缩性。液体在常温常压下有确定的体积而没有固定的形状，很难压缩，因此当容器的容积比液体体积大时，液体会出现自由面(free surface)。例如，将水杯倾斜可以观察到水体和水面的变化。而气体则容易压缩，可均匀充满容器的有限空间。例如，气球中气体的体积和形状会随着气球的大小和外形发生变化，而不会出现自由面。注意，当气体的密度变化小时，往往也可看作不可压流体。但是对于高速流动的气体以及压强发生剧烈变化的液体和气体，必须考虑压缩性。

流体的压缩性在工程中有重要的应用。例如，内燃机的压缩冲程就是利用气体的压缩性，将机械能转化为内能；液压起重机就是利用液压油的不可压缩性，通过液压缸传递压强。

固体也是压缩性很小的物质，因此固体和液体因其压缩性很小而统称为凝聚态(condensed state)物质。液体和固体的区别并不是绝对的，因为有许多物质，它们的行为在某些方面像固体，而在另一些方面却又像流体，具有流体和固体的双重性质。例如，金属在常温下是固体，在高温下熔化又成为液体；玻璃从短期来看是固体，但玻璃窗板经过几十年会变形，长期来看是高黏性流体；胶状物或油漆这类触变物质被静放一段时间后，其性质像弹性固体，当它们在受到摇晃和被刷动时，又失去弹性而像流体；路面沥青在常温下的行为像固体，公路在汽车经过的过程中，沥青路面发生变形后恢复原状，但高温下受重力作用，它的变形也会像流体那样可逐渐铺开。

固体、液体和气体等常见物质都是由原子或分子组成的。固体、液体和气体这三种形态的物质存在宏观差别的主要原因是微观的分子聚集状态和分子间作用力的大小不同。因此，可以从微观尺度进一步分析。

1.1.2　流体物质分子间的作用

常温常压下，大多数物质都有固态、液态和气态等三种聚集状态，例如，冰、水和水蒸气是水分子的三种聚集态。在物质的聚集态中，分子与分子之间存在较弱的吸引力。该吸引力由荷兰物理学家范德瓦耳斯(van der Waals，1837—1923)于 1873 年提出，故称为范德瓦耳斯力。大量的实验和计算表明，分子间由于静电作用、诱导作用和色散作用而产生的分子间势能与分子间距离的六次方成反比。当分子间因范德瓦耳斯力相互吸引而靠得很近时，分子外层电子云之间会重叠产生很强的排斥力。排斥力对分子间相互作用势能的贡献与分子间距离的 n 次方成反比，常数 n 通常为 8～16。

将吸引力和排斥力的作用统一起来，就可以完整表述分子间相互作用的势能 $V(r_{ij})$ 与分子 i 到分子 j 的距离 r_{ij} 间的关系，$V(r_{ij})$ 称为势能函数。英国理论化学家伦纳德-琼斯(Lennard-Jones，1894—1954)于 1924 年提出一个常用的分子间势能函数，其表达式为

$$V(r_{ij}) = 4\varepsilon\left[\left(\frac{\sigma}{r_{ij}}\right)^{12} - \left(\frac{\sigma}{r_{ij}}\right)^{6}\right] \tag{1.1.1}$$

式(1.1.1)称为伦纳德-琼斯势能函数，简称 L-J 势，或 12-6 势。式中，第一项表示排斥作用，第二项表示吸引作用。由此，分子 i 受到分子 j 的作用力 $\boldsymbol{F}_{ij}$ 为

$$\boldsymbol{F}_{ij} = -\nabla V(r_{ij}) \tag{1.1.2}$$

分子间的作用是可以叠加的。分子动力学(molecular dynamics，MD)模拟中，分子的运动遵循牛顿运动定律：

$$m_i \frac{\mathrm{d}\boldsymbol{v}_i}{\mathrm{d}t} = \sum_j \boldsymbol{F}_{ij} + \boldsymbol{F}_{\text{external}} \tag{1.1.3}$$

伦纳德-琼斯势能和作用力曲线如图 1.1.1 所示。由图可见，当两个分子相距较远时，分子间作用力很小，可忽略；当两个分子逐渐接近并达到纳米距离时，即 10Å($1Å=1\times10^{-10}\text{m}=0.1\text{nm}$)，开始呈现吸引力。然后吸引力逐渐增大，当分子进一步靠近时，排斥力开始出现，并且排斥力随距离减小急剧增大，当两分子相距 $r_{ij}=r_0$ 时，势能达到最小值，吸引力与排斥力抵消。r_0 称为平衡距离，其量级为 0.1nm。当两分子更接近时，排斥力很大，在距离 $r_{ij}=d$ 处动能为零，避免了两个相邻分子间距离进一步减小，距离 d 通常认为是分子的有效直径。

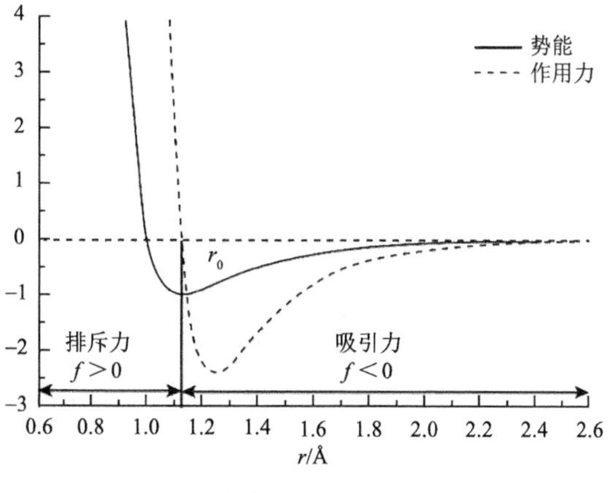

图 1.1.1　伦纳德-琼斯势能和作用力曲线

对于固体和液体这种凝聚态物质，分子间平均距离为 3～4Å，如水分子的直径约为4Å，可见水分子与水分子基本上相互紧靠。气体分子的直径约为 3Å，气体分子间平均距离为凝聚态物质分子平均间距的 10 倍。固体和液体中分子间距在分子力的作用半径以内。固体中分子间距离最小作用力最大，且排列有序，每个分子都有固定位置，而且分子以其固定位置为中心振动，因而固体具有一定的形状和体积。液体中分子间距离比固体稍大，因而作用力比固体稍小。液体分子振幅比固体稍大，且其平衡位置经常变动，因而液体具有一定的体积，难以压缩，具有流动性。气体分子之间作用力很小，分子近似做自由与无规则的运动，因此气体无固定形状，容易流动和压缩。

流体除了黏性和压缩性，还有热传导和扩散等性质。当流体中存在温度差时，将出现热量从高温区向低温区传递的热传导现象。例如，将一杯热水倒入冷水杯中，冷水会升温。当流体混合物中存在某组元浓度差时，浓度高的部位将向浓度低的部位输送该组元物质，这种现象称为扩散。例如，将吸烟室的门打开后，附近走廊会有烟气弥漫。

流体的黏性、热传导和扩散性等宏观物理性质，都是流体分子不规则热运动在流体间交换动量、能量和质量的统计平均结果，这称为分子运动的输运性质。流体黏性源于分子的动量输运，流体热传导源于分子的能量输运，流体扩散性源于分子的质量输运。

例题 1-1　新型冠状病毒疫情发生并席卷全球，给全人类生命健康带来挑战，而佩戴口罩可以有效降低感染风险。

解　可以从流体的微观尺度给予解释：新型冠状病毒外观呈现球形，最外层的包膜上镶嵌着花瓣样放射状排列的棘突，外形类似于皇冠，命名为冠状病毒。其直径大小平均为0.1μm，也就是 1000Å，通过飞沫(一般指直径大于 5μm 的含水颗粒)等空气传播。最常用的N95 口罩指的是可过滤空气中 95%直径 0.3μm 以上非油性颗粒的口罩。因此，可以认为口罩的最小空隙平均直径为 3000Å，气体分子平均间距 30Å，可以在不影响正常呼吸的同时通过约 7000 个空气分子，而黏附新型冠状病毒的飞沫微粒直径约 50000Å，大于口罩的最小空隙，可以被 N95 口罩阻隔。因此，正确佩戴口罩可以有效降低感染风险。

1.1.3　流体与人类生活和发展

根据流体的定义，具有流动性的物质不仅有水和空气，血液、泥浆、细沙、石油、天然气等都具有流动性。人们可以利用流体的流动性制造标准容器进行储存，利用螺旋面转动实现水力提升和水泥搅拌，采用管道进行油气输运，也可以利用高温熔化金属为流态进行铸造。需要注意，即使没有剪切作用力，流体也可以流动，因为单独的压强差也可以引起产生加速度的力。例如，汽车均匀加速运动时，储油箱中液面倾斜就是由压强差引起的。

理解流体力学的基本原理，无论对于生命健康还是日常生活都是十分重要的。从心脏泵入动脉和静脉的血液流动、肺部的气体交换，到静脉输液、人造心脏、呼吸机、透析机系统，都离不开流体力学基本知识。从城市住房中的水管、天然气管、下水管，到整个城区的相应连接管路，其设计和应用都离不开流体力学原理。同样，吸尘器的设计、冰箱中制冷剂流管、暖气管道、空调管路的设计与维护，都是基于流体力学原理。

流体力学在现代装备设计研发方面起到至关重要的作用，如飞机、船舶、潜艇、火箭、喷气发动机、风机、生物医学设备、电子器件冷却系统等。在输运系统设计方面，如原油、天然气和水的输运系统；在建筑设计方面，如高楼、桥梁甚至广告牌的风载设计，都要考虑流体力学的运用，解决流动及其载荷问题。

许多自然现象的解释也离不开流体力学，如雨季周期、气象模式、江河中的涡流、风和海浪等；又如，水从土壤中向上移动到大树叶部，鸟的飞行，鱼的游动等现象。

『实践感悟真知』-【鱼游鸟飞】 流体力学虽然由来已久，但又有许多自然现象未能解读，这就是流体力学的有趣之处。鱼和鸟能够充分利用水流和气流，以最小的能量实现最优的游动和翱翔。学生可以观测不同的鱼游或鸟飞，记录水流或气流等环境的变化，概括鱼游动作或鸟飞行姿态的种类，给出自己对水、气流动与鱼游鸟飞相关联的初步认识。

1.2　流体的连续介质假设

本节首先从流体的微观分子运动平均自由程特征参数出发，面向宏观力学描述目标，引出三种流体系统描述方法。进一步引出宏观流体分析中流体质点的概念及其与流体物质的质量密度、动量密度以及能量密度的关系，最后给出流体宏观连续介质假设及其适用范围。

1.2.1　微观、介观和宏观流体模型

流体力学的任务是研究流体物质宏观运动规律，以及它与其他物质或物质其他形态之间的动量、质量、热量传递问题。而流体中的动量和质量传递以及趋于热力学平衡态都是通过分子间碰撞发生的，因此与分子间碰撞相关的时间和长度成为流动分析重要的判断参数。分子连续两次碰撞之间可能运动的距离的平均值称为平均自由程 λ。在一定的外界条件下，不同物质分子的平均自由程各不相同，在标准状况下，氧气的平均自由程 $\lambda = 6.5\times10^{-8}\mathrm{m}$，空气的平均自由程 $\lambda = 6.1\times10^{-8}\mathrm{m}$，其平均碰撞时间为 $10^{-10}\mathrm{s}$。从学过的化学知识可以知道，1mol 的任何物质，都含有 6.02214076×10^{23} (阿伏伽德罗常数)个分子。1mol 水的质量为 18g，1mol 二氧化碳的质量为 44g。可见组成宏观流体系统的分子数量巨大，流体微观运动的自由度与阿伏伽德罗常数是同一量级。因此，对所有流体物质的宏观运动都做分子尺度的微观描述是面广量大、极具挑战性的。

到目前为止，流体系统的描述方法，根据不同的尺度可以分为微观模型、介观模型和宏观模型。微观模型直接从流体分子行为出发，将流体视为由大量分子构成的多体动力学系统，通过对每个分子运动的刻画并采用统计方法来描述流体的宏观运动。宏观模型则忽略流体分子的分立结构，将流体的宏观运动取作流体微元中分子微观运动的平均，把流体看作由无穷多流体质点充满流场的连续介质，宏观描述的变量仅为空间点上的密度、速度、温度、压强、应力张量等。介观模型则着眼于刻画流体分子的速度分布函数及其时空演化过程，通过宏观物理量与分布函数之间的关系，获得宏观流动信息。

『实践感悟真知』-【格子玻尔兹曼】 流体力学宏观模型能够解释许多自然流动现象，基于该流体模型可以解决大部分已有工程技术问题。但是也有许多现象和问题，如船舶与海洋工程中的水汽相变和流噪声问题，采用宏观流体模型无法合理解释并正确解决。采用微观分子动力学模型，又受限于能够解决问题的时空尺度规模。近 30 年来，格子玻尔兹曼方法(Lattice Boltzmann Method，LBM)的理论从介观角度另辟蹊径，给出解决问题的希望。一批华人学者在 LBM 领域作出引领性贡献。请通过网络等途径查找相关文献。推导流体质量、

动量和能量的介观表达，思考分子运动分布函数的内涵，从微观和介观角度打开理解流动的一扇窗。

1.2.2　流体质点与连续介质假设

采用宏观模型描述流体，必须引入流体质点的概念。流体质点是指流体分子微团，它在宏观上足够小，无间隙连续分布于流体所占空间；它在微观上又足够大，包含极多的流体分子。流体质点的宏观物理量是空间及时间的连续函数。

这里以密度这一宏观物理量为例给予分析。如图 1.2.1 所示，选取流体微团的质量为 Δm，等于其中包含的所有流体分子的质量之和，这些流体分子所占体积为 ΔV，定义空间点 $P(x,y,z)$ 处流体的密度为

$$\rho = \lim_{\Delta V \to \tau_0} \frac{\Delta m}{\Delta V} \tag{1.2.1}$$

式中，τ_0 为包含点 $P(x,y,z)$ 在内的极限体积。当 $\Delta V < \tau_0$ 时，微团中所含流体分子数过少，分子运动的随机性会导致平均密度随 ΔV 值剧烈波动，对于液体，当 $\tau_0 = (10^{-6})^3 \sim (10^{-4})^3 \mathrm{m}^3$ 时，平均密度几乎不依赖所占体积的变化。当 $\Delta V > \tau_0$ 时，密度受到周围密度变化的影响，不能反映点 $P(x,y,z)$ 的密度值。$\Delta m / \Delta V$ 随 ΔV 的变化如图 1.2.2 所示。把这种比微观粒子结构尺度大得多，而较宏观特征尺度小得多的流体微元的平均密度称为流体质点的密度，并作为点 $P(x,y,z)$ 处的流体密度。

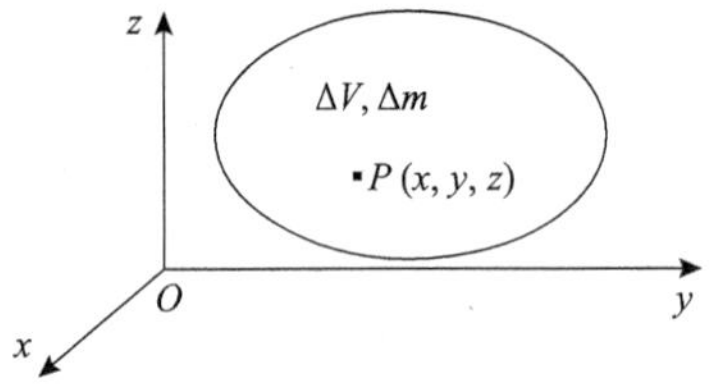

图 1.2.1　流体微团

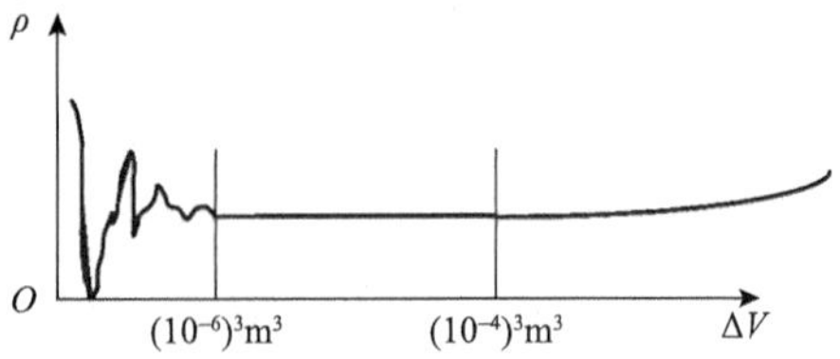

图 1.2.2　密度定义

用类似的方法还可以定义动量密度、能量密度等。因此也可以说，如果某种物质的质量、动量、能量密度在上述数学意义上存在，则这种物质就可以假设为连续介质。宏观流体的连续介质模型定义：流体是由连续分布的流体质点组成的。

应当指出，流体的宏观连续介质模型中，谈到流体质点的位移，是指包含大量分子的分子团的几何点的位移，而不是其中每个分子的位移。流体静止是指流体质点位置不动，但是它包含的流体分子始终进行不停的热运动。以后谈到连续介质某点物理量的数学极限时，不管离该点多近，都有流体质点存在，不再关注分子结构及其间隙。即假定流体物理量是空间位置及时间的连续可微函数，但是允许在孤立点、线、面上不连续。

连续介质假设是流体力学中第一个根本性的假设，衡量连续介质假设是否合理的一个特征参数是克努森(Knudsen)数，定义为分子平均自由程 λ 与流动的宏观特征长度 L 之比：

$$Kn = \frac{\lambda}{L} \tag{1.2.2}$$

宏观特征长度 L 通常取流场或物体的尺寸，如圆柱绕流中圆柱的直径。对于液体，当特征长度 L 比液体分子有效直径大得多时，或者对于气体 $Kn \leqslant 0.01$ 时，流体可看作连续介质。例如，船舶在水中运动，其特征尺度取船长，远大于水分子直径；飞机在空气中飞行，其特征尺度数十米，远大于空气分子直径和空气分子平均自由程，水和空气可看作连续介质。又如，血液是心脏和血管腔内循环流动的液体，约占成人体重的 1/13，是血浆量和红细胞的总和，其中红细胞体积占比超 45%。红细胞的直径可达 8μm，从直径为厘米量级的心脏主动脉到毫米量级的颈动脉，其中的血液流动描述可采用连续介质假设；而通连小动脉和小静脉间的微血管直径为微米量级，与红细胞尺度接近，因此微血管中的血液流动不能采用连续介质假设。

对于气体流动，当克努森数增大时，稀薄效应更加重要，根据气体稀薄的程度可按克努森数 Kn 的不同将流动分为三个区域：$0.01 \leqslant Kn < 0.1$ 时，称为滑移流区域；$0.1 \leqslant Kn < 10$ 时，称为过渡流区域；当 $Kn \geqslant 10$ 时，流体可以认为是自由分子流。例如，考虑地球大气层中特征长度为 1m 的运动物体，滑移流区域在 80～100km 高空处，过渡流区域在 100～130km 高空处，而 130km 以上高空则为自由分子流区域。自由分子流区域气体分子的平均自由程很大，与物体特征尺度相比为同量级，这时稀薄气体便不能视为连续介质。但如果以地球为研究对象，宏观特征长度 L 为地球直径，则地球大气层气体就可以看作连续介质流动。

例题 1-2　中国高铁与中国空间站的流体假设分析。

解　中国“复兴号”高铁的速度为 350km/h，16 节车体长度 L 超过 400m。空气的平均自由程 $\lambda = 6.1\times10^{-8}\text{m}$，高铁的克努森数 $Kn = \lambda / L = 1.6\times10^{-6} \ll 0.01$，因此高铁的流体分析可以应用连续介质假设。

中国“天宫”空间站的最大直径为 4.2m，飞行高度距地球 400km，位于地球大气层的热层中，空气高度稀薄，属于自由分子流区域，连续介质假设不再适用。

1.3　单位和量纲

为了介绍流体的物理性质，需要用到单位和量纲。单位(unit)是用来度量各物理量数值大小的标准。量纲(dimension)是用于区分各物理量的性质类别。国际单位制(SI)是国际统一的计量单位制，国际单位制的核心是 7 个基本单位，即长度单位“米”、质量单位“千克”、时间单位“秒”、热力学温度单位“开尔文”、电流单位“安培”、发光强度单位“坎德拉”和物质的量单位“摩尔”。

物理量可分为基本量和导出量。基本量是具有独立量纲的物理量，导出量是指其量纲可以表示为基本量量纲组合的物理量，由此建立的整个物理量之间的函数关系通常称为量制。以基本量量纲的幂之乘积，表示某物理量量纲的表达式称为量纲式。国际单位制是由 7 个基本量构成的量制，其量纲分别用长度 L、质量 M、时间 T、电流 I、热力学温度 Θ、物质的量 n 和发光强度 J 表示。任何一个导出量，其量纲式为

$$\dim A = \mathrm{L}^{\alpha}\mathrm{M}^{\beta}\mathrm{T}^{\gamma}\mathrm{I}^{\delta}\Theta^{\varepsilon}\mathrm{n}^{\varsigma}\mathrm{J}^{\eta}$$

式中，α、β、γ 等为量纲指数；全部指数均为零的物理量，称为无量纲量。由此可见，国际单位制的 7 个基本单位在量纲上彼此独立，导出单位都是由基本单位组合起来构成的。流体力学中物理量的量纲都可以表示为长度 L、质量 M、时间 T 的幂次组合形式：$\dim X = \mathrm{L}^{\alpha}\mathrm{M}^{\beta}\mathrm{T}^{\gamma}$。本书以国际单位制(SI)为基础，表 1.3.1 给出了流体力学中常用物理量的量纲。

表 1.3.1 流体力学常用物理量的量纲

物理量	符号	量纲	物理量	符号	量纲
面积	S	L^2	密度	ρ	$\mathrm{L}^{-3}\mathrm{M}$
速度	V	LT^{-1}	附加质量	λ	M
加速度	a	LT^{-2}	压强，切应力	p，τ	$\mathrm{L}^{-1}\mathrm{MT}^{-2}$
势函数	Φ	$\mathrm{L}^2\mathrm{T}^{-1}$	力	F	LMT^{-2}
流函数	Ψ	$\mathrm{L}^2\mathrm{T}^{-1}$	力矩	T	$\mathrm{L}^2\mathrm{MT}^{-2}$
体积流量	Q	$\mathrm{L}^3\mathrm{T}^{-1}$	功，能	W，E	$\mathrm{L}^2\mathrm{MT}^{-2}$
运动黏性系数	ν	$\mathrm{L}^2\mathrm{T}^{-1}$	动力黏性系数	μ	$\mathrm{L}^{-1}\mathrm{MT}^{-1}$
角速度	ω	T^{-1}	雷诺应力	$-\rho\overline{u_i'u_j'}$	$\mathrm{L}^{-1}\mathrm{MT}^{-2}$
涡量	Ω	T^{-1}	角度	α	$\mathrm{L}^0\mathrm{M}^0\mathrm{T}^0$

实际上，人们经常混淆单位和量纲，单位具有具体大小并且与选择的单位制有关，如秒，米、英尺，牛(顿)、帕(斯卡)等。而量纲则是按照物理属性的归类，如某物理量本质是长度，那么不管用什么单位制计量该物理量，都不会改变长度量纲的属性。同样，时间和质量的量纲也不会因为单位制而变化。

解决任何一个工程或物理上的问题时，都必须重视和关注用来表示力、速度、加速度以及材料性质等的单位。利用量纲分析检查物理关系是否合理，特别是指导研究工程新问题时发现其一般规律。物理定律不依赖测量单位的选择。量纲是物理量不受单位变换而改变的本性，在研究过程中常用量纲分析探讨物理定律的不变性及其应用(详见第 6 章)。一类特殊的物理量是无量纲量，为单位变换下的不变量，如两个同样量纲物理量的比值是无量纲量，角度是无量纲量，因为它是两个长度之比。物理规律最终必然只能用无量纲量表达。从后面各章介绍的内容，特别是第 6 章可知，流体力学中广泛使用无量纲量。

1.4 流体质点受到的力

流体质点在微观上包含大量流体的物质分子，在宏观上时空连续构成连续介质。因此，流体质点的受力分析可从流体质点组成的物质微元开始，给出微元体积力和表面力的定义，进一步讨论流体微元表面上任一质点的表面力的特征。

1.4.1　流体微元的体积力与表面力

作用于流体上的外力可分为两类，即体积力(body force)与表面力(surface force)。

体积力是作用于流体的非接触力，又称长程力(long-range force)。考虑一体积为τ，面积为S的流体任意微元，体积力作用于体积τ内每一物质点(流体质点)上。如重力、引力、惯性力等都是体积力。流体力学中除由微元存在质量引起的非接触力外，还存在带电荷流体所受的静电力以及带电荷流体流动所受的电磁力等。这类非接触力也称为体积力。

表面力为流体或固体通过接触面而施加在另一部分流体上的力，又称近程力。它是流体在运动过程中作用在流体内部假想的面积上，由于流体的变形和相互作用而在流体内部产生的各种应力，或者是流体的边界对流体所施加的表面力，如大气压强、摩擦力等都是表面力。

体积力分布于体积上，表面力分布于面积上。一般来说它们的分布并非是均匀的，它们分别是空间点和表面点以及时间的函数。

为了定量地描述体积力，考虑一流体体积微元$\Delta\tau$，若其中流体密度为ρ，此体积微元的质量为$\Delta m=\rho\Delta\tau$。设某时刻作用其上的体积力为$\Delta\boldsymbol{F}$，于是当体积微元缩小到一点M时，极限值

$$\boldsymbol{f}(M,t)=\lim_{\Delta\tau\to 0}\frac{\Delta\boldsymbol{F}}{\rho\Delta\tau} \tag{1.4.1}$$

就表示某时刻t作用于点M处单位质量流体上的体积力，因为该类体积力与流体质点加速度有关，有些书中也称为质量力，但是一般意义的体积力还包括非加速度相关的力，如液体离子所受静电力和海水离子电流所受电磁力等。

作用于整个流体体积τ上的体积力为$\int_\tau \rho\boldsymbol{f}\mathrm{d}\tau$，容易看出，体积力与体积成正比。由于体积微元的边长相对单位长度为一阶小量，所以作用于$\mathrm{d}\tau$上的体积力$\mathrm{d}\boldsymbol{F}=\rho\boldsymbol{f}\mathrm{d}\tau$是三阶无穷小量。

同样考虑此流体体积τ表面S上的一个面积微元ΔS，取表面S的外法向单位矢量为$\boldsymbol{n}$，设某时刻作用于ΔS上的表面力为$\Delta\boldsymbol{p}$，于是当面积微元ΔS缩小到一点M时，极限值

$$\boldsymbol{p}_n(M,t)=\lim_{\Delta S\to 0}\frac{\Delta\boldsymbol{p}}{\Delta S} \tag{1.4.2}$$

就表示以$\boldsymbol{n}$为法向的单位面积上的表面力，而作用于整个表面S上的表面力为$\int_S \boldsymbol{p}_n\mathrm{d}S$。用手抓气球，气球不容易破坏，而用针一扎气球即破，这说明球体内部气体表面力与面积成正比。作用于$\mathrm{d}S$上的表面力$\mathrm{d}P=\boldsymbol{p}_n\mathrm{d}S$是二阶无穷小量。

通常称$\boldsymbol{p}_n$为面积微元上的应力，应力$\boldsymbol{p}_n$也是空间点以及时间的函数。但是即使在同一时刻的同一空间点，$\boldsymbol{p}_n$还与面积的方向有关。通过M点可作无数个不同法向的面，在这些面上都有各自的不同表面力$\boldsymbol{p}_n$的作用，因此应力$\boldsymbol{p}_n$用其下角标$\boldsymbol{n}$表示，应力为其作用处面积微元法向$\boldsymbol{n}$的函数，即$\boldsymbol{p}_n=\boldsymbol{p}_n(M,t,\boldsymbol{n})$。

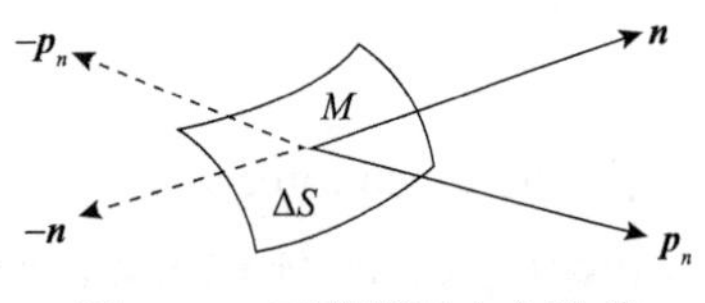

图 1.4.1　面积微元方向及其两侧的应力

$\boldsymbol{p}_n$ 实际上是某一时刻在 M 点处以法向为 $\boldsymbol{n}$ 的 ΔS 面，在 $\boldsymbol{n}$ 所指的一侧流体对于 ΔS 的另一侧流体的作用力，如图 1.4.1 所示。而位于 $-\boldsymbol{n}$ 方向的流体质点作用于 ΔS 面上的应力则以 $\boldsymbol{p}_{-n}$ 表示。由牛顿第三定律可知：

$$\boldsymbol{p}_n = -\boldsymbol{p}_{-n} \tag{1.4.3}$$

『实践感悟真知』-【舰艇尾流电磁波】 海水中含有带正电的离子(如钠离子)和带负电的离子(如氯离子)，舰艇尾流区的海水离子运动形成的特殊电流带，长度可达数千米，并在地磁场中运动，形成舰艇航行固有的电磁波特征。请通过网络等途径查找相关文献，推导海水离子运动受到的体积力，结合电磁学麦克斯韦定律，写出自己对舰艇尾流电磁波的理解思路。

1.4.2　流体压强与切向应力

应力矢量 $\boldsymbol{p}_n$ 在直角坐标轴上的投影分别以 p_{nx}、p_{ny}、p_{nz} 表示，这样应力分量的符号具有两个下角标，第一个表示作用面的法向，第二个表示应力的投影方向。应当注意，应力 $\boldsymbol{p}_n$ 的方向一般来说并不与法向 $\boldsymbol{n}$ 一致，$\boldsymbol{p}_n$ 除了有其法向分量 p_{nn}，称为正向应力，还有面积微元上的切向分量 $p_{n\tau}$，称为切向应力。这里强调一点，流体压强是指流体微元表面正向应力的大小，压强是标量。

为了分析流体中一点 M 处的应力，在流体中取以 M 为顶点的微四面体 $MABC$，如图 1.4.2 所示。其侧面 MBC、MAC、MAB 分别垂直于 x 轴、y 轴、z 轴。而底面 ABC 的法线方向 $\boldsymbol{n}$ 是任意的。设 MBC、MAC、MAB、ABC 的面积分别为 $\mathrm{d}S_x$、$\mathrm{d}S_y$、$\mathrm{d}S_z$、$\mathrm{d}S$，考虑作用于微四面体 $MABC$ 上体积力和表面力及其力矩应该平衡，且体积力是三阶无穷小量，表面力是二阶无穷小量。当四面体元趋于零时，忽略三阶小量，则其表面合力及其力矩将等于零。这说明无论流体运动还是静止，微元表面上的表面力合力与合力矩永远等于零。

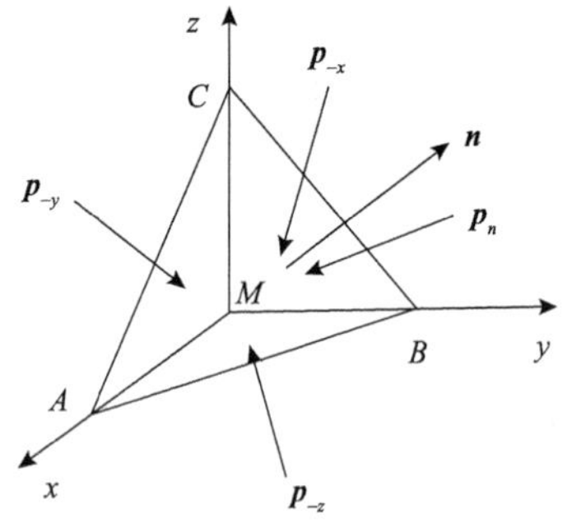

图 1.4.2　四面体的应力

对照图 1.4.2 所示表面力的符号，写出表面力的平衡方程：

$$\boldsymbol{p}_n\mathrm{d}S + \boldsymbol{p}_{-x}\mathrm{d}S_x + \boldsymbol{p}_{-y}\mathrm{d}S_y + \boldsymbol{p}_{-z}\mathrm{d}S_z = 0 \tag{1.4.4}$$

根据式(1.4.3)有

$$\boldsymbol{p}_{-x} = -\boldsymbol{p}_x,\quad \boldsymbol{p}_{-y} = -\boldsymbol{p}_y,\quad \boldsymbol{p}_{-z} = -\boldsymbol{p}_z \tag{1.4.5}$$

其次

$$\begin{cases} \mathrm{d}S_x = \cos(\boldsymbol{n},\boldsymbol{i})\mathrm{d}S = n_x\mathrm{d}S \\ \mathrm{d}S_y = \cos(\boldsymbol{n},\boldsymbol{j})\mathrm{d}S = n_y\mathrm{d}S \\ \mathrm{d}S_z = \cos(\boldsymbol{n},\boldsymbol{k})\mathrm{d}S = n_z\mathrm{d}S \end{cases} \tag{1.4.6}$$

将式(1.4.5)和式(1.4.6)代入式(1.4.4)可得到

$$\boldsymbol{p}_n = \boldsymbol{p}_x n_x + \boldsymbol{p}_y n_y + \boldsymbol{p}_z n_z \tag{1.4.7}$$

在直角坐标系中，式(1.4.7)的投影是

$$\begin{cases} p_{nx} = n_x p_{xx} + n_y p_{yx} + n_z p_{zx} \\ p_{ny} = n_x p_{xy} + n_y p_{yy} + n_z p_{zy} \\ p_{nz} = n_x p_{xz} + n_y p_{yz} + n_z p_{zz} \end{cases} \tag{1.4.8}$$

式(1.4.8)表明，若点 M 三个坐标面的应力矢量 $\boldsymbol{p}_x$、$\boldsymbol{p}_y$、$\boldsymbol{p}_z$ 已知，则任意法向为 $\boldsymbol{n}$ 的面上的应力 $\boldsymbol{p}_n$ 可按照式(1.4.7)写出，因此三个矢量 $\boldsymbol{p}_x$、$\boldsymbol{p}_y$、$\boldsymbol{p}_z$ 或九个分量

$$[P] = \begin{bmatrix} p_{xx} & p_{xy} & p_{xz} \\ p_{yx} & p_{yy} & p_{yz} \\ p_{zx} & p_{zy} & p_{zz} \end{bmatrix} \tag{1.4.9}$$

的组合完全描述了一点 M 处的应力状况，利用式(1.4.9)可将式(1.4.8)改写为

$$\boldsymbol{p}_n = \boldsymbol{n}[P] \tag{1.4.10}$$

根据张量识别定理，$[P]$ 是二阶张量，称为应力张量。如图 1.4.3 所示，p_{xx}、p_{yy}、p_{zz} 为法向应力分量，p_{xy}、p_{yx}、p_{yz}、p_{zy}、p_{zx}、p_{xz} 为切向应力分量。应力张量各分量表达式中，第一个下角标表示该应力作用面的法向，第二个下角标表示该应力的投影方向。

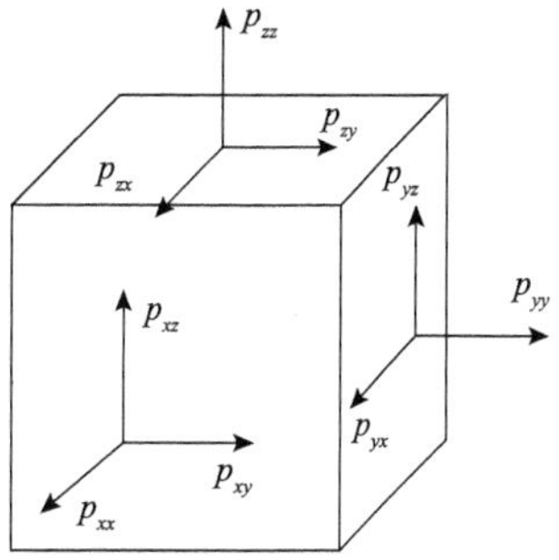

图 1.4.3　应力张量各分量

需要注意，虽然应力张量的各分量与坐标系的选择有关，但是正如矢量的分量也与坐标系选取有关，矢量本身与坐标系的选取无关一样，应力张量也不依赖于坐标系的选取，它只是时间和空间点的函数，即 $P(M,t)$ 不再与 $\boldsymbol{n}$ 有关。

例题 1-3　静止流体中的应力张量。

解　静止流体中的应力张量由下式给出：

$$[P] = \begin{bmatrix} p_0 + \rho g z & 0 & 0 \\ 0 & p_0 + \rho g z & 0 \\ 0 & 0 & p_0 + \rho g z \end{bmatrix}$$

式中，p_0、ρ、g 为常数，即给出各空间点上的应力分量只有法向分量，且是一种静压力。

1.5　流体热力学状态方程

由于流体运动必然涉及能量转换，当考虑流体系统的机械能与热能转换时，就必须引

入热力学的基本概念，本节从热力学系统的基本参数——温度出发，引出流体系统热平衡态及其流体内能；进而介绍流体系统能量守恒的热力学第一定律和能量变化发展方向的热力学第二定律，以及更具普遍意义的熵增定律；最后讨论热平衡态的状态变量之间的函数关系——状态方程，以及它在典型状态流体的具体体现。

1.5.1 流体系统温度与内能

热力学(thermodynamics)是工程与材料科学的重要理论基础之一，主要研究能量转换及其伴随的物质状态变化。热力学是海洋流动噪声、水动空化、跃层内波、破碎波与冲击波等新时代海洋热点和前沿科学问题分析的理论基础。经典热力学的主要基础是由大量宏观实验事实总结出的热力学四大定律，而统计热力学则是从物质的分子和原子等大量微观粒子不规则热运动的统计平均来阐明物质宏观热性质的科学，也称为统计力学(statistical mechanics)。

热力学将研究对象的集合称为系统，例如，海水就是一个主要由水和盐等组成的复杂多元系统；将研究对象之外的对其有影响的所有外界称为环境。在不受环境影响的条件下，热力学系统的宏观物理性质，如体积(几何量)、压强(力学量)和温度(热力学量)等，不随时间改变的状态，称为热平衡态(thermal equilibrium)。热力学系统从一个状态变化到另一个状态，称为热力学过程。若一个热力学过程进行得足够缓慢，以至于系统在其变化过程中所经历的每一中间状态都无限接近热平衡态，则这样的过程称为准静态过程。

从宏观热力学系统来看，流体系统是不断运动的，根据流体连续介质假设，将流体系统划分为由流体质点组成的流体微元，每一微元是包含大量分子的分子团，宏观流体运动速度是指分子团的运动，即流体质点速度。从微观物质来看，流体微元中的流体分子不断进行随机热运动，分子热运动速度是分子瞬时运动速度与宏观流体速度(即流体质点速度)的矢量差，通过分子间的碰撞，趋近局域动态平衡分布。由玻尔兹曼 H 定理可证明，该局域热平衡态下分子速度分布符合麦克斯韦速度分布函数，流体分子速度由非平衡分布向平衡分布趋近的过程称为松弛(relaxation)。宏观流体运动过程的时间尺度远大于微观流体的松弛时间尺度。因此，流体运动过程中，系统几乎随时接近平衡态，就可以看作热力学准静态过程。把一个热力学过程简化为准静态过程，并用平衡态状态参量来描述，可以使流体热力学系统得到极大简化。

热力学第零定律：若有两个热力学系统分别与第三个热力学系统达到了热平衡，则这两个热力学系统之间也必然处于热平衡。这个结论称为热平衡定律，也称为热力学第零定律。例如，人手握从冰箱冷藏室取出的一瓶水，经过一段时间，感觉水不那么冰凉了，这是热平衡定律的实际反映。所有处在同一热平衡状态的热力学系统都具有的共同宏观特征状态参数定义为温度。

正是热力学第零定律为温度概念的提出和温度的测量提供了实验基础，如测量物体的温度，并不需要与被测量物体直接接触，只需要用一个标准的第三系统，分别与各个物体达到热平衡即可。这个标准的第三系统就是温度计。而温度计的温度是可以通过某一状态参数标识出来的。众所周知，温度的标识方法是用温标。目前，国际上常用的温度标识方法有两种：摄氏温标和热力学温标，两种温标的关系为

$$t = T - 273.15 \tag{1.5.1}$$

式中，t 为摄氏温度，其单位为摄氏度，符号为℃；T 为热力学温度，单位为开尔文，符号为 K，纯水的三相点热力学温度定义为 273.16K。

热力学能又称为内能(internal energy)，用符号 U 表示，是热力学系统内部所有粒子除了整体势能和整体动能之外的所有能量总和。对于一般流体系统，流体分子热运动的动能和分子间势能是构成其内能的重要部分。分子热运动的能量中势能部分使分子趋于团聚，动能部分使分子趋于分散，这两个对立因素彼此竞争，当平均动能大于势能时，物质处于气态；当势能胜过平均动能时，物质处于固态；两者势均力敌时，物质处于液态。

内能是热力学系统的态函数，态函数是指物理量的值仅由系统状态确定，与系统达到该状态的过程无关，这里的“态”是指热平衡态。内能的这一性质与功和热量有本质的区别。功和热量都是系统与环境之间交换的能量，或者说系统吸收或放出的能量。功和热量的大小，不仅取决于系统变化前后的状态，还取决于变化的每一细节过程。

『实践感悟真知』-【声速、温度与分子热运动】 通过网络等途径查找相关文献，针对空气中声速与气温的关系，联系分子热运动，理解声速机理，摘抄空气声速与气温的数学关系式，并解释每一项含义及其单位。

1.5.2　热力学定律与熵增原理

能量守恒定律是 19 世纪最伟大的发现之一，其奠基人是迈耶(1842)、焦耳(1843)和亥姆霍兹(1847)。它不仅适用于无机界，也适用于生命过程。能量守恒定律是自然界普适的定律之一，能量既不会凭空创造，也不会凭空消失，只能从一种形式转化为另一种形式，或者从一个物体转移到另一个物体，而其总量不变。

1. 热力学第一定律

热力学第一定律是能量守恒定律在涉及热现象宏观过程的具体化，系统的内能增量 ΔU 等于系统从环境吸收的热量 Q 减去系统对环境所做的功 W，其数学表达式为

$$\Delta U = Q - W \tag{1.5.2}$$

若流体系统与其环境之间无热量交换，即 $Q = 0$，则这种流体状态的变化称为是绝热的。

对于单位质量的流体而言，热力学第一定律可写为

$$\mathrm{d}U = \delta Q - \delta W = \delta Q - p\mathrm{d}V \tag{1.5.3}$$

式中，$\mathrm{d}U$ 为单位质量流体内能的增量，δQ 为外界传给单位质量流体的总热量，$p\mathrm{d}V$ 为流体膨胀对外界做的功。

2. 热力学第二定律

物理学中对可逆过程的定义：一个系统由某一状态出发，经过某一过程达到另一状态，如果存在另一过程，它能使系统与外界完全复原，则原来的过程称为可逆过程；反之，

如果用任何方法都不可能使系统和外界复原，则原来的过程称为不可逆过程。

只有理想无耗散准静态过程是可逆的。摩擦是典型的耗散过程，实践表明，机械功可以通过摩擦全部转化为热，但热不可能全部无条件地转化为功。流体扩散也是典型的耗散过程，两种流体混合后是不能自行分离的，因而耗散过程是不可逆的。准静态过程是经历一系列平衡态的过程，中间态不平衡都是非准静态过程。气体自由膨胀过程压强不均匀，是力学不平衡；热量自动地从高温物体传向低温物体过程温度不均匀，是热学不平衡；燃烧过程中化学势不均匀，是化学不平衡。所有非准静态过程都是不可逆的。

热力学第二定律阐明了热力学过程的进行方向问题。1850 年，克劳修斯将这一规律总结为：不可能把热量从低温物体传递到高温物体而不产生其他影响。1851 年，开尔文把这一普遍规律总结为：不可能从单一热源吸收热量，使之完全变为有用功而不产生其他影响。上述两种表述可以论证是等价的。根据热力学第二定律可知，一切与热现象有关的实际宏观过程都是不可逆的，如摩擦生热或热传导等，它所产生的效果无论利用什么方法也不能完全恢复原状而不引起其他变化。

例题 1-4 第二类永动机分析。

解 根据能量守恒定律，人们没有办法使海水温度降低，把释放的热量全部用来做功。人们把这种从单一热源吸热做功的永动机称为第二类永动机，因为它违背了热力学第二定律，所以第二类永动机不可能实现。

3. 熵增原理

自然界的过程是有方向性的，沿着某些方向可以自发进行，反之则不能，虽然两者都不违反能量守恒定律。由物理中热学理论可知：如果一系统由某个状态出发，经过任意的一系列过程，最后回到原来的状态，这样的过程称为循环过程。

对于任何循环过程，系统的内能和其他一切态函数不变。对于可逆循环过程，$\oint \delta Q / T = 0$，即系统热量的变化 δQ 与热力学温度 T 之比的积分恒等于零。其中，$\delta Q / T$ 是热温比；$\mathrm{d}S = \delta Q / T$，$S$ 称为熵(entropy)。

熵的解读：汉字偏旁解义，左边“火”意味热学量，右边“商”意味相除，即热量/温度。英文 entropy 为德国物理学家克劳修斯 1865 年所造之字。字头“en”表示“能量”，“tropy”源于希腊文，意为“转变”。即热温比用于描述“能量转化”。

熵增原理(principle of entropy increase)：当热力学系统从一平衡态经绝热过程到达另一平衡态时，它的熵永不减少，即 $\mathrm{d}S \geqslant 0$。如果过程可逆，则熵不变，$\mathrm{d}S = 0$；如果过程不可逆，则熵增加 $\mathrm{d}S > 0$。

熵是与热力学第二定律紧密相关的状态参数。它在判别实际过程能否实现及其发展方向等方面有至关重要的作用。可逆过程是一个理想过程，因此在绝热条件下，一切可能发生的实际过程都使系统的熵增大，直到达到平衡态。

热力学第一定律主要从数量上说明功和热量对系统内能改变在数量上的等价性。热力学第二定律揭示了热量与功的转化，及热量传递的不可逆性。两者对于全面描述一个热力学过程都是不可或缺的。

1.5.3　流体状态方程、压缩和热膨胀性

从能量角度分析流体力学问题时，不仅与宏观力学量压强有关，而且与热力学量温度有关；不仅与宏观流体运动的机械能有关，还与流体微元的内能有关，并且两种能量可相互转化。

设一个均匀的流体热力学系统处于平衡态，即在没有外界影响下，流体系统的各部分长时间不发生变化。由于平衡态的确定性，可以用状态参量来描述该状态。状态参量包括温度 T、体积 V、压强 p、密度 ρ，对于海水，状态变量还包括盐度 S。对于不同的流体系统，上述状态参量不是相互独立的。将流体热力学系统平衡态状态参量联系起来的关系式，称为状态方程。热力学状态方程必须进行实验确定，或者由统计物理学从理论上推演获得。

下面分别给出船舶与海洋工程领域常用的流体力学状态方程。

1. 气体状态方程

1) 完全气体状态方程(equation of state for a perfect gas)

完全气体(perfect gas)在热力学中也称为理想气体，在流体力学中不同于无黏假设的理想流体，是指仅考虑分子热运动，而不考虑分子间距离的影响，完全气体的内能仅是温度的函数 $U(T)$。

对于完全气体状态方程，由统计物理学的理论可推导得到：

$$pV = nRT \tag{1.5.4}$$

式中，p 为压强(Pa)；n 为气体的物质的量；$R = 8.31451\text{J/(K}\cdot\text{mol)}$ 为普适气体常数，与气体种类及所处条件无关；T 为热力学温度(K)；V 为体积(m^3)。对于单位质量的完全气体：

$$pv = \frac{R}{M}T = R_{\text{g}}T \tag{1.5.5}$$

或

$$p = \rho R_{\text{g}}T \tag{1.5.6}$$

式中，$v = 1/\rho$ 称为比容，表示单位质量气体体积(m^3/kg)；M 为相应气体的摩尔质量；ρ 为密度(kg/m^3)；$R_{\text{g}} = R/M$ 为气体常数，它随不同气体而异，对于空气，$R_{\text{g}} = 287\text{J/(K}\cdot\text{mol)}$。

常温常压下，一般气体都可近似认为是完全气体。气体压强 $p = p(\rho, T)$ 与密度和温度有关，气体密度 $\rho = \rho(p, T)$ 受温度和压力的影响。

2) 湿空气的状态方程

空气是多种气体的混合物，根据物理热学中的道尔顿分压定律，混合气体的压强等于各组分的分压强之和，类似于单一气体状态方程，使物质的量等于各组分物质的量之和，这样混合气体的状态方程可写为

$$pV = \left(\sum_{i=1}^{m} n_i\right)RT \tag{1.5.7}$$

对于湿空气，如海洋大气，可视为干空气与水汽的混合物，则湿空气的状态方程可写为

$$\rho=\rho(p,T,q) \tag{1.5.8}$$

式中，q为单位质量空气中含有的水汽质量，称为比湿。水汽会产生相变，故湿空气的状态方程函数关系比较复杂。

3) 高度压缩气体状态方程

完全气体状态方程是在密度不太大、分子间作用力及分子所占体积可以忽略时获得的，但是对于高度压缩气体，就必须考虑分子间相互作用，以及分子所占体积的影响，通常采用范德瓦耳斯方程描述：

$$\left(p+\frac{\alpha}{v^2}\right)(v-\beta)=R_{\mathrm{g}}T \tag{1.5.9}$$

式中，α/v^2表示气体分子间的引力作用；β为分子的体积影响；α和β为范德瓦耳斯常数，对空气而言，α、β的经验值分别为$3\times10^{-3}\,p_0v_0^3$和$3\times10^{-3}\,p_0v_0$，其中p_0和v_0是标准状态下压强和比容的值。

2. 液体状态方程

1) 正常条件下均质液体的状态方程

正常条件下，对于均质液体，其密度几乎不随压强、温度而改变，因此其状态方程为

$$\rho=常数$$

2) 高压或爆炸时水的状态方程

深海中的压强或者水下爆炸时的压强可达几百个标准大气压甚至更高，必须考虑水的密度随压强的微小变化。不计温度的影响时，对于冲击波压力小于 2.5GPa，可近似为等熵过程，可采用下列状态方程：

$$\frac{p_1+B}{p_0+B}=\left(\frac{\rho_1}{\rho_0}\right)^n \tag{1.5.10}$$

式中，$p_0=10^5\,\mathrm{Pa}$，$B=299\,\mathrm{MPa}$，$\rho_0=10^3\,\mathrm{kg/m^3}$，$n=7.15$。

3. 海水的状态方程

国际上也制定了国际海水状态方程(International Equation of State for Seawater)(UNESCO，1981)：

$$\rho(S,T,p)=\frac{\rho(S,T,0)}{1-\dfrac{p}{E(S,T,p)}} \tag{1.5.11}$$

式中，S 为海水盐度；T 为温度；p 为压强。但是方程具体形式要复杂得多，这里仅仅给出淡水与海水密度的例子。

$$\rho(0,10℃,0)=999.702\text{kg}/\text{m}^3$$
$$\rho(0,20℃,0)=998.206\text{kg}/\text{m}^3$$
$$\rho(35,10℃,0)=1026.952\text{kg}/\text{m}^3$$
$$\rho(35,20℃,0)=1024.763\text{kg}/\text{m}^3$$

4. 流体的压缩性和热膨胀性

流体密度随压力而改变的性质称为压缩性，随温度而改变的性质称为热膨胀性。根据状态方程，流体密度的一般函数关系式为 $\rho=\rho(p,T)$。

由此可求得密度随压力和温度变化的改变量，即

$$\mathrm{d}\rho=\frac{\partial\rho}{\partial p}\mathrm{d}p+\frac{\partial p}{\partial T}\mathrm{d}T=\rho\alpha_T\mathrm{d}p-\rho\beta\mathrm{d}T \tag{1.5.12}$$

式中，α_T 为等温压缩系数，$\alpha_T=\frac{1}{\rho}\left(\frac{\partial\rho}{\partial p}\right)_T$；$\beta$ 为等压热膨胀系数，$\beta=-\frac{1}{\rho}\left(\frac{\partial\rho}{\partial T}\right)_p$。

等温压缩系数表示在一定温度下，增大单位压强所致流体密度的相对增大率。比容为密度的倒数，因此 $\alpha_T=-\frac{1}{v}\left(\frac{\partial v}{\partial p}\right)_T$，这表明等温压缩系数表示在一定温度下，增大单位压强所致流体体积的相对缩小率。

等温压缩系数的倒数称为体积弹性模量，记为

$$E=\frac{1}{\alpha_T}=\rho\left(\frac{\partial p}{\partial\rho}\right)_T=-v\left(\frac{\partial p}{\partial v}\right)_T \tag{1.5.13}$$

体积弹性模量表示流体体积的相对变化所需要的压强增量。

比较水和空气的压缩性。由式(1.5.12)和式(1.5.13)可得

$$\frac{\Delta\rho}{\rho}\approx\frac{\Delta p}{E}=\alpha_T\Delta p \tag{1.5.14}$$

水的体积弹性模量 $E\approx2.04\times10^9\text{N/m}^2$，再增加一个大气压，即 $\Delta p=1.013\times10^5\text{Pa}$ 的情况下，由式(1.5.14)可得水密度的相对变化量 $\Delta\rho/\rho\approx0.5\times10^{-4}$，可见水的压缩性是极小的。在同样的温度条件下，空气的可压缩性要大得多，这时由气体状态方程式(1.5.6)可得

$$\frac{\Delta\rho}{\rho}\approx\frac{\Delta p}{p} \tag{1.5.15}$$

式(1.5.15)表明，压力加大一倍密度也加大一倍。从以上对比可知，空气比水容易压缩得多。

等压热膨胀系数表示在一定压强下，温度增加 1K 时流体密度的相对减小率。类似等温压缩系数的变形，热膨胀系数也可以写成$\beta=\frac{1}{v}\left(\frac{\partial v}{\partial T}\right)_p$，表示一定压强下，温度增加 1K 时流体体积的相对增加率。

再比较水和空气的热膨胀性。在10^5Pa 压力下，温度为 10～20℃时，水的β值为1.5×10^{-4}℃$^{-1}$，因此当温度从 10℃增加到 20℃时，水的密度相对下降约1.5×10^{-3}，对于空气，可由状态方程(1.5.6)导出

$$\beta=-\frac{1}{\rho}\left(\frac{\partial \rho}{\partial T}\right)_p=\frac{1}{T} \tag{1.5.16}$$

由此关系可得

$$\frac{\Delta\rho}{\rho}=-\frac{\Delta T}{T}=-\frac{10}{283}=-3.5\%$$

可见，空气的热膨胀性也比水大得多。

严格来讲，实际流体都是可压缩的，但是从上面空气和水的压缩性比较可知，水不容易压缩，空气容易压缩。因此在流体力学中，为处理问题方便，将运动引起的密度变化可以忽略不计的流体看作不可压缩流体，即同一流体的密度不变。

由式(1.5.14)可知，如果流体的体积弹性模量很大，即使压强变化较大，所引起的密度变化仍然很小，所以通常压强变化范围内的液体运动，认为是不可压缩流动。然而，在水下强烈爆炸的情况下，压强急剧变化将引起密度的显著改变，这时水的运动是可压缩流动。

由式(1.5.14)可知，当压强变化充分小时，即使等温压缩系数并不太小，密度变化仍然较小。例如，空气虽然是可压缩流体，但在低速(小于 100m/s)运动时，压强的变化却很小，这时空气的运动也可以视为不可压缩流动。分析表明，当马赫数$Ma=v/a_0<0.3$时，可将空气视为不可压缩流体。在标准大气条件下，海平面上的空气声速$a_0=340\text{m/s}$，所以航行舰船上层建筑的空气绕流可以视为不可压缩流动。

1.6　流体动量、能量和质量输运定律

在流动区域中，流体物理特性的分布，如压强和温度，通常是不均匀的，也是随时间变化的，因此流体力学所研究的物质系统多是接近平衡态的非平衡体系。大量事实证明，非平衡体系各部分间的相互作用，总是使体系不断趋向平衡。例如，当流体各层间速度不同时，通过动量传递，速度趋向均匀；当流体各处温度不均匀时，通过能量传递，温度趋向均匀；当流体各部分密度不同时，通过质量传递，密度趋向均匀。流体这种由非平衡态转向平衡态时物理量的传递性质，统称为流体的输运性质。

流体的这种输运性质，从微观上看，是大量分子随机热运动和相互碰撞的必然结果。分子在无规则运动中，将原先所在区域的流体宏观性质输运到另一个区域，再通过分子的相互碰撞，交换和传递了各自的物理量，从而形成了新的平衡态。

流体的输运性质，这里主要指动量输运、能量输运、质量输运。从宏观上看，它们分别表现为黏滞现象、导热现象、扩散现象，并具有各自的宏观规律。

1.6.1　动量输运——流体黏滞现象

考虑一平行于 x 轴的水平流动，当各层流体的速度不同时，任意两层流体之间将互施作用力以阻碍各层流体之间的相对运动，这种现象称为黏滞现象。

1687 年，牛顿首先发表了他的剪切流动的实验结果，实验是在两相距 h 的平行平板之间充满流体后进行的，令下平板固定不动而使上平板在其自身平面内以等速 U 向右运动，则附于上下平板的流体质点的速度分别为 U 和 0。两平板间的速度分布如图 1.6.1 所示。

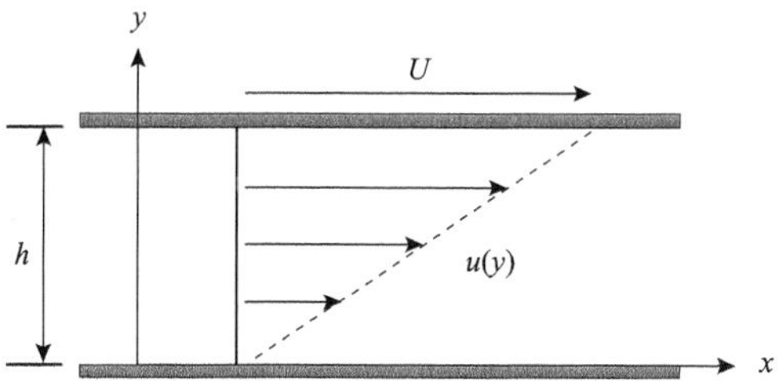

图 1.6.1　牛顿流体剪切实验

实验指出，如果作用于上平板的外力为 F，则该力与速度 U 及平板面积 A 成正比，与平板间距 h 成反比，即

$$F=\mu\frac{U}{h}A \tag{1.6.1}$$

或者

$$\tau=\frac{F}{A}=\mu\frac{U}{h} \tag{1.6.2}$$

显然，τ 就是为了克服流体的内摩擦必须加在上平板单位面积上的力。此力通过上平板又加在流体顶层表面上，然后向下逐层传递，一直传递到下面的平板为止。流体内部这种与运动方向平行的单位面积上的力称为剪应力。

进一步的实验证实，一般情况下，当速度分布为 $u(y)$ 时，流体层 y 处的剪应力为

$$\tau=\mu\frac{\mathrm{d}u}{\mathrm{d}y} \tag{1.6.3}$$

式中，$\mathrm{d}u/\mathrm{d}y$ 为速度梯度；μ 为比例系数，称为黏度系数，或动力黏度(性)系数，其量纲是 $\dim\mu=\mathrm{L}^{-1}\mathrm{MT}^{-1}$，其值随流体不同而异。这就是著名的牛顿黏性流动内摩擦定律。符合此定律的流体称为牛顿流体。空气和水是自然界最典型的牛顿流体。牛顿流体最典型的特征是：剪应力和速度梯度呈线性关系。

流体的黏度系数 μ 常和密度 ρ 一起，以 μ/ρ 的形式出现。为方便起见，令

$$\nu = \frac{\mu}{\rho} \tag{1.6.4}$$

并称ν为运动黏性系数，其量纲为$\dim\nu = L^2T^{-1}$。水(淡水和海水)的运动黏性系数随温度的变化而变化。现将空气、淡水、海水在 15℃、一个大气压($p = 1.01325\times10^5$Pa)下的密度、黏性系数的常用值列于表 1.6.1。

表 1.6.1　常用密度和黏性系数表($t = 15$℃，$p = 1.01325\times10^5$Pa)

流体	ρ/(kg/m^3)	μ/[$\times10^{-6}$kg/(m·s)]	ν/($\times10^{-6}$m^2/s)
空气	1.225	18.02	14.70
淡水	999.00	1137.88	1.13902
海水	1025.87	1219.05	1.18831

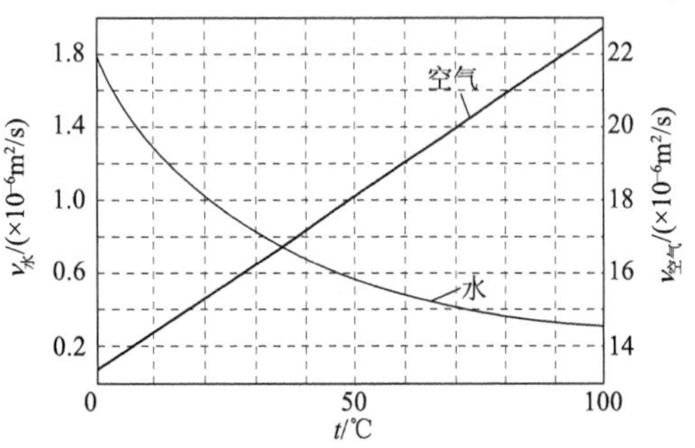

图 1.6.2　ν值随温度变化而变化的曲线

空气和水的ν值随温度变化而变化的曲线如图 1.6.2 所示。两条曲线的变化趋势相反，这是因为气体的黏性主要取决于分子热运动，温度升高，分子热运动加强，动量交换增加，各流层之间的相互制约加强，因而黏性系数变大；液体的黏性主要取决于液体分子间的聚集力，当温度升高时，液体分子振动加强，分子间聚集力变小，因而黏性系数随温度上升而减小。

实际流体都是有黏性的，但若流体的黏性系数很小，而且流场中速度梯度不大，根据牛顿内摩擦定律，黏性切应力$\tau = \mu du/dy$很小，可以将这种流体流动近似认为是理想流体的无黏性流动。理想流体的概念虽然是人为的，但却能清晰地揭示出许多流动的主要特性，因此理想流体力学在流体力学基础理论中占有重要位置。

还应指出，由实验所得的牛顿黏性定律并非对所有流体都成立，把不满足这一关系的流体称为非牛顿流体。非牛顿流体极为普遍，如食品工业中的奶油、蜂蜜、蛋白、果浆，建筑材料中的沥青、水泥浆，大多数油类及润滑脂、高分子聚合物溶液、树胶、动物血液等，均是非牛顿流体。

例题 1-5　考虑平面库埃特流动，如图 1.6.1 所示。注意，如果没有任何力作用在顶板上，由于流体在板上施加了黏性应力，它会减速并最终停止。也就是说，如果板要以恒定的速度保持运动，那么由流体剪切所产生的黏性力必须与所施加的力完全平衡。根据流体黏度系数μ、速度U、顶板面积A和间隙距离h，求出使顶板保持以恒定速度U移动所需的力，同时求出所需的功率。

解　使板处于匀速运动状态所需的应力τ等于流体在顶板上施加的黏性应力。对于牛顿流体，已知

$$\tau = \mu \frac{\mathrm{d}u}{\mathrm{d}y}$$

所以

$$F = \tau A = \mu \frac{U}{h} A$$

我们看到，力与速度U和黏度系数成正比，与间隙距离成反比。另外，有

$$\mu = \frac{h\tau}{U} = \frac{hF}{UA}$$

可以利用这个结果，在已知速度和间隙距离的前提下测量F来确定流体的黏性。

驱动顶板所需的功率由施加的力乘以板的速度得出，因此

$$P = FU = \tau AU = \mu A \frac{U^2}{h}$$

这表明功率与速度的平方成正比。

1.6.2 热量输运——流体热传导现象

流体中的传热现象通常以三种方式进行：热传导、热辐射及热对流。热传导是分子的热运动所产生的热能输运现象，热辐射是以电磁波形式释放能量，热对流则是随流体的宏观运动产生的热迁移现象，前两者即使在静止流体中也存在，而后者则仅存在于流体运动中。

当静止流体中的温度分布不均匀时，流体的热能通过分子热运动从较高温的区域传递到较低温的区域，这种现象称为热传导现象。

1822 年，傅里叶首先进行了最简单的热传导实验，得到了傅里叶定律。在流体中相距为Δy的上下两平面上温度分别稳定地保持为$T(y+\Delta y)$和$T(y)$，且$T(y+\Delta y) > T(y)$。由于分子的热运动，单位时间内将有热量Q从上方传至下方，其大小与截面积 A 和两平面温度差成正比，与两平面距离Δy成反比，当Δy趋近 0 时，有

$$Q = -k \frac{\mathrm{d}T}{\mathrm{d}y} A \tag{1.6.5}$$

或者每单位面积的热流量为

$$q = \frac{Q}{A} = -k \frac{\mathrm{d}T}{\mathrm{d}y} \tag{1.6.6}$$

式中，k为流体的热传导系数，负号表示热量的流向与温度梯度方向相反，这就是一维热传导的傅里叶定律。单位时间热量的单位为瓦(1W=1J/s)，单位面积热流量的单位为$\mathrm{W/m^2}$，温度梯度单位为K/m，导热系数k的单位为$(\mathrm{W/m^2})/(\mathrm{K/m})$，即$\mathrm{W/(m \cdot K)}$。

对于温度在空间三维不均匀分布更一般的情况，流体的热传导为各向同性时，每单位面积的热流矢量$\boldsymbol{q}$为

$$\boldsymbol{q} = -k\nabla T \tag{1.6.7}$$

式中，∇T 为温度关于空间坐标的梯度。表 1.6.2 给出几种常见流体的导热系数。

表 1.6.2　标准大气压下某些流体的导热系数

流体	温度/K	$k/[\times 10^{-3}\,\mathrm{W/(m\cdot K)}]$
空气	300	26.14
二氧化碳	300	16.55
水蒸气	400	26.84
氢气	300	181
氧气	300	26.29
水	300	610.4
水银	300	8540

1.6.3　质量输运——流体扩散现象

当流体的密度分布不均匀时，流体的质量就会从高密度区迁移到低密度区，这种现象称为扩散现象。它们又可分为两类：一类是在单组分流体中，由其自身密度差引起的扩散，称为自扩散；另一类是在两种组分的混合介质(如气体与固体，液体与可溶固体，两种不混的液体等)中，由于各组分的各自密度差在另一组分中所引起的扩散，称为互扩散。

自扩散：当流体分子进行动量与热量交换时，也同时伴有质量的交换，这是因为质量输运的机理与动量和热量输运的机理完全相同。假定在流体中存在密度分布 $\rho(y)$，其梯度为 $\mathrm{d}\rho/\mathrm{d}y$，由于分子的热运动，流体将从上方迁移到下方，单位时间所输运的质量与截面积 A 和密度梯度 $\mathrm{d}\rho/\mathrm{d}y$ 成正比，单位时间、单位面积上质量的输运为

$$j = -D\frac{\mathrm{d}\rho}{\mathrm{d}y} \tag{1.6.8}$$

式中，D 为自扩散系数，负号表示质量的流向与密度梯度方向相反。

互扩散：1855 年，菲克(Fick)首先发表了双组分混合物互扩散的实验结果，他考虑由组分 A 与 B 组成的混合物系统，各组分均由其各自的高密度区向低密度区扩散，这里为了简便，假定组分 B 为均质介质，仅考虑组分 A 在组分 B 中的扩散。他的实验结果表明，组分 A 的定常扩散率与它的密度梯度和截面积成正比，或单位时间、单位面积的质量流量与密度梯度成正比：

$$j_{\mathrm{AB}} = -D_{\mathrm{AB}}\frac{\mathrm{d}\rho_{\mathrm{A}}}{\mathrm{d}y} \tag{1.6.9}$$

式中，j_{AB} 与 D_{AB} 分别为组分 A 在组分 B 中单位面积的质量流量及扩散系数。通常称式(1.6.9)为一维定常的第一菲克扩散定律。

更一般的情况，当密度在空间呈三维不均匀分布，介质的质量扩散为各向同性时，单

位面积的质量流量矢量为

$$\boldsymbol{j}_{AB} = -D_{AB}\nabla\rho_A \tag{1.6.10}$$

式中，$\nabla\rho_A$ 为组分 A 的密度梯度。

在国际单位制中，扩散系数的单位为 m^2/s，它与黏度系数和热传导系数不同，扩散系数的大小依赖于压强、温度和混合物的成分。一般说来，液体的扩散系数较气体的小几个数量级。例如：食盐在 15℃的水中的扩散系数为 $1.1\times10^{-9}\ m^2/s$，而水在 25℃空气中的扩散系数为 $2.6\times10^{-5}\ m^2/s$。

从上面的讨论可以清楚地看出，流体的动量、热能和质量三种输运性质，从微观的角度看，它们的形成机理是相似的，都是通过分子的热运动及分子的相互碰撞，输运了它们原先所在区域的宏观性质，从而使原先区域的状态不平衡渐渐趋向状态平衡。因而在宏观上具有类似的表达式，如表 1.6.3 所示。

表 1.6.3　输运性质机理

流体物理特性	单位面积物理量	表达式(常数×势函数梯度)	物理定律
黏性	动量	$\tau = \mu\frac{du}{dy}$	牛顿内摩擦定律
热传导	能量	$q = -k\frac{dT}{dy}$	傅里叶定律
扩散	质量	$j_{AB} = -D_{AB}\frac{d\rho_A}{dy}$	菲克第一定律

这三种输运过程的另一共同点是均为不可逆过程。同时，这些分子输运现象主要在层流流动中考虑，一旦流动为湍流，由于湍流输运远比分子输运强烈，分子输运常常予以忽略。

1.7　边界层、层流和湍流

1.7.1　流动边界层

流体黏滞效应在固体表面附近特别显著。在固体表面附近，流体分子与固体分子的强相互作用导致它们之间的相对速度几乎为零。因此，靠近静止的固体壁面区域的流体速度必须减小为零，如图 1.7.1 所示。这称为无滑移条件。

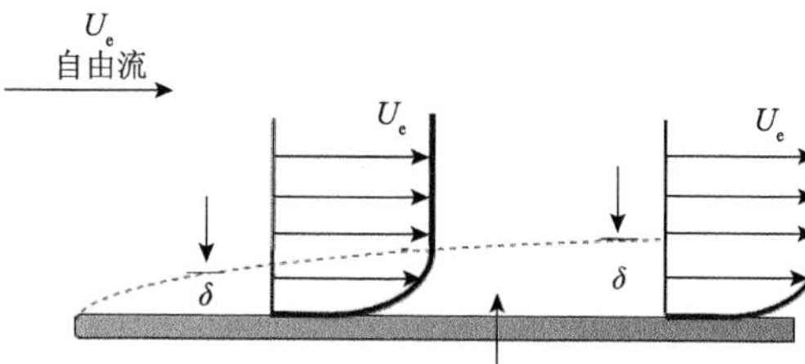

图 1.7.1　边界层流动

在冬天可能会注意到路面上的风吹雪现象。当风吹过地面时，并非所有的雪粒都以相同的速度移动，无论风多大，虽然人们眼前的雪粒随风快速移动，但是贴近地面的雪粒几乎不动，这表明空气在地面的运动速度为零，这就是无滑移条件的例证。风吹沙尘的运动也会有类似现象。在空气和地面接触的地方，它们之间没有相对运动。但是空气流速随着离地面高度的增大以很大的速度变化梯度快速增大到风速值。因此，从地面的零风速到近地面的全风速只是在很薄的一层中发生的，这个固体壁面附近的流动薄层称为边界层。

在边界层中，由于存在很大的速度梯度，根据牛顿内摩擦定律，见式(1.6.3)，黏性应力作用很重要。边界层之外的流动称为自由流，由于自由流中速度梯度很小，黏性应力几乎为零，即黏性不起作用，故自由流又称为无黏自由流。

边界层源于流体与固体边界的无滑移条件，因此边界层现象不仅存在于上面列举的固体平面外部流动中，对于管道或者渠道中的内部流动也存在边界层现象。不过，随着向下游流动，壁面外部边界层高度逐渐增大，边界层外边界流速趋近自由流速。而管内流动向下游的边界层发展不同于外部流动，其高度不会超过半径，管周边界层汇合于管轴心不再变化，称为充分发展的流动。

1.7.2　层流与湍流现象

以管道流为例，进一步分析边界层中的流动状态。如果仔细观察打开水龙头后的水流就可以发现，当水龙头开度较小时，水流较细，流量较小，流态光滑，安静透明。加大水龙头开度，水流变粗，流量加大，流态混乱，水声明显。这两种明显不同的边界层流动分别称为层流(laminar flow)和湍流(turbulent flow)。水龙头开度减小后，湍流又可以退回到层流。层流规则，流体质点呈线状平行运动；湍流混乱，流体质点不仅有沿着流向的速度，而且有垂直流向的不规则脉动速度，故湍流又称为紊流。

关于从层流到湍流转变的流动现象，最早是在 1883 年，由英国物理学家雷诺(Reynolds)通过水平圆管流动实验观察到的。雷诺发现，层流与湍流的转化取决于由管内平均流速 U 、圆管直径 d 、流体密度 ρ 以及流体黏度 μ 这四个物理量组成的无量纲数：

$$Re = \frac{\rho U d}{\mu} \tag{1.7.1}$$

这个无量纲数 Re ，后人称为雷诺数。雷诺以及后人的多次重复实验发现，当 Re 小于某个雷诺数时，管内流动为层流；大于该雷诺数，流动为湍流。该层流与湍流转变的雷诺数称为临界雷诺数。

雷诺实验中，临界雷诺数为 2300，但是该数据依赖于入口流动等实验状态和条件。不同实验的临界雷诺数可能会相差一二个数量级。

雷诺数反映流体黏滞性导致的不同流动状态，具有重要的物理意义。雷诺数不仅显示管流中的层流和湍流状态，而且适用于所有内流和外流问题。不同问题雷诺数的差异，仅在于特征长度 d 的选择：对于管流可以为管的直径，对于船舶绕流可以为船长，对于机翼绕流可以为机翼弦长。至于密度、黏度和速度，直接对应相应的流体。显然，高黏性流体、小尺度物体的低速流动对应小的雷诺数，边界层流动容易为层流。反之，低黏性流体、大尺度物体的高速流动对应大的雷诺数，边界层流动基本为湍流。

湍流是指流体分子微团组成的流体质点的不规则运动，它的最小时间尺度和最小空间尺度都远远大于流体分子热运动的尺度。因此湍流运动产生的质量和能量的输运将远远大于分子热运动产生的宏观输运，这就导致湍流场中质量和能量的平均扩散远远大于层流扩散。例如，为加速化学反应，常常利用搅拌装置产生湍流，用以加强流动中反应物的质量扩散。相对于层流流动，湍流脉动会导致附加的能量耗散。例如，高雷诺数湍流边界层流动对于固体壁面摩擦阻力远远大于相同雷诺数的层流摩擦阻力。因此，认识湍流对于工程技术创新具有指导意义。当需要加强流体的能量和质量输运时，就应当强化湍流；当需要减小流动阻力节省能源时，就应当采取措施抑制湍流。

1.8　液体表面张力

1.8.1　表面张力的微观分析

液体和气体的交界面称为自由面，表面张力是带自由面液体的重要物理特性。微微打开水龙头后，观察水滴下落的样子可知，下落后的水滴基本都保持球体形状，水滴体积越小，越像球形。实践表明，水等液体，其自由面具有自动收缩而形成面积最小表面的趋势，这种沿着液体表面而产生的收缩应力称为表面张力。由于球形是同样体积中表面积最小的形状，所以水滴体积越小，水滴内水的质量力和空气阻力作用就会小于表面张力作用，因而表面张力导致水滴的表面积达到最小，水滴成为球形。

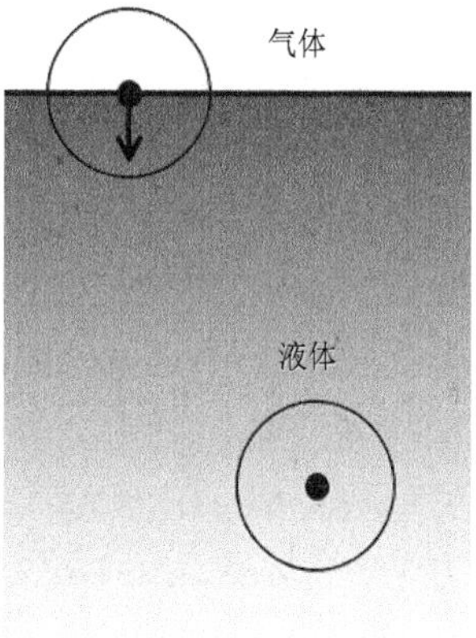

图 1.8.1　导致表面张力的液体分子引力球

表面张力现象源于流体分子的引力，根据 1.1.2 节物质分子间作用的知识，流体分子之间的引力只存在于一个很小的距离 r 内，只有位于以 r 为半径的“分子引力球”中的分子才会对球心处的分子产生引力。如图 1.8.1 所示，对于完全处于液体中的引力球，球心处液体分子受到各方向液体分子引力相互平衡，合力为零。对于靠近自由面处的液体分子，如果其引力球体的部分位于液体之外的气体中，由于气体分子间距离大，其作用力远小于液体分子引力，故球心处液体分子受到的合力不为零，方向指向液体内部，这就导致液体自由面具有自动收缩的趋势，进而形成面积最小的表面，该液体表面内的收缩作用形成表面张力。显然，表面张力并非作用在一个纯几何自由表面上，而是作用于厚度为分子引力有效半径的流体物质薄层中。在互不掺混的两种液体分界面上，也存在同样的现象。

设想在自由液面薄层中画一截线，截线两边液面存在表面张力，即拉力 T 作用，该拉力作用方向垂直于截线并与液面相切，若截线长为 L，由实验结果可测得，拉力 T 与长度 L 成正比，即

$$T=\sigma L \tag{1.8.1}$$

式中，σ 为表面张力系数，它表示液面上单位长度截线上的表面张力，其数值大小由流体物质类别决定，单位为 N/m，量纲为 $\dim\sigma=\mathrm{T}^{-2}\mathrm{M}$。表 1.8.1 给出某些流体的表面张力系数。可见温度越高，张力系数越小。一般来说，在水中溶解有机物质，如油脂或肥皂，会降

低张力系数。而无机物则使水的表面张力系数略有提高。

表 1.8.1 某些流体的表面张力系数

不同流体界面	温度/K	张力系数 σ / ($\times 10^{-3}$ N/m)
水与空气	400	53.6
	350	63.2
	291	73
水银与空气	291	490
水银与水	293	472
酒精与空气	291	23
肥皂水与空气	293	40

1.8.2 拉普拉斯公式

如果自由表面为平面，如静水状态的水平自由面，表面张力作用都位于该平面内，流体质点受力平衡，水平面内表面张力的合力为零。如果自由面上某质点处为曲面，表面张力沿着曲面切向作用对于流体质点造成曲面法线方向的非零合力，为保持该质点受力平衡，该处液面内外将会产生因张力作用而引起的额外压强差。

该压强差与曲面几何变化曲率有关，如图 1.8.2 所示。考察液体自由曲面上边长为 dS_1 和 dS_2 的向下弯曲的面积微元。微元下侧面气体压强为 p_2，上侧面液体压强为 p_1，压强差合力为 $F_p = (p_1 - p_2)dS_1dS_2$，沿着微元 dS_2 方向一对表面张力 σdS_2 夹角的补角为 $d\alpha = dS_1 / R_1$，其中 R_1 为沿着 dS_1 方向的曲率半径，该方向张力在面积微元法向的合力为 $F_1 = \sigma dS_2 d\alpha = (\sigma dS_2 dS_1)/R_1$。同理，沿着 dS_1 方向一对表面张力 σdS_1，在面积微元法向的合力为 $F_2 = \sigma dS_2 d\beta = (\sigma dS_1 dS_2)/R_2$，其中，$R_2$ 为沿着 dS_2 方向的曲率半径。因为上述三个力 F_p 和 F_1 与 F_2 之和相平衡，有

$$p_1 - p_2 = \sigma\left(\frac{1}{R_1} + \frac{1}{R_2}\right) \tag{1.8.2}$$

式(1.8.2)称为拉普拉斯表面张力公式。

1. 球形液滴分析

对于球形液滴，自由表面的曲率处处相等，曲率半径为液滴球的半径 R，表面张力导致球内表面液体压强大于外表面的空气压强，由拉普拉斯公式可得压强差应该为

$$\Delta p = \frac{2\sigma}{R} \tag{1.8.3}$$

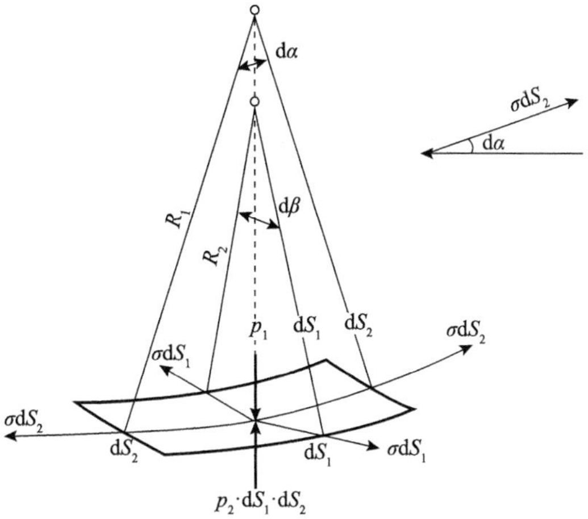

图 1.8.2　曲面处表面张力

这个结论也可以从另一个角度确认，液滴球经过球心的中部剖面上，因为下半液球表面内外压强差而产生的额外拉力为 $\Delta p \cdot \pi R^2$，根据 1.4.1 节体积力和表面力的量级分析，对于极小液球可忽略体积力，该拉力由中部剖面切割圆球表面周线上的张力之和相平衡，即

$$\Delta p \cdot \pi R^2 = \sigma \cdot 2\pi R \tag{1.8.4}$$

因此可以得到与式(1.8.3)同样的结论。

2. 球形液泡分析

对于球形液泡，可以想象为气球的表面，为液体组成，如肥皂泡，液泡内外面都是自由表面，且曲率半径都为球的半径 R，表面张力导致球泡内外表面压强差，在经过球心的中部剖面上，因为下半液球表面内外压强差而产生的额外拉力为 $\Delta p \cdot \pi R^2$，该拉力由中部剖面切割球泡表面周线上的张力之和相平衡。但是与球形液滴只有外部一层自由面不同，球形液泡有内外两层自由面，即

$$\Delta p \pi R^2 = \sigma(2\pi R + 2\pi R) \tag{1.8.5}$$

故有

$$\Delta p = \frac{4\sigma}{R} \tag{1.8.6}$$

与式(1.8.3)比较可知，小液泡比小液滴收缩性更强。

下面讨论由表面张力引起的润湿和毛细现象。

1.8.3　润湿和毛细现象

当液体自由面与固体接触时，自由表面在接触处会形成曲面，出现润湿或者不润湿现象。例如，水接触玻璃是润湿玻璃散开的，水银不润湿玻璃而在玻璃上收缩成球形，如图 1.8.3 所示。

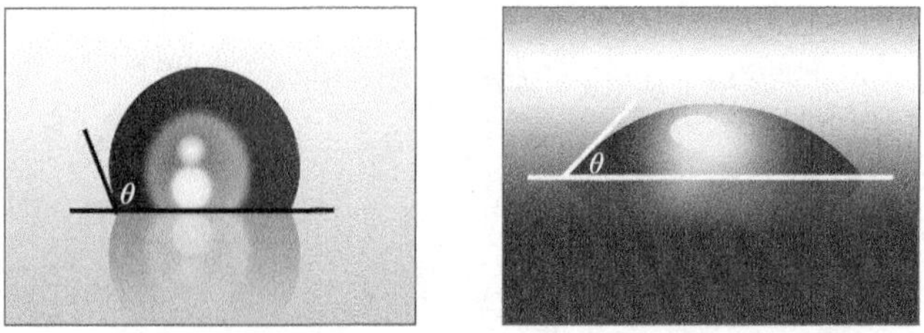

(a)　　(b)

图 1.8.3　润湿现象与接触角

为区分润湿和不润湿现象，引入接触角的概念，在液体表面与固体壁交界处作液体表面的切平面，该平面与固体壁面关于液体所夹的角度称为这种液体对该固体的接触角。当接触角为锐角时，液体润湿固体；当接触角为钝角时，液体不润湿固体。

润湿或不润湿由液体与固体的微观性质决定。当液体与固体分子之间的吸引力大于液体分子之间的吸引力时发生润湿现象，反之则不润湿。

水与洁净玻璃的接触角为 0°，水与不同金属壁面的接触角介于 3°～11°，水银与玻璃的接触角介于 130°～145°。

1. 平板之间水膜张力导致压力降

如图 1.8.4 所示，上下两个平板之间夹有一薄层水膜，平板间距为 t，水膜形状假设为圆形，其半径为 R。水膜层边缘由于表面张力而成为内凹圆环，内凹水膜内压力低于周围的空气压力，压力降为Δp，该压力降造成分离平板的阻力。

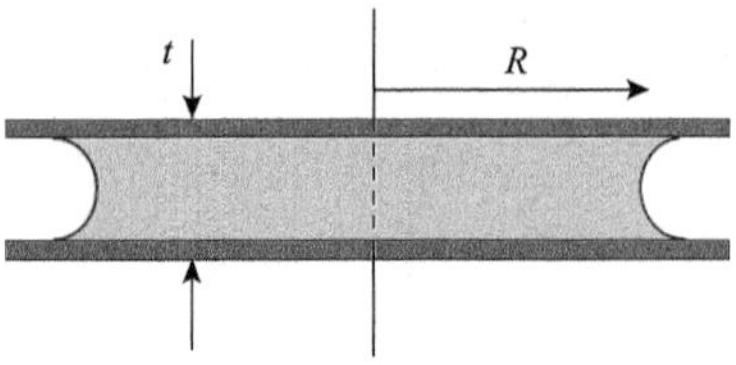

图 1.8.4　润湿现象与平板间液膜张力

压力降形成的对水膜内凹圆环单位角度的指向圆心的紧缩力为$Rt\Delta p$，上下平板接触角处表面张力形成的周向单位角度向外拉力为$2R\sigma\cos\theta$，压力降紧缩力与张力向外拉力平衡，即

$$Rt\Delta p = 2R\sigma\cos\theta \tag{1.8.7}$$

所以分离平板需要提供的外力为

$$F = \pi R^2 \Delta p = \pi R^2 \frac{2\sigma\cos\theta}{t} \tag{1.8.8}$$

由式(1.8.8)可见，水膜越薄，或者水膜面积越大，则阻力越大。生活中，往往有这样的现象，在厨房操作平台上端起一个平底锅，若平台上有水，则端起平底锅需要较大的力气，这就是要克服液膜的表面张力所致的压力降阻力。

2. 毛细现象

将细管插入液体后管内液面会升高或下降，这种现象称为毛细现象。出现毛细现象的细管称为毛细管，如图 1.8.5 所示。

毛细现象是由表面张力及接触角所决定的。对于液体润湿毛细管壁的情况，毛细管刚插入液体中时，由于接触角为锐角，管内液面就变为凹面，按照拉普拉斯公式，液面下方的压强比液面上方的大气压小 Δp，因而有一个高度为 H 的上升水柱，保证水柱底部内外压力等于大气压，即 $\Delta p = \rho g H$。

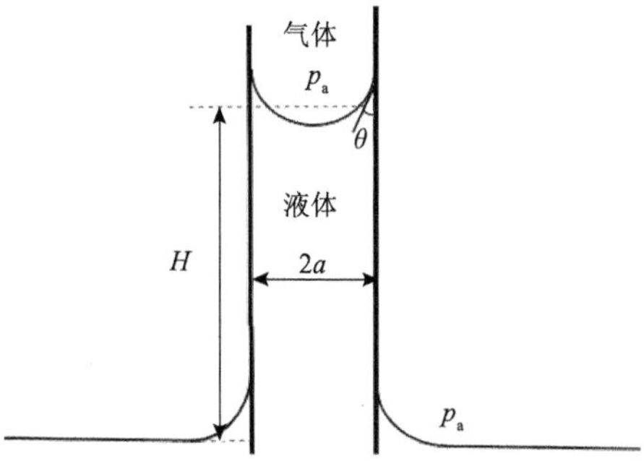

图 1.8.5　毛细管与毛细现象

分析管内液体凹面的受力平衡，有 $\Delta p \pi a^2 = 2\pi a \sigma \cos\theta$，因而管内液柱高度为

$$H = \frac{2\sigma \cos\theta}{\rho g a} \tag{1.8.9}$$

可见，毛细管越细，管内液柱越高。如果液体对于管壁不润湿，如细玻璃管插入水银中，会发现水银在毛细管内下降。这同样可以用式(1.8.9)解释，因为水银关于玻璃壁面接触角为钝角。

第 2 章 流体静力学

由流体的微观尺度分析可知，气体和液体分子始终在运动，绝对静止的流体是不存在的，但是宏观上，流体系统整体可能处于平衡态，流体质点与质点之间以及流体质点与固体接触面之间没有相对运动，也就是流体没有流动，称为相对平衡流体，广义上称为静止流体。可以建立参考坐标系，平衡流体相对该坐标系没有相对运动。对于平衡流体，如果系统整体有加速度，那么流体中各个质点也有与整体相同的加速度，合外力不为零。一般把相对地面处于平衡状态的流体称为静止流体。因为平衡流体质点之间没有相对运动，这意味着黏性将不起作用，所以流体静力学的讨论无须区分流体是实际(黏性)流体还是理想流体。

2.1 流体平衡时的压强与基本方程

2.1.1 流体平衡时的压强

无论是气体还是液体，流体作用于单位面积上的法向压力称为压强，而对固体而言，单位面积上的法向压力称为正应力。压强是流体力学中很重要的物理参数，在国际单位制中，压强的单位为帕斯卡，简称帕(Pa)，这是为了纪念法国数学家和物理学家帕斯卡(Blaise Pascal，1623—1662)对流体静力学的贡献。

$$1\text{Pa}=1\text{N/m}^2$$

实际问题中流体的压强远大于 1Pa，所以实践中，经常采用千帕(kPa)和兆帕(MPa)单位。

$$1\text{kPa}=10^3\,\text{Pa}$$

$$1\text{MPa}=10^6\,\text{Pa}$$

流体平衡时，流体质点之间没有相对运动，因此流体微元表面上的剪应力为零，又由流体的微观尺度分析可知，流体分子做不规则热运动，分子之间的吸引力很小，流体质点之间几乎不能承受拉力。因此，在平衡流体中，只有可能存在指向流体微元表面的法向应力，即 $-\boldsymbol{n}$ 方向。

$$\boldsymbol{p}_n=-\boldsymbol{n}p \tag{2.1.1}$$

式中，p 为法向应力的大小，称为流体压强(fluid pressure)。其物理含义为：平衡流体中无剪应力，任意点的压强都垂直指向作用面。

注意：流体平衡时，流体压强仅是空间位置和时间的函数，与所选取的流体微元形状及其表面方向无关。证明如下：

在流体中取任意一点 M，如图 2.1.1 所示，以 M 为顶点任取微元四面体 $MABC$，其侧面 MBC、MAC、MAB 分别垂直于 x 轴、y 轴、z 轴，相应轴上的直角边长分别任取为 Δx 、 Δy 、 Δz 。而底面 ABC 的外法线方向为 $\boldsymbol{n}$ ，面 MBC、MAC、MAB 的外法线方向分别为 $-\boldsymbol{i}$ 、 $-\boldsymbol{j}$ 、 $-\boldsymbol{k}$ 。MBC、MAC、MAB 上的表面力分别为 $\boldsymbol{p}_{-x}$、 $\boldsymbol{p}_{-y}$、 $\boldsymbol{p}_{-z}$，根据牛顿第三定律可知 $\boldsymbol{p}_{-x}=-\boldsymbol{p}_x$， $\boldsymbol{p}_{-y}=-\boldsymbol{p}_y$， $\boldsymbol{p}_{-z}=-\boldsymbol{p}_z$。

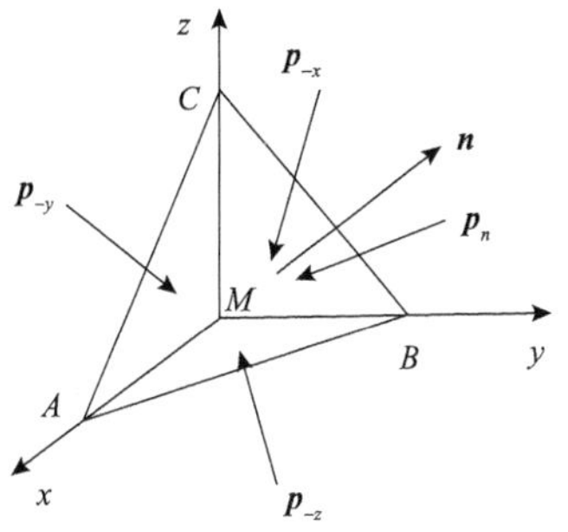

图 2.1.1　四面体的静压强

作用于微四面体 $MABC$ 上总体积力为

$$\boldsymbol{F}=\rho\boldsymbol{f}\Delta\tau \tag{2.1.2}$$

微元四面体的体积为 $\Delta\tau=(1/6)\Delta x\Delta y\Delta z$ ，单位体积的体积力为 $\rho\boldsymbol{f}=\rho f_x\boldsymbol{i}+\rho f_y\boldsymbol{j}+\rho f_z\boldsymbol{k}$ 。

作用于平衡流体微元四面体的表面力仅有法向应力，根据平衡流体关系式(2.1.1)可知，$\boldsymbol{p}_x=p_{xx}\boldsymbol{i}$， $\boldsymbol{p}_y=p_{yy}\boldsymbol{j}$， $\boldsymbol{p}_z=p_{zz}\boldsymbol{k}$， $\boldsymbol{p}_n=p_{nn}\boldsymbol{n}$ 。这里双角标含义遵循 1.4.2 节流体应力张量规定。

对于 MBC 平面的总表面力：$\frac{1}{2}\Delta y\Delta z\boldsymbol{p}_{-x}=-\frac{1}{2}\Delta y\Delta z\boldsymbol{p}_x=-\boldsymbol{i}\frac{1}{2}\Delta y\Delta z p_{xx}$ 。

对于 ABC 平面的总表面力：$\Delta A\boldsymbol{p}_n=\boldsymbol{n}\Delta Ap_{nn}$ 。

流体微元静止时，作用于微元四面体上的体积力和表面力相平衡，x 方向的平衡方程为

$$-\frac{1}{2}\Delta y\Delta z p_{xx}+n_x\Delta Ap_{nn}+\frac{1}{6}\rho f_x\Delta x\Delta y\Delta z=0 \tag{2.1.3}$$

注意到 $n_x=\cos(\boldsymbol{n},\boldsymbol{i})$ 为外法线 $\boldsymbol{n}$ 与 x 轴的夹角余弦，故有 $\Delta An_x=\frac{1}{2}\Delta y\Delta z$ ，代入式(2.1.3)可得：

$$-p_{xx}+p_{nn}+\frac{1}{3}\rho f_x\Delta x=0 \tag{2.1.4}$$

当四面体向 M 点缩小时，$\Delta x\to 0$ ，式(2.1.4)给出：$p_{xx}=p_{nn}$。同理，再根据 y 方向和 z 方向的力平衡方程，可以得到 $p_{yy}=p_{nn}$ 和 $p_{zz}=p_{nn}$ 。

因此，当四面体向 M 点收缩时，$p_{xx}=p_{yy}=p_{zz}=p_{nn}$，令 $p_{nn}=-p$ ，其中负号表示在表面力作用下，流体受压。由于斜面 ABC 是任意选取的，故证明，$\boldsymbol{p}_n=-\boldsymbol{n}p$ ，即平衡流体各点的压强具有各向同性特征。

例题 2-1　分析静止液体作用于容器壁面的压力特性。

解

分析思路：从流体中任意一点应力特性切入，再扩展到流体边界处一点与壁面平行的表面，进一步利用牛顿第三定律，获得流体对壁面的压力。

应用方程：$\boldsymbol{p}_n=-\boldsymbol{n}p$ 。

应用条件：平衡流体。

应用步骤：

(1) 液体静止，处于平衡状态，如图 2.1.2 所示。
(2) 液体中相邻微元之间只有法向应力 $\boldsymbol{p}_n = -\boldsymbol{n}p$ 。
(3) 容器壁面对相邻液体微元也只有法向应力 $\boldsymbol{p}_n = -\boldsymbol{n}p$ 。
(4) 根据 $\boldsymbol{p}_n = -\boldsymbol{n}p$ ，该法向力指向流体微元。
(5) 根据牛顿第三定律，液体对于壁面的作用也只有指向壁面的法向压力。

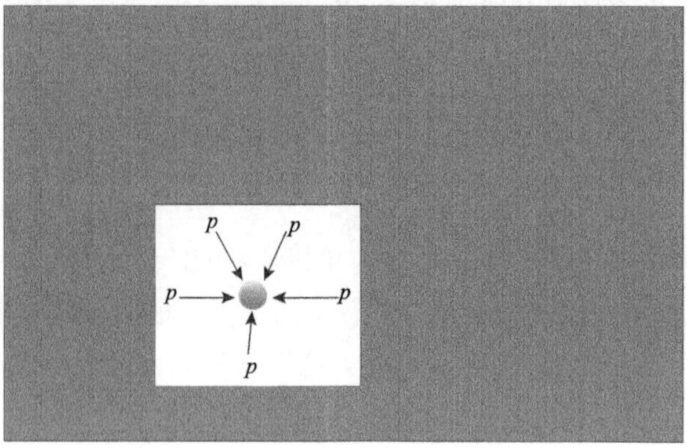

图 2.1.2　液体分析示意图

2.1.2　流体平衡的基本方程

流体平衡时，作用于任意流体微元上的表面力和体积力之合力及其力矩都为零。在流体中取任意一点 M，如图 2.1.1 所示，以 M 为顶点任取微元四面体 $MABC$，坐标与符号含义同 2.1.1 节，分别选取三个侧面 MBC、MAC、MAB 三角形的几何中心，中心距离直角边长度分别为 $\frac{1}{3}\Delta y$ ，$\frac{1}{3}\Delta z$ ；$\frac{1}{3}\Delta x$ ，$\frac{1}{3}\Delta z$ ；$\frac{1}{3}\Delta x$ ，$\frac{1}{3}\Delta y$ 。底面 ABC 三角形的几何中心坐标为 $\frac{1}{3}\Delta x$ ，$\frac{1}{3}\Delta y$ ，$\frac{1}{3}\Delta z$ 。

与 2.1.1 节不同，考虑平衡流体微元中压强的不均匀性，利用一阶泰勒展开，底面 ABC 几何中心处的压强为

$$p\left(\frac{1}{3}\Delta x,\frac{1}{3}\Delta y,\frac{1}{3}\Delta z\right) = p(0,0,0)+\frac{1}{3}\Delta x\frac{\partial p}{\partial x}+\frac{1}{3}\Delta y\frac{\partial p}{\partial y}+\frac{1}{3}\Delta z\frac{\partial p}{\partial z} \tag{2.1.5}$$

侧面 MBC 几何中心处的压强为

$$p\left(0,\frac{1}{3}\Delta y,\frac{1}{3}\Delta z\right) = p(0,0,0)+\frac{1}{3}\Delta y\frac{\partial p}{\partial y}+\frac{1}{3}\Delta z\frac{\partial p}{\partial z} \tag{2.1.6}$$

将式(2.1.5)和式(2.1.6)代入 x 方向的微元平衡方程式(2.1.3)，可得

$$\frac{1}{2}\Delta y\Delta z\left(-\frac{1}{3}\Delta x\frac{\partial p}{\partial x}\right)+\frac{1}{6}\rho f_x\Delta x\Delta y\Delta z = 0 \tag{2.1.7}$$

对 y 方向和 z 方向进行类似分析可知，由于压强分布不均匀而产生作用于微元四面体上的合

力为

$$\frac{1}{6}\Delta x\Delta y\Delta z\left(-\frac{\partial p}{\partial x}\boldsymbol{i}-\frac{\partial p}{\partial x}\boldsymbol{j}-\frac{\partial p}{\partial x}\boldsymbol{k}\right)+\rho(f_x\boldsymbol{i}+f_y\boldsymbol{j}+f_z\boldsymbol{k})\cdot\frac{1}{6}\Delta x\Delta y\Delta z=0 \tag{2.1.8}$$

定义压强的梯度为

$$\nabla p=\frac{\partial p}{\partial x}\boldsymbol{i}+\frac{\partial p}{\partial x}\boldsymbol{j}+\frac{\partial p}{\partial x}\boldsymbol{k} \tag{2.1.9}$$

由于 M 点处微元 Δx 、Δy 、Δz 是任意选取的，可得

$$-\nabla p+\rho\boldsymbol{f}=0 \tag{2.1.10}$$

选取几何中心为代表点，可以很容易证明，式(2.1.8)是体积力和表面力关于三个坐标轴的合力矩为零的必要条件。因此，式(2.1.10)称为流体的平衡微分方程，简称平衡方程。

平衡方程的物理意义：平衡流体中任意一点处单位体积的压差力+平衡流体中任意一点处单位体积的体积力为 0。

平衡方程是流体静力学问题分析的出发点，实质上表明了体积力和压差力之间的平衡。压强对流体微元受力的影响是通过压强差来体现的，均匀分布的压强将不起作用。式(2.1.10)是矢量形式，其在直角坐标系中的分量形式为

$$\begin{cases}-\dfrac{\partial p}{\partial x}+\rho f_x=0 & (x\text{坐标方向})\\ -\dfrac{\partial p}{\partial y}+\rho f_y=0 & (y\text{坐标方向})\\ -\dfrac{\partial p}{\partial z}+\rho f_z=0 & (z\text{坐标方向})\end{cases} \tag{2.1.11}$$

对于均质流体，密度为常数，一旦给定体积力的分布，就可以由平衡方程确定流体中的压强分布。但是体积力分布必须满足一定的条件，才能使流体系统处于平衡状态。

将式(2.1.10)两边除以密度，然后取旋度可得

$$\nabla\times\boldsymbol{f}=\nabla\times\left(\frac{1}{\rho}\nabla p\right)=-\frac{1}{\rho^2}(\nabla\rho\times\nabla p) \tag{2.1.12}$$

对于均质流体，密度为常数，不随空间变化，因此由式(2.1.12)可得

$$\nabla\times\boldsymbol{f}=0 \tag{2.1.13}$$

因此，均质流体平衡的必要条件是体积力 Π 有势，即 $\boldsymbol{f}=-\nabla\Pi$ ，代入式(2.1.10)可得

$$-\nabla\Pi=\frac{\nabla p}{\rho} \tag{2.1.14}$$

积分式(2.1.14)，并取积分常数为零，可得平衡均质流体的体积力势函数为

$$\Pi = -\frac{p}{\rho} \tag{2.1.15}$$

显然，平衡均质流体的等势面与等压面重合，体积力与等压面垂直。

『实践感悟真知』-【地球大洋表面为何是球形？】 对于匀质流体，密度为常数，一旦给定体积力的分布，就可以由平衡方程确定流体中的压强分布。但是体积力分布必须满足一定的条件，才能使流体系统处于平衡状态。请通过网络等途径查找相关文献，自主证明匀质流体平衡的必要条件是体积力有势，即对于平衡匀质流体的体积力势函数为式(2.1.15)。理解平衡均质流体的等势面与等压面重合，体积力与等压面垂直。地球上海洋表面是等压面，海水的体积力是万有引力，$\boldsymbol{f} = K / r^3 \boldsymbol{r}$，其中 $\boldsymbol{r}$ 为从地心到海水质点的矢量，K 为常数。显然万有引力的等势面为球面。

2.2　均质流体的静力学压强

2.2.1　重力作用下静止流体的平衡方程

考虑地球表面重力场中静止流体的平衡，在重力作用下，体积力 $f_x = f_y = 0$，$f_z = -g$，这里取 z 轴垂直向上。由平衡流体的基本方程(2.1.11)可得

$$\begin{cases} \dfrac{\partial p}{\partial x} = 0 \\ \dfrac{\partial p}{\partial y} = 0 \\ \dfrac{\partial p}{\partial z} = -\rho g \end{cases} \tag{2.2.1}$$

这时压强只随 z 而变化，与 x、y 无关，因而重力场中静止流体的平衡方程可写成

$$\frac{\mathrm{d}p}{\mathrm{d}z} = -\rho g \tag{2.2.2}$$

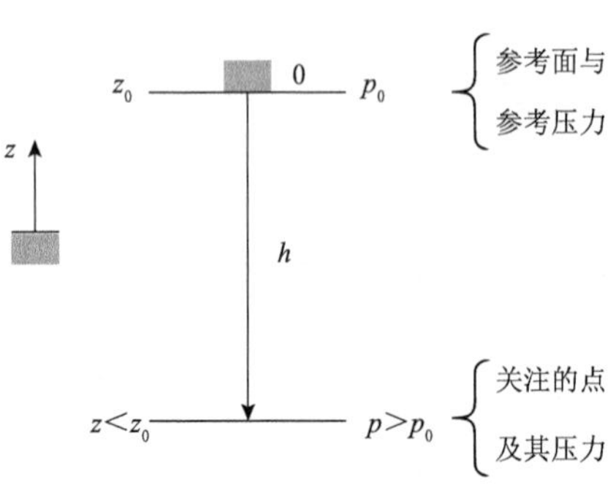

图 2.2.1　流体静压及其参考面

注意式(2.2.2)中对于密度 ρ 如何变化并未加以限制。但在本节中，只是考虑均质流体，即 $\rho =$ 常数。如图 2.2.1 所示，可将式(2.2.2)从某一参考面($z = z_0$，$p = p_0$)处进行积分，得到

$$p = p_0 + \rho g(z_0 - z) \tag{2.2.3}$$

式中，参考面为等压面，与重力(体积力)方向垂直，因而必为水平面。记 $h = z_0 - z$ 为从参考面算起的流体深度。注意，参考面以下的点 h 为正值。于是

$$p = p_0 + \rho g h = p_0 + \gamma h \tag{2.2.4}$$

式中，$\gamma = \rho g$ 称为流体重度，指作用在单位体积均质流体上的重力。

方程(2.2.4)称为重力场中流体静力学基本规律。它表明：重力作用下，均质静止液体中的一点处压强等于参考面处的已知压强与一个母线垂直，底为单位面积，顶位于参考面内的直立柱体所受重力之和。

流体静力学规律说明，重力场中均质流体的压强随深度线性增加，由此很容易说明为什么水坝断面要做成上面窄而下面宽的形状。这一点，我国古代人民很早就已经认识和掌握。春秋时期，我国著名的哲学家、政治家、军事家管仲(公元前 719 — 公元前 645 年)在回答农业水利筑坝工程问题时说："令甲士作堤大水之旁，大其下，小其上，随水而行。"(参见《管子》57 章《度地》，第四段)即指出堤坝的纵断面要修成"大其下，小其上"的梯形。而在西方，直到文艺复兴时期，晚于中国约两千年，1586 年，荷兰数学家、力学家和工程师，陆地帆车的提出者西蒙·斯蒂文(Simon Stevin)在其《静力学原理》中指出液体压力取决于液体高度而非液体容器形状，才认识别流体静压强与深度的关系。

2.2.2　绝对压强、相对压强、真空度、水头

根据流体静力学基本规律 $p = p_0 + \gamma h$，由于压强参考零点 p_0 的不同，压强 p 有不同的名称：

绝对压强，以完全真空(vacuum)为零点，记为 p_{abs}。

相对压强，以当地大气压 p_{atm} 为零点，记为 p_{gage}。

工程上，很多测压仪表测得的都是相对压强，因此相对压强又称为表压。一般工程上说的压强往往指的是表压，而不是绝对压强。相对压强为负值时，称为负压，其绝对值称为真空压强 p_{vac}(又称真空度)。

两者的关系如图 2.2.2 所示：

$$\text{表压} = \text{绝对压强} - \text{大气压强}：p_{\text{gage}} = p_{\text{abs}} - p_{\text{atm}} \tag{2.2.5}$$

$$\text{真空度} = \text{大气压强} - \text{绝对压强}：p_{\text{vac}} = p_{\text{atm}} - p_{\text{abs}} \tag{2.2.6}$$

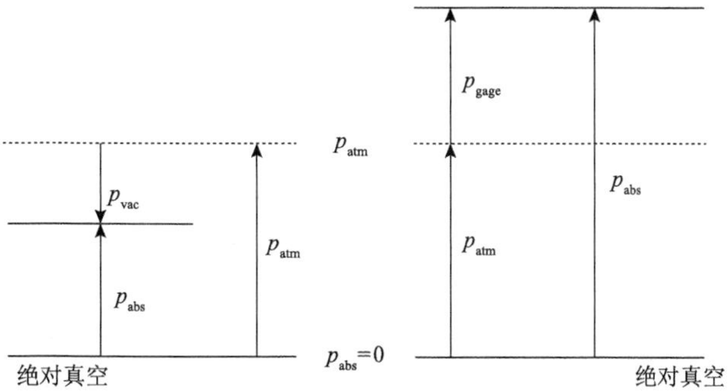

图 2.2.2　真空压强和绝对压强、大气压强和相对压强

今后讨论压强一般指相对压强，省略下标，记为 p。若指绝对压强，则特别注明。压强零点的不同取法，不会影响压强梯度，也不会影响流体受力。值得注意的是，在第 1 章热

力学基础中，热力学压强是指绝对压强。

如果 $z_0=0$ 为静止液体的自由表面，自由表面上压强为 p_a，则液面以下 h 处相对压强为 γh。所以在液体指定以后，用高度也可度量压强，称为液柱高，如 5m(H_2O)，30mm(Hg)等。特别地，将水柱高称为水头。

液体平衡微分方程：$dp=-\gamma dz$，积分得 $z+p/\gamma=C$。这里，基准面 $z=0$ 是水平面，可以任取。将 z 称为位置水头；p/γ 称为压强水头；位置水头与压强水头之和 $z+p/\gamma$ 称为测管水头。这三个水头也可解释成单位重量液体的能量，分别对应位置势能(从基准面 $z=0$ 算起)、压强势能(从大气压强算起)和总势能。液体的平衡规律表明：位置水头(势能)与压强水头(势能)可互相转换，但它们之和——测管水头(总势能)是保持不变的。

例题 2-2　静脉点滴需要将点滴瓶相对静脉注射点悬挂在一定高度 h，点滴药液依靠重力抵抗静脉血压而注入身体。如图 2.2.3 所示，点滴瓶相对高度 h 越大，点滴速度越快，如果 $h=1.2\text{m}$，点滴速度停止，试确定静脉血液的相对压强；如果点滴注射针头处需要保持 20kPa 的表压，点滴液密度为 $\rho=1020\text{kg/m}^3$，点滴瓶需要保持在什么高度？

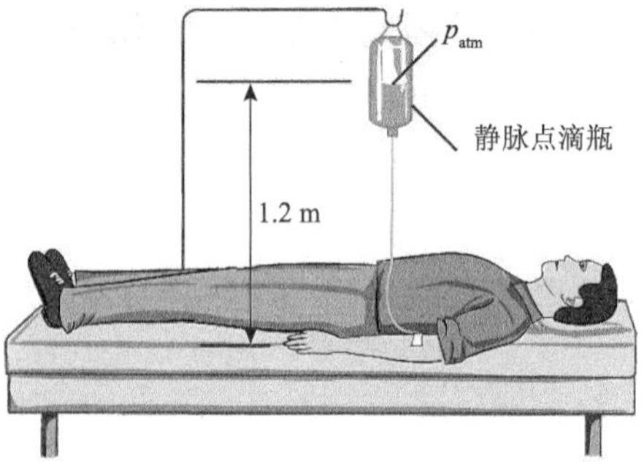

图 2.2.3　静脉点滴

解

分析思路：表压是高于当地大气压的相对压强，注射点静脉内的表压等于注射液在该点的表压。进一步利用静力学规律和表压定义，即可获得对应的高度。

应用公式：表压=绝对压强−大气压强，即 $p_{gage}=p_{abs}-p_{atm}=\rho gh$。

应用条件：当地大气压强，流体静止状态。

应用步骤：

(1) 由于 $h=1.2\text{m}$ 时，点滴流体静止，静脉注射点相对压强为

$$\begin{aligned}p_{gage}&=p_{abs}-p_{atm}=\rho_{注射液}gh\\&=1020\text{kg/m}^3\times9.81\text{m/s}^2\times1.20\text{m}\\&\approx12000\text{Pa}=12\text{kPa}\end{aligned}$$

(2) 如果注射针头处表压保持 20kPa，则液柱高度为

$$h=\frac{p_{gage}}{\rho_{注射液}g}=\frac{20000\text{Pa}}{1020\text{kg/m}^3\times9.81\text{m/s}^2}=2.0\text{m}$$

(3) 欲保持 20kPa 表压，点滴瓶需要相对身体注射针头悬挂高度为 2m。注射液在点滴管道内流动时，由于管道内摩擦等因素会降低管内压强，实际点滴瓶高度应略有提高。

例题 2-3　为了满足螺旋桨空化实验、波浪翻卷冲击壁面实验以及破碎波浪微气泡卷入实验的相似性要求，往往需要的选择实验水池水面以上气室的不同压强 p_0，减压水池能够实现这样的功能，如图 2.2.4 所示。某减压水池的当地环境大气压为 98000Pa，减压气室的最小绝对压强为 2500Pa，求解该减压水池的最大真空度。

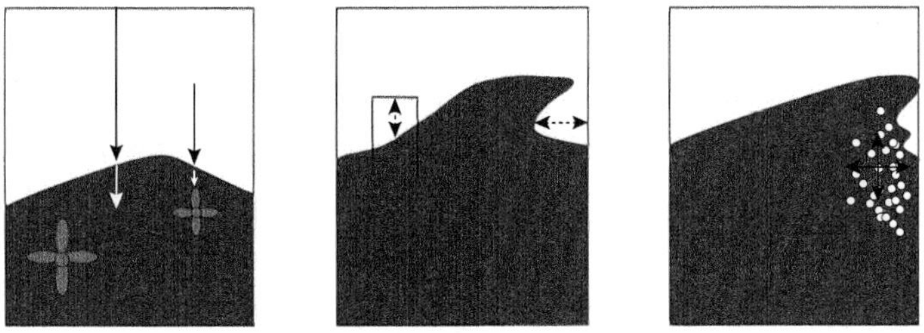

图 2.2.4　减压水池示意图

解

分析思路：真空度是低于当地大气压的相对压强，已经给定当地大气压和绝对压强，进一步利用真空度定义，即可获得对应的真空度。

应用公式：真空度=大气压强−绝对压强，即 $p_{vac}=p_{atm}-p_{abs}$。

应用条件：当地大气压强。

应用步骤：

(1) 当地大气压强 $p_{atm}=98000\text{Pa}=0.098\text{MPa}$。

(2) 减压水池气室最小绝对压强 $p_{abs}=p_0=2500\text{Pa}=0.0025\text{MPa}$。

(3) 根据真空度定义：$p_{vac}=p_{atm}-p_{abs}$。

(4) 计算得到 $p_{vac}=0.098-0.0025=0.0955\text{MPa}$。

(5) 因此该水池的真空度最大可达 97.4%的工程大气压。

2.2.3　测压计原理

根据流体静力学基本规律：

$$p-p_0=\Delta p=\rho gh=\gamma h \tag{2.2.7}$$

静止流体中任意两点的压力差，可以通过测量两点的垂向间距获得，据此原理可以设计压强的测量装置：测压计(manometers)。

1. 气压计原理

地球上某一位置处的大气压实际数值可以用测压计测量获得。1643 年，意大利科学家托里拆利(Evangelista Torricelli，1608—1647)用水银测压计精确地测出大气压的值。

如图 2.2.5 所示，测压计中水银(mercury)柱高度为 h，顶端 A 处为真空(vacuum)，压强 $p_0=0$，B 处为大气压，应用流体静力学基本规律式(2.2.7)可知

$$p_{atm}-p_0=p_{atm}=\gamma_{Hg}h \tag{2.2.8}$$

1 个标准大气压对应 760mm 高度水银柱(温度为 0℃，$\rho_{Hg}=13595\text{kg/m}^3$，$g=9.807\text{m/s}^2$)。

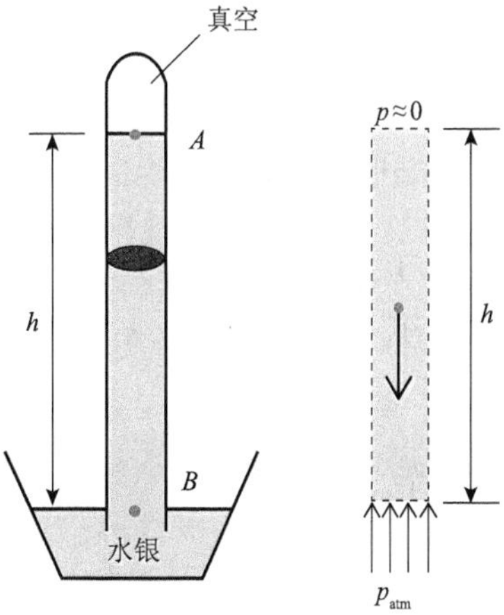

图 2.2.5　测压计

为了量化对照方便，这里给出几个常用的大气压强数值：

1 个工程大气压：1kgf/cm^2(千克力/平方厘米) = 98000Pa = 10m 水柱 = 735mm 水银柱。

1 个标准大气压：1atm = 101325Pa = 101.325kPa = 760mm 水银柱；

其他大气压单位：1bar = 10^{5}Pa = 0.1MPa = 100kPa；1psi(英镑力/平方英寸)，1kgf/cm^2= 14.223psi。

可见，不同大气压名称的量值，除了英制单位外，相差甚小，在 0.1MPa 上下。

例题 2-4 某城市市区最高点海拔 180m，当地重力加速度为 9.8066m/s^2，用测压计测量大气压为 740mm 水银柱，测量时气温为 10℃，ρ_{Hg}=13570kg/m^3，试计算该地点的大气压。

解

分析思路：利用水银柱高度计算大气压，需要利用当地重力加速度和对应测量时温度的水银的密度，代入公式计算即可。

应用公式：$p_{\mathrm{atm}} = \rho_{\mathrm{Hg}} gh$。

应用条件：当地重力加速度和测量时相应温度的水银密度。

应用步骤：

(1) 当地重力加速度和水银密度分别为 $g = 9.8066\mathrm{m/s^2}$，$\rho_{\mathrm{Hg}} = 13570\mathrm{kg/m^3}$。

(2) 当地大气压为

$$\begin{aligned} p_{\mathrm{atm}} &= \rho_{\mathrm{Hg}} gh \\ &= 13570\mathrm{kg/m^3} \times 9.8066\mathrm{m/s^2} \times 0.74\mathrm{m} \\ &= 98476\mathrm{Pa} = 98.476\mathrm{kPa} \end{aligned}$$

(3) 可见大气压除了与海拔有关，还与温度有关。

2. U 形管测压计原理

(1) U 形管的一端接大气，这样就得到了测管水头。再利用液体的平衡规律，可知连通的静止液体区域中任何一点的压强，包括测点处的压强。

(2) 如果连通的静止液体区域包括多种液体，则须在它们的分界面处作过渡。

3. 比压计

(1) 即使在连通的静止液体区域中任何一点的压强都不知道，也可利用流体的平衡规律，知道其中任何两点的压差，这就是比压计的测量原理。

(2) 流体的平衡规律必须在连通的静止流体区域(测压管中)应用，不能轻易用到管道中去，因为管道中的流体可能是在流动的。

(3) 测压管在测点处与容器或管道应该正交连接。

『实践感悟真知』-【测量血压理解测压计原理】 保持血压正常对于健康十分重要。血压计是测量血压的必备设备。目前常用的血压计有水银柱式和电子血压计。比较水银柱式和电子血压计的通用部件及不同部件的原理。针对水银柱式血压计，解释血压与水银柱高度的关系。若可能，自己试着测量一下自己的血压，并每天测量 3 次，连续测量记录一周，判断自己的血压是否正常。

2.3　均质静止液体作用在物体表面上的压强合力

在已知静止液体中的压强分布 p 之后，通过求解物体表面 S 上的矢量积分

$$\boldsymbol{F}=-\iint_{S}\boldsymbol{n}p\mathrm{d}S=-\iint_{S}\boldsymbol{n}(p_0+\gamma h)\mathrm{d}S \tag{2.3.1}$$

$$\boldsymbol{M}=-\iint_{S}\boldsymbol{r}\times\boldsymbol{n}p\mathrm{d}S \tag{2.3.2}$$

即可得到总压力和力矩，这里 S 为物体与液体接触的表面积，$\boldsymbol{n}$ 为物面单位法向矢量(指向液体)，$\boldsymbol{r}=\boldsymbol{OA}$ 为取矩参考点 O 到表面上各积分点 A 的向径。式(2.3.1)和式(2.3.2)的右端积分之所以加负号，是因为物面对流体的压强 p 指向液体为正，而液体对物面的压强是反作用力，即 $-p$。

下面分别针对液体中物体的平面壁、曲面壁、浮体，讨论其压强合力计算。

2.3.1　静止液体作用在平面壁上的压强合力

根据刚体力学中找合力中心的原理，只有在 $\boldsymbol{F}\perp\boldsymbol{M}$ 条件下，才能找到合力中心 D，$\boldsymbol{r}_D=\overrightarrow{OD}$ 为取矩参考点 O 到合力中心 D 的向径，从而可得 $\boldsymbol{M}=\boldsymbol{r}_D\times\boldsymbol{F}$。只有当物面为平面时才符合这一条件，这时平面上的静压强为一平行力系，合力中心即为总压力在物面上的作用点，通常称为压力中心。由于静压强分布是不均匀的，沿铅垂方向呈线性分布，浸没在液面下越深处压强越大，所以总压力作用点位于作用面形心以下。

例题 2-5　静止液体作用在平面上的总压力与压力中心。

求水下某一斜平面上的静水作用力，如图 2.3.1 所示，斜平面 S 与水平面的夹角为 θ，斜面下方为大气压强。

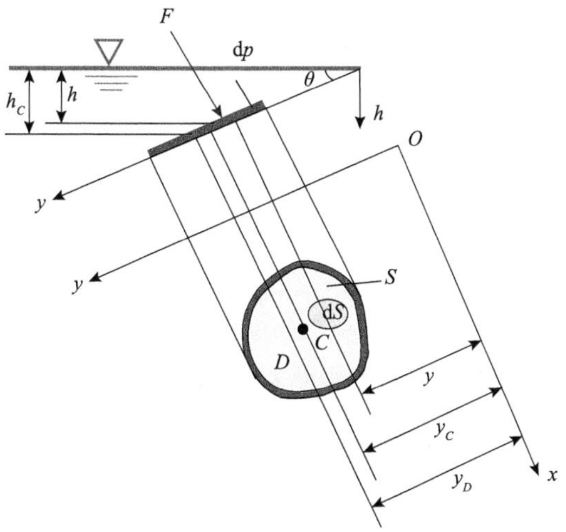

图 2.3.1　平面壁上的静水总压力

解 总压力可由式(2.3.1)写为

$$\begin{aligned}\boldsymbol{F} &= -\iint_S \boldsymbol{n}\left[(p_0+\gamma h)-p_0\right]\mathrm{d}S \\ &= -\iint_S \boldsymbol{n}\gamma h \mathrm{d}S = -\boldsymbol{n}\gamma\sin\theta\iint_S y\mathrm{d}S\end{aligned}$$

为计算方便，在该斜平面内建立局部坐标系 xOy ，坐标原点位于自由面上， $\iint_S y\mathrm{d}S$ 为面积 S 对于 Ox 轴的静矩， $S_x = y_C S$ ， y_C 为形心 C 在 Oy 轴上的坐标。同时注意到，由于斜面两侧的点都受到大气压强作用，相互抵消，于是

$$\boldsymbol{F} = -\boldsymbol{n}\gamma\sin\theta y_C S = -\boldsymbol{n}\gamma h_C S = -\boldsymbol{n}p_C S \tag{2.3.3}$$

也就是说，作用于任意形状平面上的静水总压力，大小等于该平面的面积与作用在其形心 C 处的静水压强 p_C 的乘积，而方向指向斜面。由此可见，形心 C 处的静水压强就是整个斜平面的平均静水压强。

下面计算总压力的作用点，由式(2.3.2)可写出：

$$\begin{aligned}\boldsymbol{M} &= -\iint_S \boldsymbol{r}\times\boldsymbol{n}\left[(p_0+\gamma h)-p_0\right]\mathrm{d}S \\ &= \boldsymbol{n}\times\iint_S \gamma\sin\theta y(x\boldsymbol{i}+y\boldsymbol{j})\mathrm{d}S \\ &= \boldsymbol{n}\times\left(\boldsymbol{i}\iint_S xy\mathrm{d}S + \boldsymbol{j}\iint_S y^2\mathrm{d}S\right)\gamma\sin\theta\end{aligned}$$

可见合力矩方向与平面的法向量垂直，满足 $\boldsymbol{F}\perp\boldsymbol{M}$ ，通过 $\boldsymbol{M} = \boldsymbol{r}_D\times\boldsymbol{F}$ 就可以得到总压力作用点的位置 $\boldsymbol{r}_D$ ，引用式(2.3.3)，即得

$$\boldsymbol{M} = \boldsymbol{n}\times\left(\boldsymbol{i}\iint_S xy\mathrm{d}S + \boldsymbol{j}\iint_S y^2\mathrm{d}S\right)\gamma\sin\theta = \boldsymbol{r}_D\times(-\boldsymbol{n}\gamma\sin\theta y_C S)$$

$$\boldsymbol{r}_D = (\boldsymbol{i}x_D + \boldsymbol{j}y_D) = \left(\boldsymbol{i}\iint_S xy\mathrm{d}S + \boldsymbol{j}\iint_S y^2\mathrm{d}S\right)\frac{1}{y_C S}$$

可见总压力作用点的位置和所在斜平面的倾角无关。其中 $I_x = \iint_S y^2\mathrm{d}S$ ， $I_{xy} = \iint_S xy\mathrm{d}S$ 分别为平面 S 对于 Ox 轴的面积惯性矩和惯性积(双轴面积矩)。另外，根据惯性矩的平行移轴公式，可知道总压力作用点 D 相对面积 S 的形心 C 的位置偏移为 $\Delta y = y_D - y_C = \dfrac{I_{\bar{x}}}{y_C S}$ ， $\Delta x = x_D - x_C = \dfrac{I_{\bar{x}\bar{y}}}{y_C S}$ ，式中， $I_{\bar{x}}$ 和 $I_{\bar{x}\bar{y}}$ 分别为平面 S 对于以形心 C 为原点的 $\bar{x}C\bar{y}$ 局部坐标轴的

面积惯性矩和惯性积。由于 $I_{\bar{x}}>0$，显然合力作用点位于作用面形心以下。

2.3.2　静止液体作用在曲面壁上的压强合力

如果物面为曲面，由于压强垂直于作用面，则面上各点作用力并不是平行力系，而是一个空间力系，其合力与合力矩一般并不互相垂直，从而无法确定压力中心。简单的方法就是把曲面上各微元面积处的压力分解为沿着适当选定的直角坐标系的三个坐标轴的分量，从而形成三组平行力系。对于每组平行力系可求得一个合力、合力矩及合力作用点。对于一般曲面物面，三个方向的合力未必相交于物面上的一点，往往是三个方向合力只能化为一个合力加上一个合力偶。

例题 2-6　静止液体作用在曲面上的总压力。

如图 2.3.2 所示的圆柱形围堰，直径 $2R=3\text{m}$，长 $L=6\text{m}$。试求两侧静止流体作用于堰上的合力大小，方向及作用线。(水的密度 $\rho=1\times10^3\text{kg/m}^3$，$g=9.8\text{m/s}^2$)

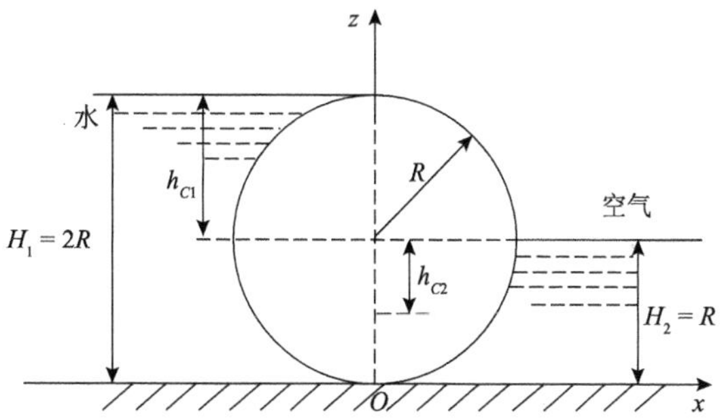

图 2.3.2　圆柱形围堰

解

(1) 空气的压强通过两侧的水均匀地、量值不变地传到堰的水下表面，因此整个圆柱侧面处处均匀地受到大气压作用，互相抵消，合力为零。因此，在计算两侧流体合力时，不考虑大气压强，或者说只考虑“表压”即可。这就是说，两侧的水面就是等效自由面。由于沿长度 L 压强是不变的，合力通过 $L/2$ 处的中截面。

(2) 静止液体作用在曲面上的总压力。

① 对曲面 S 求解总压力 $\iint_S p\boldsymbol{n}\mathrm{d}S$ 时，必须先分解成各分量计算，然后再合成。

② x 方向水平力的大小为 $\iint_S p|n_x|\mathrm{d}S=\gamma\iint_S h\mathrm{d}S_x=\gamma h_C S_x$。这里，$S_x$ 是曲面 S 沿 x 轴向 yOz 平面的投影，h_C 是平面图形 S_x 的形心浸深。这说明，静止液体作用在曲面上的总压力在 x 方向分量的大小等于作用在曲面沿 x 轴方向的投影面 S_x 上的总压力。

$$F_{x1}=\gamma h_{C1}S_{x1}=\gamma\cdot\frac{H_1}{2}\cdot H_1L=264600\text{N}$$

$$F_{x2}=\gamma h_{C2}S_{x2}=\gamma\cdot\frac{H_2}{2}\cdot H_2L=66150\text{N}$$

$$F_x=F_{x1}-F_{x2}=198450\text{N}$$

③ z 方向(垂向)力的大小为 $\iint_S p|n_z|\mathrm{d}S=\gamma\iint_S h\mathrm{d}S_z=\gamma V_p$。这里，$S_z$ 是曲面 S 沿 z 轴向 xOy 平面的投影，V_p 称为压力体，是曲面 S 与 S_z 之间的柱体体积。这说明，静止液体作用

在曲面上的总压力的垂向分量的大小等于压力体中装满此种液体的重力。

$$F_{z1}=\gamma V_{p1}=\gamma\cdot\frac{1}{2}\pi R^2L=207711\text{N}$$

$$F_{z2}=\gamma V_{p2}=\gamma\cdot\frac{1}{4}\pi R^2L=103855.5\text{N}$$

$$F_z=F_{z1}+F_{z2}=311566.5\text{N}$$

④ 压力体应由曲面 S 向上一直画到液体面所在平面。压力体中，不一定装满了液体。严格的压力体的概念是与液体重度 γ 联系在一起的，这在分层流体情况时，显得尤为重要。

⑤ 总压力各分量的大小已知，指向自己判断，这样总压力的大小和方向就确定了。总压力的作用点为水平方向两条作用线和过压力体形心的铅垂线的交点。特别地，当曲面是圆柱或球面的一部分时，总压力是汇交力系的合成，必然通过圆心或球心。

2.3.3　浮力、浮心与浮体稳性

首先，看一个特殊例子，如图 2.3.3 所示：一个 V 形“船舶”浮在水面，其船长为 L，吃水为 h，求船舶受到的静水作用合力。

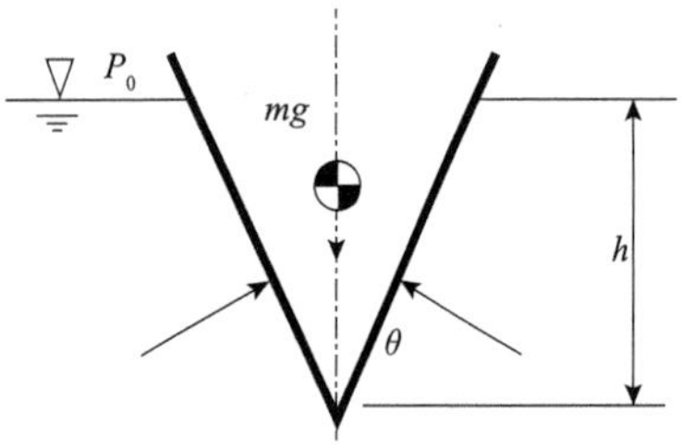

图 2.3.3　V 形船静浮力示意图

根据 2.3.2 节静水对于曲面作用力的计算方法，V 形“船舶”所受静水总力可以看作左右两侧面积受力之和。由于对称性，两侧水平力大小相等，方向相反，作用线重合，相互抵消。垂向力等于两倍的单侧曲面“虚压力体”液体重量，即

$$mg=2\left(\rho gL\frac{1}{2}h\frac{h}{\tan\theta}\right)=\rho gL\frac{h^2}{\tan\theta} \tag{2.3.4}$$

由式(2.3.4)可见，这里的“虚压力体”重量，即静止液体作用在物体上浮力的大小等于物体所排开液体的重量，方向铅垂向上，这就是著名的阿基米德原理。

阿基米德原理指出：静止匀质流体中全部或者部分浸没物体，在重力场中所受浮力垂直向上，大小等于它所排开流体的重量，作用线通过排开流体的重心。

显然上述结论是根据静止液体对于曲面作用力分块求和得到的，也可以从一般意义上利用浮体的湿表面压强积分给出同样结论。

对于完全浸没在液体中的任意形状潜体，如潜艇，其浮体体积为 V，湿表面为 S，液体分布压强为 p，阿基米德原理可作如下的推导：

$$\begin{aligned}\boldsymbol{F}&=\oint\!\!\!\oint_S -p\boldsymbol{n}\mathrm{d}S=\iiint_V -\nabla p\mathrm{d}V\\&=-\iiint_V \nabla(p_0-\gamma z)\mathrm{d}V=\gamma\boldsymbol{k}\iiint_V \mathrm{d}V=\gamma V\boldsymbol{k}\end{aligned} \tag{2.3.5}$$

式中，第 2 个等号利用了高斯定理。由式(2.3.5)可见，潜体无论左右对称与否，水平合力都

为零，浮力垂直向上，通过排水体积的形心，称为浮心(center of buoyancy.)。浮体情况也不难推导。

简单讨论浮体的静流体稳定性问题，对于完全浸没在流体中物体的稳定性，如图 2.3.4 所示的气球吊篮系统，由于载重集中于下部吊篮，而浮力主要来自上部气球，显然系统是平衡的。

如果有阵风把气球吹偏，浮心与重心不在一条垂直线上，浮力与重力产生的力矩，使得气球趋于恢复平衡状态。因此，该浮体系统是稳定的。如果把吊篮放在气球上部，系统是不稳定的。

潜艇的稳性与气球系统类似。潜艇稳定平衡要求浮心位于重心上方。

对于部分浸没的物体，如船舶等水面浮体，静水稳定性要求更为复杂。详见船舶与海洋工程原理有关书籍。

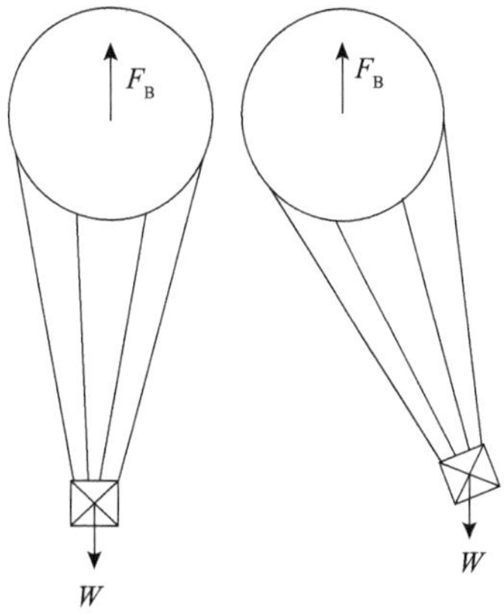

图 2.3.4　气球吊篮系统示意图

『实践感悟真知』-【液体比重计与“曹冲称象”】 某液体的比重(specific gravity，SG)指的是它的密度与水的密度之比，是一个无量纲量。

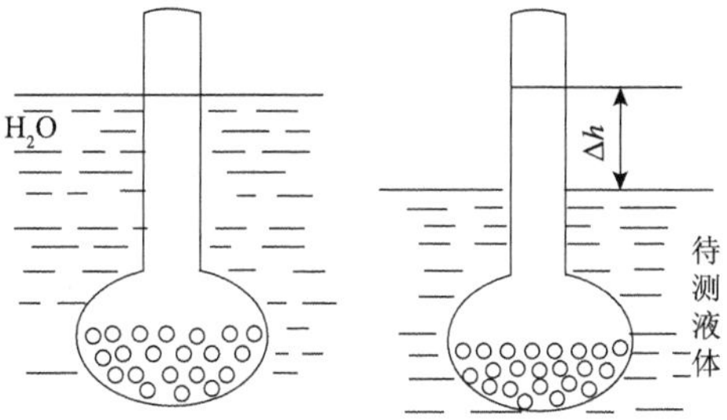

图 2.3.5　比重计原理图

比重计如图 2.3.5 所示的玻璃管，内装金属小球，上管横截面均匀，首先在蒸馏水中校准标识刻度线，然后将比重计放入待测液体，即可由刻度线给出其比重值。请根据浮力阿基米德原理，推导比重计的刻度线标识规律。

我国人民对于浮力规律的认知和应用非常早，三国时代“曹冲称象”的故事、宋代僧人怀丙用载石头船打捞沉底铁牛的浮力起重法，北魏《齐民要术》记载用鸡蛋沉浮测定盐水浓度的方法等，都和比重计原理一致。请通过网络等途径查找相关文献资料，摘抄古人应用浮力规律的故事两例，写出常见五种液体的比重值。

2.4　非惯性系中的流体静力学及其应用

处于平衡状态的流体，既包括一般意义上相对大地静止的流体，也包括容器中相对容器不动的流体。当容器做匀速运动时，容器中平衡状态的流体受到的体积力仅为重力，而当容器做加速运动时，非惯性系下流体的平衡状态方程中，必须考虑由加速度产生的惯性力。

2.4.1　均匀加速直线运动容器中流体的平衡方程

考虑刚体容器中的液体，整体随着容器做均匀加速直线运动，如高铁桌面上水杯中的茶水、高速公路上行进汽车油箱中的燃油，火箭发射升空过程中的液体推进剂等。

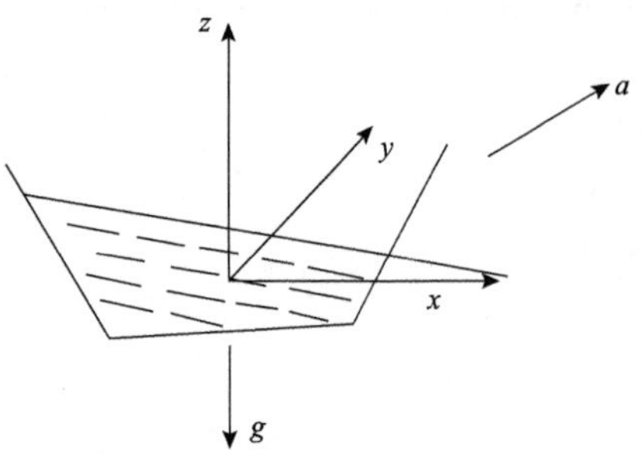

图 2.4.1　均匀加速直线运动的液体容器

如图 2.4.1 所示，非惯性坐标系的坐标原点建在容器上，取 z 轴垂直向上，xy 平面平行于容器的均匀加速度矢量 $\boldsymbol{a}$。

根据流体平衡微分方程(2.1.10)，$\nabla p=\rho \boldsymbol{f}$，针对这里的非惯性系，必须在流体体积力中引入惯性力，即 $\boldsymbol{f}=-g\boldsymbol{k}-\boldsymbol{a}$。于是均匀加速直线运动容器中平衡状态液体的基本方程为

$$\nabla p=-\rho g\boldsymbol{k}-\rho\boldsymbol{a} \tag{2.4.1}$$

液体自由面一般是等压面，自由面的法线与 ∇p 同向，也就是 $(g\boldsymbol{k}+\boldsymbol{a})$ 的方向，注意到容器均匀加速运动时 $\boldsymbol{a}$ 为常矢量，因而自由面为倾斜的平面。关于水平面的倾斜角为

$$\frac{\mathrm{d}z}{\mathrm{d}x}=-\frac{a_x}{g+a_z} \tag{2.4.2}$$

容器中的流体压强分布，可通过对式(2.4.1)积分获得：

$$p=\int\nabla p\cdot\mathrm{d}\boldsymbol{r}=-\rho\int(\mathrm{g}\boldsymbol{k}+\boldsymbol{a})\cdot\mathrm{d}\boldsymbol{r}=-\rho a_x x-\rho(g+a_z)z+C \tag{2.4.3}$$

由于自由面上的压强为大气压 p_{atm}，令式(2.4.3)左端为 p_{atm}，可以获得与式(2.4.2)一致的自由面倾斜度方程。如果容器做水平加速运动，利用该倾液面倾斜度，可以很容易获得容器的运动加速度。

2.4.2　均匀角速度旋转容器中流体的平衡方程

考虑圆柱形容器及其中的液体，整体绕竖直向上的 z 轴以均匀角速度 ω 旋转，这时容器中流体质点都具有向心加速度 $-r\omega^2\boldsymbol{e}_{\mathrm{r}}$，如图 2.4.2 所示。

分析容器中与容器一起整体旋转液体在重力作用下的压强分布及其自由面形状。在非惯性坐标系下，由于旋转产生的离心惯性力为 $\rho r\omega^2\boldsymbol{e}_{\mathrm{r}}$。其中，$r$ 是圆柱坐标系的径向坐标，$\boldsymbol{e}_{\mathrm{r}}$ 是柱坐标系的径向单位向量。于是根据式(2.1.10)，匀速旋转运动容器中平衡状态液体的基本方程为

$$\nabla p=-\rho g\boldsymbol{k}+\rho r\omega^2\boldsymbol{e}_{\mathrm{r}} \tag{2.4.4}$$

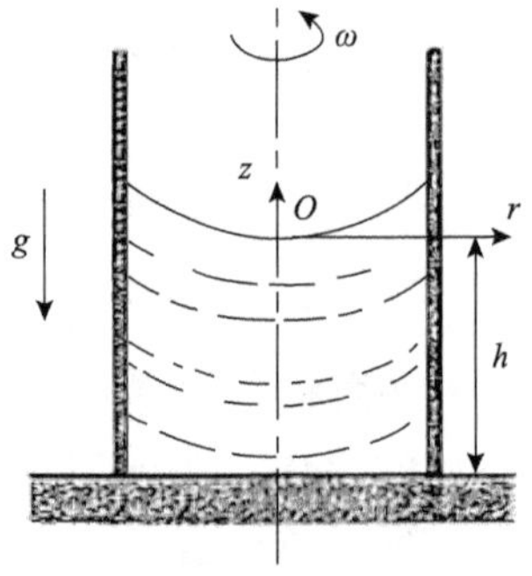

图 2.4.2　匀速旋转圆筒中液体自由面

圆柱容器中的流体压强分布，可通过对式(2.4.4)积分获得：

$$p=\int\nabla p\cdot\mathrm{d}\boldsymbol{r}=-\rho\int(\mathrm{g}\boldsymbol{k}-r\omega^2\boldsymbol{e}_{\mathrm{r}})\cdot\mathrm{d}\boldsymbol{r}=-\rho gz+\frac{1}{2}\rho r^2\omega^2+C \tag{2.4.5}$$

由于自由面上的压强为大气压 p_{atm}，令式(2.4.5)左端为 p_{atm}，可以获得自由面形状方程：

$$z = \frac{\omega^2}{2g} r^2 + C' \tag{2.4.6}$$

这说明自由面是一个旋转抛物面。旋转角速度越大，抛物面高差越大，据此高差可以计算容器的旋转角速度。

2.5 大气海洋中的平衡压强变化

前面主要讨论的是匀质流体，即流体密度为常数。由于大气和海洋中的密度随着高度、温度和盐度等变化，其流体静力学必须考虑非匀质流体的平衡。

2.5.1 大气的平衡与国际标准大气

对于地面上空平衡状态大气层，考虑任意一测量点处的大气压强，它等于该点以上单位底面积空气柱体的重量，当观测点的高度增大时，空气柱体的重量自然减小，因而大气压强随着海拔增大而减小。然而，大气压强并不像匀质静水中水下深度为 h 处压强正比于水柱高度 ρgh，这是由于大气密度随着海拔而变化。

为了获得大气压强的变化规律，必须从重力场中静止流体的平衡方程(2.2.2)出发，即

$$\frac{\mathrm{d}p}{\mathrm{d}z} = -\rho g \tag{2.5.1}$$

注意大气压强坐标系的原点设在海平面处，z 轴垂直水平面向上。与匀质流体 ρ 是常数不同的是，这里 ρ 是变量。根据 1.5.3 节的流体状态方程，对于完全气体有状态方程：

$$p = \rho RT \tag{2.5.2}$$

式中，R 是气体常数，对于空气，$R = 287\mathrm{J/(kg \cdot K)}$。$T$ 是热力学温度(K)。常温常压下，一般气体都可近似认为是完全气体，大气压强 $p = p(\rho, T)$ 与密度和温度有关。

这时，大气的密度 $\rho = \rho(p, T)$ 受温度和压强的影响，除了密度和压强，又引入第三个自变量 T，因而需要补充第三个方程(来自能量守恒导出的热传导定律)。

由于大气中密度、温度和压强等热力学状态参数不仅随高度变化，而且随着季节和气候不断变化，为了设计和实验飞机、火箭、飞船等飞行器的性能，需要一个大气环境的比较标准。为此国际上建立了国际标准大气(standard atmosphere)模型。

国际标准大气规定，海平面 $z = 0$ 处大气参数为：温度 $T_0 = 288\mathrm{K} = 15℃$，密度 $\rho_0 = 1.225\mathrm{kg/m^3}$，压强 $p_0 = 1.013 \times 10^5 \mathrm{Pa} = 760\mathrm{mmHg}$。

在海平面以上 $0 \leqslant z \leqslant 11000\mathrm{m}$ 范围内，称为同温层，其大气温度几乎不随高度变化：

$$T = T_0 + \beta z \quad (\beta = -0.0065\mathrm{K/m}) \tag{2.5.3}$$

在海平面以上 $11000\mathrm{m} < z \leqslant 20100\mathrm{m}$ 范围内，称为对流层，其大气温度符合线性递减变化规律：

$$T = 216.5\text{K} = -56.5℃ \tag{2.5.4}$$

根据温度参数，就可以根据式(2.5.1)和式(2.5.2)导出大气压强和密度随高度的变化规律。将式(2.5.2)代入式(2.5.1)可得

$$\frac{\mathrm{d}p}{\mathrm{d}z} = -\rho g = -\frac{p}{RT}g \tag{2.5.5}$$

将式(2.5.3)代入可得

$$\frac{\mathrm{d}p}{p} = -\frac{\mathrm{d}z}{RT}g = -\frac{g}{\beta R}\frac{\beta \mathrm{d}z}{T_0 + \beta z}$$

从海平面处沿 z 向上积分：

$$\ln\left(\frac{p}{p_0}\right) = -\frac{g}{\beta R}\ln\left(\frac{T_0 + \beta z}{T_0}\right)$$

可知在海平面以上($0 \leqslant z \leqslant 11000\text{m}$)范围内，标准大气压强随海拔的变化规律为

$$\frac{p}{p_0} = \left(\frac{T_0 + \beta z}{T_0}\right)^{-\frac{g}{\beta R}} \tag{2.5.6}$$

检查一下海拔 1000m 处的大气压强：将标准大气参数代入后可得

$$\frac{p}{p_0} = \left(\frac{288 - 0.0065z}{288}\right)^{\frac{9.804}{0.0065 \times 287}} = 0.97743^{5.255} = 0.887$$

可见海拔 1000m 处压强比海平面压强降低约 11%。根据上述公式制成国际标准大气表。表 2.5.1 给出对流层和同温层典型高度处的大气压强、温度、密度和声速。

表 2.5.1 国际标准大气

z/km	T/K	p/p_0	ρ/ρ_0	a/(m/s)
0	288.0	1.000	1.000	340.3
5	255.5	0.533	0.601	320.5
10	223.0	0.261	0.337	299.4
11	216.5	0.223	0.297	295.0
15	216.5	0.119	0.158	295.0
20	216.5	0.054	0.072	295.0

2.5.2 海水密度及平衡方程

海洋中随着深度变化，海水密度如何变化呢？与大气的显著可压缩性不同，海水是弱可压缩流体，因此海水密度随着深度略有增大的趋势。根据 1.5.3 节流体压缩性分析和流体压缩性体积弹性模量关系式，可知

$$dp = -E\frac{dv}{v} \tag{2.5.7}$$

式中，v 是比容，与密度互为倒数；体积弹性模量 E 表示流体体积相对变化所需要的压强增量；右端负号表示压强增大，体积减小。

注意到式(1.5.14)中体积弹性模量与等温压缩系数互为倒数，而等温压缩系数表示在一定温度下，增大单位压强所致流体密度的相对增大率，可知

$$dp = E\frac{d\rho}{\rho} \tag{2.5.8}$$

为了获得海水压强的变化规律，也必须从重力场中静止流体的平衡方程(2.2.2)出发，即海水的平衡状态方程：

$$\frac{dp}{dz} = -\rho g \tag{2.5.9}$$

注意坐标系的原点设在海平面处，z 轴垂直水平面向上。由式(2.5.8)和式(2.5.9)可得到海水压强梯度与海水密度变化的关系：

$$\frac{dp}{dz} = \frac{E}{\rho}\frac{d\rho}{dz} = -\rho g \tag{2.5.10}$$

于是由(2.5.10)可得

$$\frac{d\rho}{\rho} = -\frac{\rho g}{E}dz \tag{2.5.11}$$

假设海水体积弹性模量 E 为常数，积分式(2.5.11)，并注意到 $z=0$ 时，$\rho=\rho_0$，由海平面下 $z<0$ 可得

$$\rho = \frac{E\rho_0}{E-\rho_0 g|z|} = \frac{\rho_0}{1-\dfrac{\rho_0 g|z|}{E}} \tag{2.5.12}$$

实际上，与国际标准大气模型类似，国际上也制定了国际海水状态方程，见式(1.5.11)。

$$\rho(S,T,p) = \frac{\rho(S,T,0)}{1-\dfrac{p}{E(S,T,p)}} \tag{2.5.13}$$

显然该方程与方程(2.5.12)结构形式类似。

海水温度为 20℃ 时，一个大气压下海水密度 $\rho_0 = 1025\text{kg}/\text{m}^3$，体积弹性模量 $E=2.28\times10^9\text{N}/\text{m}^2$，将 $z=-1000\text{m}$ 代入式(2.5.12)可得

$$\frac{\rho}{\rho_0}=\frac{1}{1-\dfrac{1025\times 9.8\times 1000}{2.28\times 10^9}}=0.45\%$$

可见在海面下 1000m 深度处海水密度比 ρ_0 不大于 0.5%，而在马里亚纳海沟处海水密度比 ρ_0 不大于 6%。

『实践感悟真知』-【海水密度与深海潜器】 由于随着海水深度增大，海水密度缓慢增大，设计深海潜水器，以及下潜和上浮实验时，必须考虑密度变化这一环境因素。请通过网络等途径查找相关文献资料，摘抄四大洋的海水密度分布特点，以及深海潜水器下潜与上浮采用的不同技术手段，比较分析不同技术手段的优缺点。若设计小型载人深海观光潜水器，绘制下潜与上浮思路图。

第二部分　流体动力学基础

第 3 章　控制体与积分形式流体动力学

流体运动学是从时空变化观点描述流体运动，流体动力学讨论引起流体运动的力学原因。本章首先介绍描述流体运动的概念，从跟随流体质点的拉格朗日描述，到关联空间场点的欧拉描述，再进一步介绍流体力学分析所特有的控制体与定常/非定常流动概念。基于控制体介绍质量守恒、动量守恒和能量守恒在流体力学中的应用。

3.1　流体运动的拉格朗日描述法和欧拉描述法

要讨论流体运动的规律，就要约定描述流体运动的方法。流体力学是物理科学的分支，因此它主要使用数学物理方法进行描述和研究。从宏观角度研究流体力学，主要从连续介质假设出发，运用基于连续函数的数学方法进行分析。

3.1.1　拉格朗日描述法

流体运动学(kinematics)主要研究流体如何运动以及如何描述流体的运动，有两种根本不同的描述方法。第一种描述方法是在中学物理学过的，即跟踪每一个物体的轨迹。例如，台球桌面上各色球具有不同的位置和不同的速度，可以利用牛顿运动力学描述不同目标球之间碰撞过程的动量和能量交换，进而获得各目标球的运动。这种描述法的特征是“随体”描述，即保持跟踪每一个目标的位置向量和相关物理量。将这种跟踪物质目标的方法应用于描述流体的运动称为拉格朗日描述法(Lagrangian description)(法国数学家 Joseph Louis Lagrange，1736—1813)。可以想象，这要比识别台球困难得多。从宏观来看，首先，很难区分流动中运动的流体质点；其次，难以分析作为连续介质的流体质点间的相互作用。从微观来看，流体是由数十亿不断相互碰撞的分子组成的，就如同几十亿个台球，即使跟踪部分的分子运动，使用现代最快的大型计算机也是极其困难的。然而，拉格朗日描述有很重要的实用价值，如跟踪流体中的标志物就可以模拟污染物的输运现象；又如，采用拉格朗日描述法计算稀薄气体可以模拟航天飞船的再入大气层过程；另外，基于跟踪流场中布撒粒子的流动可实现流动可视化测量的目的。

拉格朗日描述需要跟踪流体质点的位置。为了识别运动流体中的每一个质点，一般选定某时刻 $t=t_0$ ，标记占据空间坐标 (a,b,c) 处的流体质点为其拉格朗日坐标，或称为随体坐标，将拉格朗日坐标和时间t称为拉格朗日变数。显然，流体质点随着流动，其拉格朗日坐标不会发生变化。拉格朗日坐标标记的流体质点，其位移、速度、加速度、温度和压力等物理量都可以表述为时间的函数。例如，位移向量$\boldsymbol{r}$可以表示为

$$\boldsymbol{r}=\boldsymbol{r}(a,b,c,t) \tag{3.1.1}$$

有了流体质点位移向量的表达式后，流体质点的速度与加速度就可以求出：

$$\boldsymbol{V}=\lim_{\Delta t\to 0}\frac{\boldsymbol{r}(a,b,c,t+\Delta t)-\boldsymbol{r}(a,b,c,t)}{\Delta t}=\left(\frac{\partial \boldsymbol{r}}{\partial t}\right)_{a,b,c}=\boldsymbol{v}(a,b,c,t) \tag{3.1.2}$$

$$\boldsymbol{a}=\left(\frac{\partial \boldsymbol{v}}{\partial t}\right)_{a,b,c}=\boldsymbol{a}(a,b,c,t) \tag{3.1.3}$$

在直角坐标系中，流体质点速度与加速度的分量表达式为

$$u=\frac{\partial x(a,b,c,t)}{\partial t}$$

$$v=\frac{\partial y(a,b,c,t)}{\partial t}$$

$$w=\frac{\partial z(a,b,c,t)}{\partial t}$$

及

$$a_x=\frac{\partial^2 x(a,b,c,t)}{\partial^2 t}$$

$$a_y=\frac{\partial^2 y(a,b,c,t)}{\partial^2 t}$$

$$a_z=\frac{\partial^2 z(a,b,c,t)}{\partial^2 t}$$

3.1.2　欧拉描述法

描述流体运动的另外一种方法称为欧拉描述法(Eulerian description)(瑞士数学家Leonhard Euler，1707—1783)。欧拉描述法是一种“场”描述法，不同于跟踪流体质点的思想，它给出了整个流场在任何位置和时间的细节。

欧拉描述法定义流场变量为时间和空间坐标的函数，空间坐标称为欧拉坐标，某一时刻场变量的值等于该时刻占据欧拉坐标的流体质点物理量的值。可以想象某时刻的流场，就是流体物理量，如位移、速度、加速度、温度和压力等的空间分布图。例如，在直角坐标系中，流体速度是向量场变量(vector field variable)：

$$\boldsymbol{V}=\boldsymbol{V}(x,y,z,t) \tag{3.1.4}$$

压强是标量场变量(scalar field variable)：

$$p = p(x, y, z, t) \tag{3.1.5}$$

包括上述变量但不限于这些场变量的场定义为流场(flow field)。

实际上在欧拉描述法中，并不关心某一个流体质点发生了什么变化，相反关注某时恰巧经过某地的流体质点在该地的压强、速度和加速度等场变量的值。初步一看，这种方法似乎非常简单。然而，不再明确地追踪具有固定质量的流体质点。相反，在流场的某一点上，新的流体质点不断进出，这使得牛顿第二定律很难应用，因为它只适用于具有固定质量的粒子。因此，需要一个关系式，以欧拉描述法的形式给出流体质点的加速度，这个证明有点复杂，将在第 5 章讨论。尽管如此，欧拉描述法通常是解决流体力学问题的首选。

如何区分拉格朗日描述法和欧拉描述法？可以想象，某人站在河边测量水流，往水中抛一个自由浮球，观测其随河流漂向下游的快慢，这属于拉格朗日描述法。往水中抛掷锚固浮球，测量经过浮球的流速，属于欧拉描述法。

这两种流动描述法各有优缺点，欧拉描述法在实际流动实验观测应用中更方便，如风洞实验，我们都是在风洞中固定流速和压力传感器。拉格朗日描述法在流体动力学理论建模时更容易应用牛顿运动定律。而用欧拉观点建模却不是那么直观，所以流体力学中采用对控制体的积分分析法，利用雷诺输运定理进行流体运动方程建模，将在 3.2 节介绍这部分内容。

3.2 控　制　体

1.5 节讨论了流体热力学系统的概念，流体系统是指确定流体物质的质点组成的集合总体，这与拉格朗日描述法对应。在固体力学中也采用物质系统或者封闭系统的概念。

流体系统与外界无质量交换，但可以有力的相互作用及能量交换。力学中关于质点及质点系的基本定律可直接应用于流体系统内的质点。但是对流体感兴趣的往往是一些物理量的分布，如压力场和速度场，拉格朗日系统或者流体系统描述法应用起来并不直接和方便，这就需要欧拉观点的描述，因此必须引进控制体（control volume，CV）的概念。

流体控制体是指在空间中，以真实流体边界或者假想几何边界包围流体的空间体积。边界形状可任意，但边界选定后则不随时间变化，包围空间体积的边界称为控制面。如图 3.2.1 中的虚线框所示。

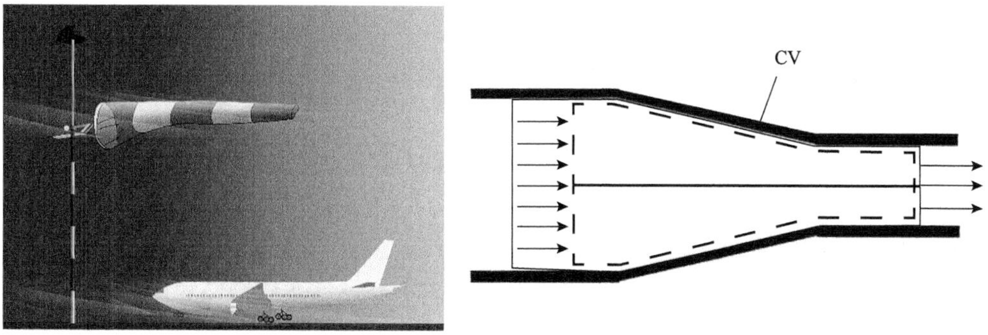

(a)机场风向袋　　(b)风向袋中空气流动的控制体示意图

图 3.2.1　控制体

控制体的特点：

(1)控制体形状和大小相对选定的坐标系不变，但是控制体内的流体质点组成可变，既可以流进也可以流出控制面。

(2)控制体通过控制面与控制体外部既可以有质量和能量交换，也可以与控制体外部环境有力的相互作用。

3.2.1　小控制体

控制体是包围流体的空间体积，其大小的选择因解决的物理问题目标而异。当推导流体运动方程，或者采用现代计算流体力学(computational fluid dynamics，CFD)进行计算时，一般选择固定不动的小控制体，又称为流体单元(fluid element)。流体单元的特点是体积足够小，其中的流体物理特性，如密度、温度、速度和应力在控制体空间范围内近似线性变化，也就是说仅需保留函数值泰勒展开近似的前两项。

流体单元与流体质点的不同：流体单元有固定的体积并且空间位置不变，流体质点有固定的质量且位置随流动而变。

流体单元空间尺度的大小不是任意选定的，其特征长度 l(宽度或高度)要足够大，远大于分子的平均自由程$l \gg \lambda$，以满足连续介质假设；另外，特征长度 l 又要足够小，以满足流体单元中流动物理量线性变化假设的要求。因此，流体单元的特征长度比流动的特征尺度小。例如，如图 3.2.2 所示，对于直径为d的管道中的流动，特征长度$l \ll d$；对船舶等航行体绕流而言，船体水下表面形成特征厚度为δ的边界层，如果需要描述边界层内流动，则边界层流体单元特征长度$l \ll \delta$。流体单元尺度的选择，在计算流体力学分析和应用方面具有重要的实际意义。

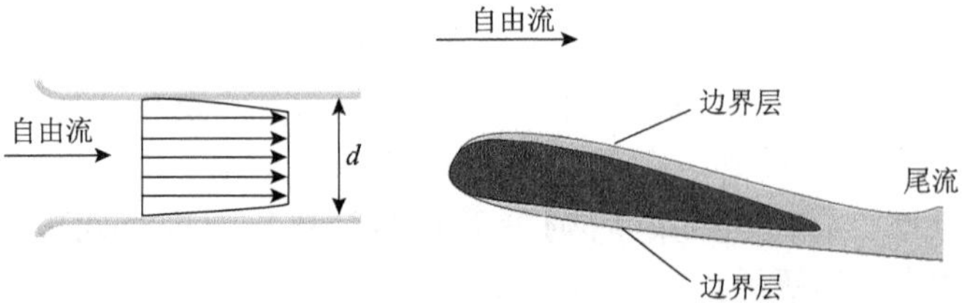

图 3.2.2　管内和航行体边界层流动特征尺度

3.2.2　大控制体

质量守恒、动量和动量矩守恒、能量守恒和热力学定律是对实际问题进行流体力学分析时，必须遵循的物理定律。力学中的定律一般是针对流体系统物理量的体积分，这就需要选择包围流体的较大空间体积的大控制体。

例如，船舶兴波阻力分析时，在随船平动坐标系下，选择控制体包围船舶和尾后兴波区域，如图 3.2.3 所示。

图 3.2.3　船舶兴波

针对大控制体，从质量、动量和能量的总体守恒角度来考虑。例如，在任何流体流动中质量都必须守恒，也就是说，需要考虑流入和流出控制体的所有流体质量，以及控制体内所包围的流体质量的变化。

例如，管道系统将有许多流体进入的地方，以及许多其他流体流出的地方。如果在给定的时间内进入的质量超过了在同一时间内离开的质量，就知道质量一定是在系统内部的某个地方积累起来了。

3.2.3　定常流动和非定常流动

流体力学中一个非常重要的概念是定常流动。如果选择一个相对某坐标系固定并且大的控制体，如在随 A 船平动坐标系中选择包围静水中前进 A 船的控制体 A，其控制面流入和流出条件不随时间变化，并且控制体内的流体性质也与时间无关，就可以说流动是定常的。

但是，如果在远方航行的 B 船上建立坐标系，选取相对 B 船坐标系固定并且大到包围 A 船的控制体 B，如果 B 船航速航向与 A 船不同，则控制体 B 的流入流出条件以及控制体内的流动都随时间变化，因此控制体 B 内流动是非定常的。

注意，即使是定常流动，流场的速度、动量和能量在空间上也可能是变化的。例如，在 A 船甲板上观察船舶前方水域漂浮的木块，当船首、船中和船尾经过木块时，木块的运动速度可能有显著的不同。

流动是定常还是非定常往往取决于如何选择观测坐标系。在边界条件与时间无关的大控制体的情况下，可以看到速度、动量和能量随空间位置分布的变化，但不随时间变化。而当我们与控制体内流体质点一起运动时，我们只会看到物理量随时间的变化。

3.2.4　一维、二维与三维流动模型

流场的空间维数是由完全定义流动参数变化所需的空间维数决定的。

在一维流动中，流场的流动参数，如速度、密度和压强等，只能在一个方向上变化。或者说流动参数仅取决于一个空间坐标，如图 3.2.4(a)所示的管道流。完美的一维流动在自然界中并不常见。沿着管道的流动不一定是一维流动，因为管道横截面流动参数可以不均匀

分布，即使是等截面管道，无滑移边界条件也确定了管壁处的流速必须为零。因此，定义了一类“准一维流动”，假设流动参数，如沿着流向的速度，于横截面内为常数。实际上只要速度的其他分量比顺流分量小，就是一个很好的一维流近似。

在二维流动中，流场沿两个方向变化，如图 3.2.4(b)所示，所有流动参数取决于两个空间坐标。流体力学中，常用两种流动来讨论二维流动：一种称为平面流动，如垂直于圆柱轴线的圆柱绕流、长峰水波的流动、无限长翼展机翼剖面的绕流都是平面流动；另外一种是轴对称流动，如导弹和鱼雷等轴对称物体沿着轴线方向的绕流。

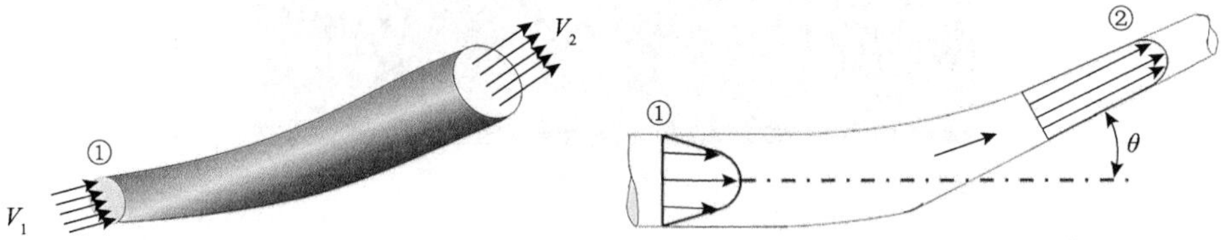

(a)一维流动 (b)二维流动

图 3.2.4 一维、二维流动

在三维流动中，流场在三个方向上都有变化。流动参数取决于三个空间坐标，这种流动最为复杂。有时就简化为二维流动，如飞机和舰船绕流，常常利用细长体假设，采用切片法近似为二维流动计算分析。

3.3 流体运动与质量守恒

前面两节的学习为我们准备好了分析流体运动和受力的最基本概念，现在考虑流体运动所必须遵循的第一原理：质量守恒。

3.3.1 一维定常流的流速变化

为了了解质量守恒对速度场的限制，考虑流体通过管道的定常流动，如图 3.3.1 所示。选择一个大的控制体 CV 包围管中流体。由于是定常流动，控制体内流速、质量、动量和能量不随时间变化。假设进流和出流在入口面 A_1 和出口面 A_2 上的速度 V 和密度 ρ 是不变的，因此可看成一维流动。

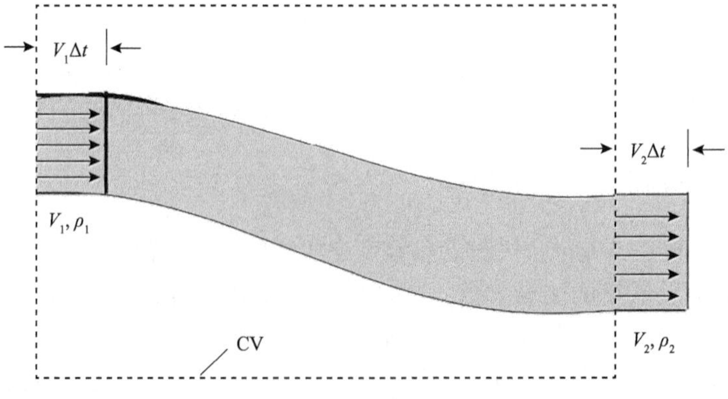

图 3.3.1 一维定常流

考虑在 $t=0$ 时刻，控制体包围的流体，记为流体系统 S。在 $t+\Delta t$ 时刻，流体系统 S 向下游移动了一小段距离。对应入口面积 A_1，它移动了距离 $V_1\Delta t$；对应出口面积 A_2，它移动了距离 $V_2\Delta t$。在 Δt 时间段内，就控制体 CV 而言，有一定量的流体质量进入了控制体，也有一定量的流体质量离开了控制体。由于是定常流动，质量守恒要求流入控制体的质量必须以相同的速率离开控制体，假如流入控制体的质量大于(或小于)流出控制体的质量，则控制体内流体质量将会随时间变大(或变小)，控制体内流动就不是定常的。

在时间间隔 Δt 内：

流入A_1的流体体积 $=A_1V_1\Delta t$，流出A_2的流体体积 $=A_2V_2\Delta t$。

流入A_1的流体质量 $=\rho_1A_1V_1\Delta t$，流出A_2的流体质量 $=\rho_2A_2V_2\Delta t$。

对于定常流动，根据质量守恒要求可知 $\rho_1A_1V_1=\rho_2A_2V_2$，即

$$\rho_2A_2V_2-\rho_1A_1V_1=0 \tag{3.3.1}$$

也就是说，质量流量的净变化率为零。对于有 N 个进出口的一维定常流控制体，质量守恒要求

$$\sum_{i=1}^{N}\rho_iA_iV_i=0 \tag{3.3.2}$$

式中，质量流出控制体为正，流入控制体为负。方程(3.3.2)称为通过固定控制体的一维定常流的连续性方程。注意流速方向垂直于进口和出口处的面积。

例题 3-1　直径为 d、长度为 l 的圆柱体安装在风洞中的支架上，如图 3.3.2 所示。风洞横截面为矩形，高度为 $4d$。传入的流量稳定均匀，密度恒定，速度为 V_1。圆柱下游的流动再次变得平行，速度曲线的形状如图 3.3.2 所示，求速度 V_2。

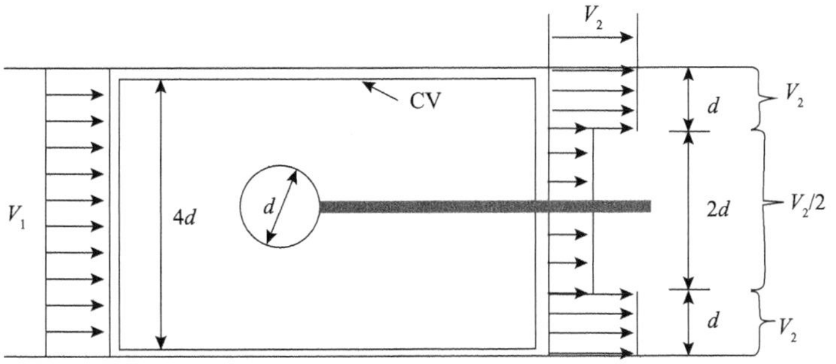

图 3.3.2　风洞中放置一圆柱体

解　选择大控制体 CV，它包围了圆柱体，但不切割管道壁。与任何控制体问题一样，依次检查控制体的每一个面。可以发现，控制体左边有质量流入，右边有质量流出。下游的流量不是一维的，因为速度在出口截面上是变化的。然而，可以通过单独考虑速度不同的两个区域，计算结果并叠加。通过应用连续性方程可得

$$\rho V_1(4ld)-\rho V_2(2ld)-\rho\frac{V_2}{2}(2ld)=0$$

可以求出速度关系为

$$V_2 = \frac{4}{3}V_1$$

3.3.2　流动通量

如果分析的流场既不是一维流动，也不是定常流动，如何将质量守恒的概念推广到这样复杂的流动中去?

为此，需要介绍流体力学分析中流体通量的概念。流场是丰富多彩的，穿越控制面的流动会携带多种物理特性。例如，如果流体具有一定的密度，流动就会带着这个密度穿过控制面进出控制体；如果流体具有一定的温度，流动就会带着这个温度穿过控制面进出控制体；流动也可以携带动量和能量。通量是指单位时间内运输通过表面的物理量总量。这种以流动的方式通过控制面的“运输”物理量称为流动通量(flow flux)。

首先分析流动的体积通量概念。考虑一个随时间变化的三维流动，流场速度为 $\boldsymbol{V}(x,y,z,t)$，密度为 $\rho(x,y,z,t)$，微面积 dA 的体积通量，即在单位时间内通过 dA 的所有流体质点的体积，如图 3.3.3(a)所示。假设能够标记每一个流体质点，并观察它们在短时间 Δt 内的运动，就可以识别出在此时间间隔 Δt 内通过 dA 的流体质点总数，如图 3.3.3(b)所示。如果面积 dA 足够小，那么流体速度和密度的分布可以用它们在面积 dA 上的平均值来近似。

现在可以求出在时间 Δt 中，包含所有通过 dA 的流体质点的体积。由图 3.3.3(c)可知，该体积由 $(V\Delta t\cos\theta)\mathrm{d}A$ 表示。通过引入矢量，可以将该体积表示为 $(\boldsymbol{n}\cdot\boldsymbol{V}\Delta t)\mathrm{d}A$。其中，$\boldsymbol{n}$ 为单位法向量，定义了曲面 dA 的方向。

根据定义，微面积 dA 的体积通量为

$$\dot{q} = (\boldsymbol{n}\cdot\boldsymbol{V})\mathrm{d}A \tag{3.3.3}$$

式中，$\dot{q}$ 为体积流速率，是标量，单位为 $\mathrm{m^3/s}$。

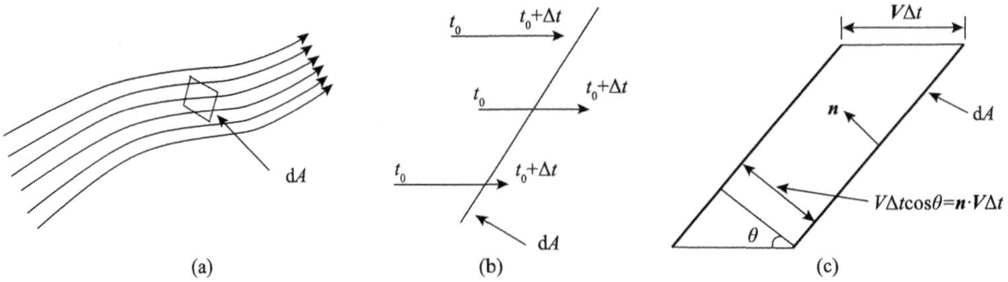

图 3.3.3　体积通量

类似于体积通量，可以写出其他流动通量：

$$质量通量 = (\boldsymbol{n}\cdot\rho\boldsymbol{V})\mathrm{d}A \tag{3.3.4}$$

$$动量通量 = (\boldsymbol{n}\cdot\rho\boldsymbol{V})\boldsymbol{V}\mathrm{d}A \tag{3.3.5}$$

$$动能通量=(\boldsymbol{n}\cdot\rho\boldsymbol{V})\frac{1}{2}V^2\mathrm{d}A \tag{3.3.6}$$

式中，质量通量的量纲，与质量流速率一样，为 MT^{-1}；动量通量的量纲与力的量纲相同，为 MLT^{-2}；动能通量的量纲为 $\mathrm{ML}^2\mathrm{T}^{-3}$。其中，体积通量、质量通量和动能通量为标量。动量通量为矢量，矢量方向为流速方向。

上述流动通量是针对微元面积 $\mathrm{d}A$ 而言的。实际上，如图 3.3.4 所示的控制体，微元面积 $\mathrm{d}A$ 构成控制面的一部分，其单位法向量指向控制体外，因此通过面积分可以得到整个控制面 CS 上流出控制体的净流体通量为

$$净体积通量=\int_{\mathrm{CS}}(\boldsymbol{n}\cdot\boldsymbol{V})\mathrm{d}A \tag{3.3.7}$$

$$净质量通量=\int_{\mathrm{CS}}(\boldsymbol{n}\cdot\rho\boldsymbol{V})\mathrm{d}A \tag{3.3.8}$$

$$净动量通量=\int_{\mathrm{CS}}(\boldsymbol{n}\cdot\rho\boldsymbol{V})\boldsymbol{V}\mathrm{d}A \tag{3.3.9}$$

$$净动能通量=\int_{\mathrm{CS}}(\boldsymbol{n}\cdot\rho\boldsymbol{V})\frac{1}{2}V^2\mathrm{d}A \tag{3.3.10}$$

例题 3-2　水流经高度为 $2h$，宽度为 W 的管道，如图 3.3.5 所示。速度 U 的最大值为 U_m，速度在整个管道中的分布为

$$\frac{U}{U_\mathrm{m}}=1-\left(\frac{y}{h}\right)^2$$

求出风管横截面积上的体积通量、质量通量和动量通量。

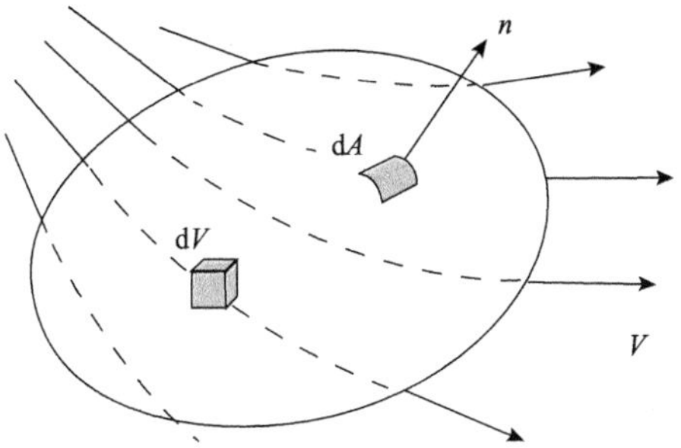

图 3.3.4　控制体和控制面

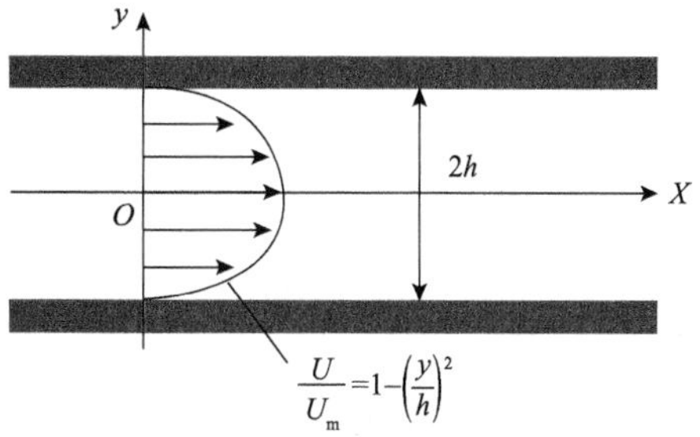

图 3.3.5　完全发展的管道流动

解　注意到流动总是在 x 方向上，参与通量部分的面积是风管的横截面积，因此 $\boldsymbol{V}=U\boldsymbol{i}$，其单位法向量 $\boldsymbol{n}=\boldsymbol{i}$。因此，$\boldsymbol{n}\cdot\boldsymbol{V}=\boldsymbol{i}\cdot U\boldsymbol{i}=U$。此外，$\mathrm{d}A=W\mathrm{d}y$。通过式(3.3.3)得到

$$\begin{aligned}体积通量 &= \int (\boldsymbol{n}\cdot\boldsymbol{V})\mathrm{d}A = \int UW\mathrm{d}y \\ &= \int_{-h}^{h} U_{\mathrm{m}}\left[1-\left(\frac{y}{h}\right)^2\right]W\mathrm{d}y = 2U_{\mathrm{m}}W\int_0^h \left[1-\left(\frac{y}{h}\right)^2\right]\mathrm{d}y \\ &= 2U_{\mathrm{m}}W\left[y-\frac{y^3}{3h^2}\right]_0^h = \frac{4}{3}U_{\mathrm{m}}Wh\end{aligned}$$

为了求解质量通量，使用式(3.3.4)。对于恒定密度的流量，有

$$质量通量 = \int (\boldsymbol{n}\cdot\rho\boldsymbol{V})\mathrm{d}A = \rho\int(\boldsymbol{n}\cdot\boldsymbol{V})\mathrm{d}A = \frac{4}{3}\rho U_{\mathrm{m}}Wh$$

为了求解动量通量，使用式(3.3.5)。对于恒定密度的流量，有

$$\begin{aligned}动量通量 &= \int (\boldsymbol{n}\cdot\rho\boldsymbol{V})\boldsymbol{V}\mathrm{dA} = \rho\int UU\boldsymbol{i}W\mathrm{d}y = \rho W\boldsymbol{i}\int U^2\mathrm{d}y \\ &= \rho W\boldsymbol{i}\int_{-h}^{h} U_{\mathrm{m}}^2\left[1-\left(\frac{y}{h}\right)^2\right]^2\mathrm{d}y = 2\rho U_{\mathrm{m}}^2 W\boldsymbol{i}\int_0^h\left[1-2\left(\frac{y}{h}\right)^2+\left(\frac{y}{h}\right)^4\right]\mathrm{d}y \\ &= 2\rho U_{\mathrm{m}}^2 W\boldsymbol{i}\left(y-\frac{2y^3}{3h^2}+\frac{y^5}{5h^4}\right)_0^h = \frac{16}{15}\rho U_{\mathrm{m}}^2 Wh\boldsymbol{i}\end{aligned}$$

可知动量通量是一个矢量，指向正 x 方向。

3.3.3　积分形式流体连续方程

3.3.1 节讨论了一维定常流的质量守恒形式。对于更为一般的三维非定常流动，如何表述质量守恒的条件是本节讨论的内容。

如图 3.3.4 所示，在流场中选择固定形状和位置的控制体积 CV。根据质量守恒要求，物质质量不生不灭，即流出控制体 CV 的净质量通量加上单位时间内控制体内流体质量的增量之和为零。

$$\{\text{CV中流体质量增量率}\}+\{\text{CS上流体质量净通量}\}=0$$

首先分析控制面 CS 上的微元面积 $\mathrm{d}A$，根据 3.3.2 节对图 3.3.5 的分析，流出面积 $\mathrm{d}A$ 的质量通量为 $(\boldsymbol{n}\cdot\rho\boldsymbol{V})\mathrm{d}A$。其中，$\boldsymbol{n}$ 为控制面的单位法向量，指向控制体外为正。进一步沿着整个控制面进行积分可知流出控制体的净质量通量为

$$流出\text{CV}的净质量通量 = \int_{\mathrm{CS}}(\boldsymbol{n}\cdot\rho\boldsymbol{V})\mathrm{d}A \tag{3.3.11}$$

上述积分中，控制面当地流速方向与外法向一致时，质量通量流出控制体，符号为正；控制面当地流速方向与外法向相反时，质量通量流入控制体，符号为负。其他方向组合

贡献由矢量点乘计算获得。

如果流动是非定常的，那么任意时刻，流出控制体的质量通量和流入控制体的质量通量不一定相同。记控制体中的体积微元为 $\mathrm{d}v$ ，该体积微元具有质量为 $\rho \mathrm{d}v$ ，整个控制体内的瞬时流体质量为 $\int_{\mathrm{CV}} \rho \mathrm{d}v$ ，控制体内流体质量的时间变化率为

$$\text{CV的质量变化率} = \frac{\partial}{\partial t}\int_{\mathrm{CV}} \rho \mathrm{d}v \tag{3.3.12}$$

注意，选定的控制体形状和位置都是固定的，因此控制体内流体质量关于时间的变化率为体积分关于时间的偏微分。控制体 CV 内的质量减小时，CV 的质量变化率为负值，对应控制体流体质量通量为净流出，根据对积分式(3.3.11)和式(3.3.12)物理含义的分析，三维非定常流动的质量守恒为

$$\frac{\partial}{\partial t}\int_{\mathrm{CV}} \rho \mathrm{d}v + \int_{\mathrm{CS}} (\boldsymbol{n}\cdot\rho\boldsymbol{V})\mathrm{d}A = 0 \tag{3.3.13}$$

式(3.3.13)为三维非定常流动积分形式的连续方程。其中，CV 为固定位置和形状的控制体，控制面的单位法向量 $\boldsymbol{n}$ 指向控制体外为正。

当流动为定常时，控制体内任何物理量与时间无关，连续方程成为

$$\int_{\mathrm{CS}} (\boldsymbol{n}\cdot\rho\boldsymbol{V})\mathrm{d}A = 0 \ \ (\text{定常流动}) \tag{3.3.14}$$

当控制体内流体质量固定时，CV 的质量变化率为零，连续方程成为

$$\int_{\mathrm{CS}} (\boldsymbol{n}\cdot\rho\boldsymbol{V})\mathrm{d}A = 0 \ \ (\text{CV内质量不变}) \tag{3.3.15}$$

注意，虽然式(3.3.14)与式(3.3.15)方程形式一样，但是物理含义不同。前者是指控制体 CV 的流入通量和流出通量相等且不随时间变化，后者允许控制体的流入通量和流出通量随着时间变化，只要求两者相等。

对于流场密度为常数的流动，其连续方程为

$$\int_{\mathrm{CS}} (\boldsymbol{n}\cdot\boldsymbol{V})\mathrm{d}A = 0 \ \ (\text{密度为常数}) \tag{3.3.16}$$

从流体连续方程式(3.3.14)～式(3.3.16)的不同形式可以看出，质量守恒定律对于不同的流体运动，都对控制体 CV 和控制面 CS 上的流动速度施加了积分形式约束条件。因此，在分析解决实际流动问题时，首先要合理选择控制体，然后充分利用上述连续方程条件。

3.4　流体受力与动量守恒

质量守恒对流体运动施加了约束条件，现在考虑约束流体运动与其受力的第二个基本原理：动量守恒。

首先需要考虑能改变流体动量的各种力，然后把牛顿第二运动定律应用于通过大控制体的流动，进而构造一维定常流动的动量方程。最后将利用通量的概念，构造动量方程的积分形式。

3.4.1　流体受力分析

根据牛顿第二定律，当非零合力作用在流体上时，流体就会开始运动。下面根据流体受力类型进行分析。

1) 压力差

流场中，当一个区域的压力高于另一个区域时，流体会倾向于向压力较低的区域移动。大气运动是其典型场景，如冬季影响我国寒冷天气的西伯利亚高压。

2) 重力

重力可以使流体运动。液体受重力作用向下方流动，实现势能和动能转化。如瀑布现象和水力大坝中流动发电。重力还可以通过温度差引起流体运动。

温度反映了物质分子热运动的剧烈程度。相同压力情况下，随着温度升高，气体和液体的密度都会减小。相对而言，温度较低的流体密度较大，受到较大的重力作用，因而温度差异会导致流体的一部分密度比另一部分低，较轻的流体相对较重的流体会向上运动。

3) 黏性剪切力

当某层流体相对于相邻层流体具有运动速度时，两层流体之间会产生黏性剪切应力，即黏性摩擦力，摩擦力对速度较慢流层产生加速作用，并对流速较快流层产生减速作用。

流体力学中有时考虑黏性为零的流体，称为理想流体。实际上无黏性流体在自然界中并不存在，所有真实流体都是有黏性的。但是当黏性对于运动的影响很小时，通常可以使用无黏近似的理想流体假设。然而，必须小心使用无黏近似，因为忽视黏性有时会导致惊人的错误结论。

由于压力为法向应力，摩擦力或者剪切应力为切向应力，由应力差异引起的力与它们作用的总表面积成正比，故流体压力和摩擦力称为表面力。例如，如果定常剪应力τ作用于面积a上，那么合力就等于τa，因此力与面积成正比。

与表面力相反，由于重力加速度是作用在流体质量m上产生的，重力mg与流体质量成正比，称为体积力。

4) 固体表面力

当流体流过固体表面时，还必须包括固体表面施加在流体上的力。例如，一股水射流撞击平板时，水对平板施加了一个力，根据牛顿第三定律，平板对水施加了一个大小相等、方向相反的固体力(这个力改变了流体的运动方向，从而改变了其动量)。

5) 电磁力和科里奥利力

其他外力因素，如电磁力也很重要。例如，如果流体是由带电质点构成的，可以通过对流体施加磁场来产生流体运动。

科里奥利力对于旋转流体的运动可能很重要，它是影响大尺度海洋流动和天气模式的另一个关键因素。

实际上，对于绝大多数流体运动，只考虑由压力差、黏性应力差、固体表面和重力引起的力。

3.4.2　一维定常流的受力分析

考虑图 3.4.1 所示的简单管状流动，如水平状风向袋，其中流入和流出方向相同，流动是一维定常流动。如何找到将管道固定在该位置所需的外力 F_D^x？

为了回答这个问题，选择一个矩形的控制体积，在图 3.4.1 中标记为 CV。管道外的压力等于大气压力，但是在流入口 A_1 面上的压力表压力是 p_1，在流出口 A_2 面上的压力表压力是 p_2。

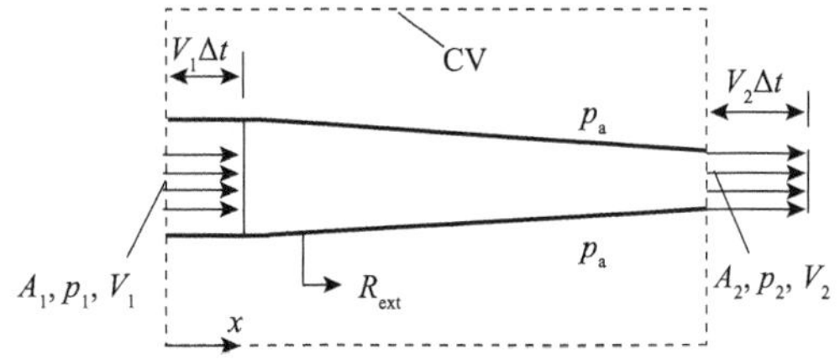

图 3.4.1　一维管状流动

现在将牛顿第二定律应用于流经控制体 CV 的流体。牛顿第二定律适用于质量固定的流体系统。类似于 3.3.1 节质量守恒的分析，考虑在时间 $t=0$ 时与控制体 CV 重合的流体系统质量。在 $t+\Delta t$ 时刻，该系统质量向下游移动了一小段距离。在入口 A_1 面，它移动了距离 $V_1\Delta t$；在出口 A_2 面，它移动了距离 $V_2\Delta t$。就控制体而言，由于是定常流动，CV 中流体动量并不发生变化。如果 $t+\Delta t$ 时流体系统的动量改变了，那么必然有外力作用在系统上。因此，分析控制体的表面，一方面看动量从哪里进入和离开，另一方面分析该时间增量瞬间，有哪些力作用在控制体中的流体上。这个例子是一维流动，因此只需要考虑 x 方向的动量方程。

当流体通过控制体时，由 3.3.1 节质量守恒的分析可知，其速度沿流动方向发生变化。流入速度 V_1 和流出速度 V_2 是不同的，因此流体粒子在从入口移动到出口过程中受到加速度作用。尽管 CV 中速度场与时间无关，但速度场的空间变化会导致流体加速度。从牛顿第二定律可知，必然有一个合力作用在流体系统上。3.4.1 节已经讨论过，流体受到的力将来自压力差、黏性应力差、固体表面作用力和重力。对其分别进行分析。

(1) 分析控制体中所含流体受到的作用于控制体表面的压力差。大气压力本身对合力没有贡献，因为它在控制体的整个表面上起同样的作用。只有在入口 A_1 面和出口 A_2 面上有大气压以外的压力作用。因此，由压力差产生的力完全是由作用在 A_1 面和 A_2 面的表压力引起的。取压缩压力为正，作用在 A_1 面上的压力产生的力为 p_1A_1，方向向右；作用在 A_2 面上的压力产生的力为 p_2A_2，方向向左。

(2) 分析管道表面对流体施加的力。这很直观，管道受到流体力的作用，因此管道将施加一个大小相等但方向相反的力作用于流体上。记这个来自固体表面的力为 R_{ext}。除非另有说明，总是假设像 R_{ext} 这样的力作用于 x 正向。如果最后 R_{ext} 的解是负数，则意味着力 R_{ext} 作用于负 x 方向上。

(3) 分析摩擦力和重力。对于这里考虑的简单实例，如风向袋处于水平位置，重力无须考虑，摩擦力也可以忽略。

因此，作用在控制体 CV 中流体上的合力 F 为

$$F = R_{\text{ext}} + p_1 A_1 - p_2 A_2 \tag{3.4.1}$$

这里的流动是定常的，这个合力不随时间变化，但是它会引起流经控制体 CV 的流体系统的动量变化。因此，进一步分析时间 $t=0$ 时刻与控制体 CV 重合的流体系统的动量变化。经过微小时间增量 Δt ，流进 CV 的质量 $m_1=\rho_1 A_1 V_1 \Delta t$ ，流出 CV 的质量 $m_2=\rho_2 A_2 V_2 \Delta t$ 。

由于这里的流动是定常的，控制体 CV 内流体质量不随时间变化，由 3.3.1 节分析可知 $\rho_2 A_2 V_2 = \rho_1 A_1 V_1$ 。

同样，由于流动是定常的，控制体 CV 内流体的动量也不随时间变化，如图 3.4.1 所示，$t=0$ 时刻的流体系统 x 方向的动量记为 P_{x0}，在 $t+\Delta t$ 时刻，流体系统一部分留在控制体内，其动量不变，记为 $P_{x\text{C}}$ ，另一部分则流出控制体：流出 CV 的 x 方向动量 $P_{x2}=(\rho_2 A_2 V_2 \Delta t)V_2$ ；流进 CV 的 x 方向动量 $P_{x1}=(\rho_1 A_1 V_1 \Delta t)V_1$ 。

注意，由于流动是定常的，流进 CV 的动量加上留在控制体内的动量之和不变，即 $P_{x1}+P_{x\text{C}}=P_{x0}$ 。

在 $t+\Delta t$ 时刻，流体系统的动量为 $P_{x2}+P_{x\text{C}}$ 。因此，如果 V_2 不等于 V_1 ，则 Δt 时间内流体系统在 x 方向动量的净变化量为 $(P_{x2}+P_{x\text{C}})-(P_{x1}+P_{x\text{C}})=(\rho_2 A_2 V_2^2-\rho_1 A_1 V_1^2)\Delta t$ ；x 方向动量的净变化率为 $\rho_2 A_2 V_2^2-\rho_1 A_1 V_1^2$ 。

这是流体系统通过管道时在 x 方向的动量增加率。请注意，$\rho A V^2$ 具有力的量纲 MLT^{-2} ，单位为牛(N)。根据动量定理，流体系统动量的净变化率等于作用在流体上的合力，即

$$F = R_{\text{ext}} + p_1 A_1 - p_2 A_2 = \rho_2 A_2 V_2^2 - \rho_1 A_1 V_1^2 \tag{3.4.2}$$

这个方程是牛顿第二定律在简单一维定常流动中的表达形式。在这个例子中，合力作用在 x 方向，在 y 方向没有分量。注意，力 R_{ext} 是管道施加在流体上的力。根据牛顿第三定律，流体作用在管道上的力为 $-R_{\text{ext}}$ 。为了使管道(如风向袋)保持在水平位置，必须有一个外部的作用力作用在管道上，$F_{\text{D}}^x=-(-R_{\text{ext}})$ ，即 $F_{\text{D}}^x=R_{\text{ext}}$ 。

因此，将管道固定在适当位置所需的力为

$$F_{\text{D}}^x = R_{\text{ext}} = -(p_1 A_1 - p_2 A_2) + \rho_2 A_2 V_2^2 - \rho_1 A_1 V_1^2 \tag{3.4.3}$$

F_{D}^x 的表达式(3.4.3)有些复杂，如果没有流动参数条件的具体信息，很难判断 F_{D}^x 是正的还是负的。本节仅以一维定常流为例，实践并体会一下流体力学中受力分析与动量变化的基本思想。

3.4.3 二维定常流的受力分析

考虑图 3.4.2 所示的入口与出口不在一个方向上的管道流动，如未被风完全吹直的风向

袋，其他条件和 3.4.2 节类似，管道外的压力等于大气压力，在流入口 A_1 面上的压力表压力是 p_1，在流出口 A_2 面上的压力表压力是 p_2，忽略管壁摩擦力作用，流动是二维定常流动。如何找到将管道固定在该位置所需的外力 F_D^x 和 F_D^y？

选择如图 3.4.2 所示的控制体 CV，其中流体受到的力将来自压力差、黏性应力差、固体表面作用力和重力。

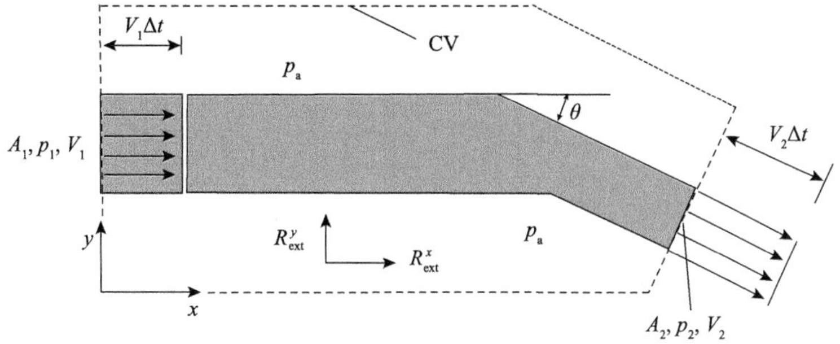

图 3.4.2　二维管状流动

首先分析作用于 CV 中流体上 x 方向的力。

大气压作用于管流各处对于压力差无贡献，x 方向压力差来自入口 A_1 和出口 A_2 的表压作用，压力差为 $p_1A_1 - p_2A_2\cos\theta$；固体表面力来自管道作用，记为 R_{ext}^x，所以 x 方向流体受到的外力为

$$F_x = p_1A_1 - p_2A_2\cos\theta + R_{ext}^x \tag{3.4.4}$$

该力引起 CV 中流体系统 x 方向的动量变化。$t=0$ 时刻的流体系统 x 方向的动量记为 P_{x0}。在 $t+\Delta t$ 时刻，流体系统一部分留在 CV 内，其动量不变，记为 P_{xC}，另一部分则流出 CV，类似于 3.4.2 节的一维流动分析。

流出 CV 的 x 方向动量 $P_{x2} = (\rho_2A_2V_2\Delta t)V_2\cos\theta$ 。

流入 CV 的 x 方向动量 $P_{x1} = (\rho_1A_1V_1\Delta t)V_1$。

注意，由于流动是定常的，流入 CV 的动量加上留在 CV 内的动量之和不变，即 $P_{x1} + P_{xC} = P_{x0}$。

在 $t+\Delta t$ 时刻，流体系统的动量为 $P_{x2} + P_{xC}$。因此，如果 V_2 不等于 V_1，则 Δt 时间内流体系统在 x 方向动量的净变化量为 $P_{x2} - P_{x1} = (\rho_2A_2V_2\Delta t)V_2\cos\theta - (\rho_1A_1V_1\Delta t)V_1$；$x$ 方向动量的净变化率为 $\rho_2A_2{V_2}^2\cos\theta - \rho_1A_1V_1^2$。

根据动量定理，流体系统 x 方向动量的净变化率等于 x 方向流体受到的外力：

$$F_x = p_1A_1 - p_2A_2\cos\theta + R_{ext}^x = \rho_2A_2{V_2}^2\cos\theta - \rho_1A_1V_1^2 \tag{3.4.5}$$

采用相同的分析思路，可以获得流体系统 y 方向受到的外力：

$$F_y = p_2A_2\sin\theta + R_{ext}^y - mg \tag{3.4.6}$$

注意入口 A_1 面上没有 y 方向的作用力，出口面压力 $p_2A_2\sin\theta$ 指向 y 轴正向。此外，mg 为流体系统受到的重力作用。

重力引起 CV 中流体系统 y 方向的动量变化。注意 Δt 时间内 CV 中并未有 y 方向动量流入，即 $P_{y1}=0$，而 y 方向动量流出为 $P_{y2}=-(\rho_2 A_2 V_2 \Delta t)V_2 \sin\theta$ (这里的负号对应出口指向斜下方，方向指向 y 轴负向)。

由于流动是定常的，$P_{yC}=P_{y0}$，在 $t+\Delta t$ 时刻，流体系统 y 方向的动量为 $P_{y2}+P_{yC}$。因此，如果 V_2 不等于零，则 Δt 时间内流体系统在 y 方向动量的净变化量为 $P_{y2}-P_{y1}=-(\rho_2 A_2 V_2 \Delta t)V_2 \sin\theta$；$y$ 方向动量的净变化率为 $-(\rho_2 A_2 V_2)V_2 \sin\theta$。

根据动量定理，流体系统 y 方向动量的净变化率等于 y 方向流体受到的外力：

$$F_y = p_2 A_2 \sin\theta + R_{\text{ext}}^y - mg = -\rho_2 A_2 V_2^2 \sin\theta \tag{3.4.7}$$

由式(3.4.5)和式(3.4.7)可知，管道对于流体的作用力为

$$\begin{aligned}\boldsymbol{R}_{\text{ext}} &= R_{\text{ext}}^x \boldsymbol{i} + R_{\text{ext}}^y \boldsymbol{j} \\ &= (\rho_2 A_2 V_2^2 \cos\theta - \rho_1 A_1 V_1^2 - p_1 A_1 + p_2 A_2 \cos\theta)\boldsymbol{i} \\ &\quad + (-\rho_2 A_2 V_2^2 \sin\theta - p_2 A_2 \sin\theta + mg)\boldsymbol{j}\end{aligned} \tag{3.4.8}$$

根据牛顿第三定律，固定管道的外力为

$$F_{\text{D}}^x \boldsymbol{i} + F_{\text{D}}^y \boldsymbol{j} = -(-\boldsymbol{R}_{\text{ext}}) = R_{\text{ext}}^x \boldsymbol{i} + R_{\text{ext}}^y \boldsymbol{j}$$

利用动量定理分析受力，必须确保动量变化率有正确的正负号。观察 x 方向和 y 方向动量净变化率的表达式可以发现，每一项的形式都是质量流量速率乘以该方向上的速度分量。该形式可以推广到三维流动。

在本节这个例子中，流体动量从一个方向进入管道，从另一个方向离开，管道必然有 x 分量和 y 分量的力作用于流体。这一观察结果有助于对飞机机翼产生的升力给出一个简单的解释。当气流遭遇机翼后从原来的来流方向发生偏转，机翼必然对流体施加一个与来流不同方向的力。根据牛顿第三定律，会有一个大小相等方向相反的力作用在机翼上。垂直于来流方向的力分量导致机翼的升力，而顺着来流方向的力分量导致机翼的阻力。

3.4.4 积分形式流体动量方程

现在对更一般情况的三维非定常流动来应用动量守恒原理，并分析给出积分形式流体动量方程，如图 3.3.4 所示。使用的方法仍然是类似连续方程推导时所选择的固定控制体 CV。根据牛顿第二定律，任何时刻占据该控制体的流体系统的动量在合力的作用下都会发生变化。为了利用控制体来表示这个流体系统的动量变化率，需要考虑通过控制面 CS 的瞬时动量通量和控制体内流体的动量变化率。

对于固定的控制体，牛顿第二定律要求

$$\{\text{CV中流体动量变化率}\}+\{\text{CS上流体动量净通量}\}=\{\text{CV中流体受到的合外力}\}$$

首先分析控制面 CS 上的流体动量净通量。对于微元面积 $\mathrm{d}A$，流出面积 $\mathrm{d}A$ 的质量通量为 $(\boldsymbol{n}\cdot\rho\boldsymbol{V})\mathrm{d}A$。其中，$\boldsymbol{n}$ 为控制面的单位法向量，指向控制体外为正。流出面积 $\mathrm{d}A$ 的动量通

量矢量为 $(\boldsymbol{n}\cdot\rho\boldsymbol{V})\boldsymbol{V}\mathrm{d}A$。

进一步沿着整个控制面进行积分可知，流出控制体的净动量通量为

$$\text{CS上的净动量通量} = \int_{\text{CS}} (\boldsymbol{n}\cdot\rho\boldsymbol{V})\boldsymbol{V}\mathrm{d}A \tag{3.4.9}$$

上述积分中，控制面当地流速方向与外法向一致时，动量通量流出控制体，符号为正；控制面当地流速方向与外法向相反时，动量通量流入控制体，符号为负；其他方向组合贡献依矢量点乘计算获得。

如果流动是非定常的，那么任意时刻还需要考虑控制体 CV 内流体动量的变化率，记控制体中的体积微元为 $\mathrm{d}v$，该体积微元具有动量为 $\rho\boldsymbol{V}\mathrm{d}v$，整个控制体内的瞬时流体动量为 $\int_{\text{CV}} \rho\boldsymbol{V}\mathrm{d}v$，控制体内流体动量的时间变化率为

$$\text{CV中动量变化率} = \frac{\partial}{\partial t}\int_{\text{CV}} \rho\boldsymbol{V}\mathrm{d}v \tag{3.4.10}$$

如果控制体 CV 内的流体动量随时间增加，则动量变化率为正。由于控制体 CV 在形状和位置上是固定的，这里关于时间取偏导数，主要强调变化率是控制体积分关于时间的导数。注意，被积函数不仅是时间的函数，还是空间的函数。

控制体 CV 中流体受到的合力，是流体表面力、体积力和固体表面产生的力之和。它们在分析流动的时刻，作用于该时刻与控制体重合的流体质量上。

流体表面力包括黏性力和压力差所引起的力。学习到现在，暂且将黏性摩擦产生的表面力简单地写成 $\boldsymbol{F}_{\mathrm{v}}$。关于压力差所产生的力，考虑一个表面积为 $\mathrm{d}A$ 的微元，压力的大小为 $p\mathrm{d}A$。压力的方向垂直于表面，通常认为压力是压缩为正，因此作用在 $\mathrm{d}A$ 上的压力矢量力为 $-\boldsymbol{n}p\mathrm{d}A$。于是控制体表面上的压力差导致的力为

$$\text{CV中压力差导致的力} = -\int_{\text{CS}} \boldsymbol{n}p\mathrm{d}A \tag{3.4.11}$$

流体体积力，包括作用在控制体 CV 中所有流体质点上的重力、磁力和电力等远程力。在本课程中主要考虑的体积力是重力。体积为 $\mathrm{d}v$ 的微元质量为 $\rho\mathrm{d}v$，重力作用在这个质量微元的矢量力为 $\rho\boldsymbol{g}\mathrm{d}v$，于是控制体 CV 中流体的重力为

$$\text{CV中流体重力} = \int_{\text{CV}} \rho\boldsymbol{g}\mathrm{d}v \tag{3.4.12}$$

由固体表面引起的外力 $\boldsymbol{R}_{\mathrm{ext}}$，是由管道壁面、挡流板表面施加到流体上的力。切记当流体对固体表面施加一个力时，必有一个大小相等但方向相反的力作用在流体上。

联合式(3.4.10)～式(3.4.12)，并包括黏性摩擦力和固体表面引起的外力，得到

$$\frac{\partial}{\partial t}\int_{\text{CV}} \rho \boldsymbol{V}\mathrm{d}v+\int_{\text{CS}}(\boldsymbol{n}\cdot\rho \boldsymbol{V})\boldsymbol{V}\mathrm{d}A=-\int_{\text{CS}}\boldsymbol{n}p\mathrm{d}A+\int_{\text{CV}}\rho \boldsymbol{g}\mathrm{d}v+\boldsymbol{F}_{\text{v}}+\boldsymbol{R}_{\text{ext}} \tag{3.4.13}$$

这就是以固定位置和形状控制体进行表达，三维非定常流动积分形式的流体动量方程。

例题 3-3　如图 3.4.3 所示，对于二维流动的风管，流动平稳，风管宽度为W。管道外的压力处处为大气压，入口和出口区域的表压分别为p_1和p_2，密度分别为ρ_1和ρ_2。压力和密度在入口A_1和出口A_2上是均匀的。求解管道对流体在x方向上的力。

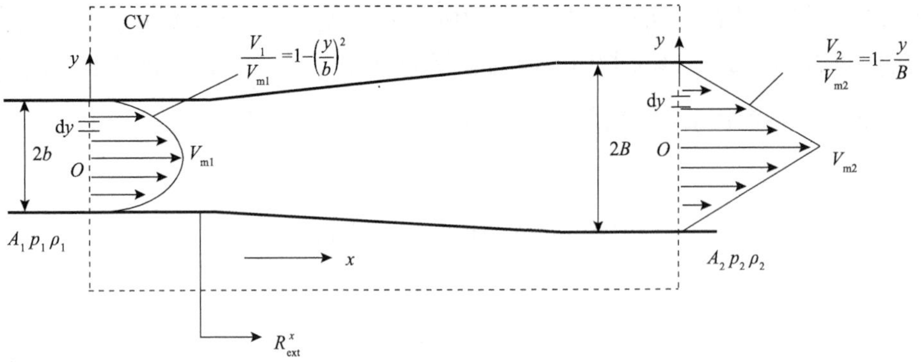

图 3.4.3　风管内的二维管状流动

解　如果忽略重力和摩擦力，作用在流体上的力只有压力差引起的力以及管道施加在流体上的力R_{ext}^x。首先找到R_{ext}^x，即管道施加在流体上的力的x方向分量。x方向的动量方程为

$$\int(\boldsymbol{n}\cdot\rho V)\boldsymbol{i}\cdot V\mathrm{d}A=p_1A_1-p_2A_2+R_{\text{ext}}^x$$

因此

$$\begin{aligned}R_{\text{ext}}^x&=p_2A_2-p_1A_1-\int\rho_1V_1^2\,\mathrm{d}A_1+\int\rho_2V_2^2\mathrm{d}A_2\\&=p_2A_2-p_1A_1-2\rho_1W\int_0^b V_1^2\mathrm{d}y+2\rho_2W\int_0^B V_2^2\mathrm{d}y\\&=p_2A_1-p_1A_2-\frac{16}{15}\rho_1V_{\text{m1}}^2Wb+\frac{2}{3}\rho_2V_{\text{m2}}^2WB\end{aligned}$$

可以看出，动量只在x方向上变化，并且压力差引起的力仅在x方向上起作用。因此，管道施加在流体上的力的y分量必须为零。

3.5　流体黏性力与机械能损失

如果流场中存在黏性力作用，必然会导致机械能的耗散，这是因为热力学意义上流体流动是不可逆的。在流场边界或者流场中，若出现速度梯度，根据牛顿内摩擦定律，必然伴

随流体黏性应力出现，流动克服这些应力必然做功。因此，黏性流体进行带有速度梯度的流动，其机械能不守恒。

3.5.1　流体黏性耗能效应

流体黏性发生作用后，将导致流体动能的耗散，黏性耗能主要有如下两种形式。

(1) 边界层中的黏性耗能效应：在某些流动情况下，流场内部流动速度的梯度非常小，流场的黏性摩擦耗能效应主要集中在固体边界附近。例如，非常粗的流管中，边界层厚度相对管道直径非常小，黏性应力仅限于管壁附近很薄的区域，因而流场内部的黏性应力相对其他作用力可以忽略，如 3.4.2 节和 3.4.3 节关于风向袋的实例分析。但是许多实际管道流动，如血管和输油管中的流动，流速梯度存在于整个管道截面中，因而黏性应力的耗能影响充满管道。

(2) 流动分离的黏性耗能效应：某些流场，虽然大部分流域边界层很薄，但是如果流动沿流向突然减速，或者突然改变流动方向，就会发生流动分离。流动分离，是指边界层不再贴紧固体边界，固体边界附近出现与主流速方向相反的回流，如扩张管道中的流动，如图 3.5.1 所示，流动进入管道扩张区域后，虽然主流方向不变，但根据质量守恒，主流速降低，扩张管边界附近出现流动分离，形成非定常旋涡。流动分离导致涡流区内出现显著的速度梯度，该流域的黏性应力导致流动机械能耗散为热能。为了减少扩张管道中流动分离导致的能量损失，管道突然扩张的角度应该尽量小，一般应该小于 7°。与扩张管流动不同，如果流动进入收缩管区域，主流加速，几乎不发生流动分离，即使收缩角度接近 45°，流动分离效应也很弱。

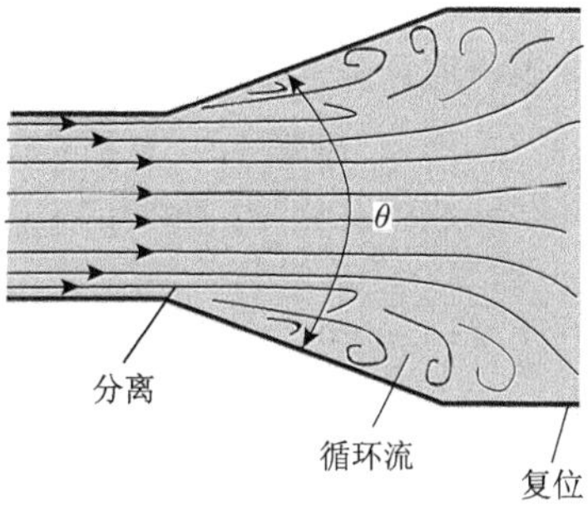

图 3.5.1　扩张管道

从边界层流动和边界层流动分离两种状态的分析可以看到流体的黏性摩擦耗能效应非常有趣。虽然流体都有黏性，但是黏性并不一定都起作用，这取决于流体速度场是否存在梯度。当发生流动分离时，分离区充斥不同尺度的旋涡，必然存在速度梯度，因而黏性应力和机械能损失效应突出，如图 3.5.2 所示。

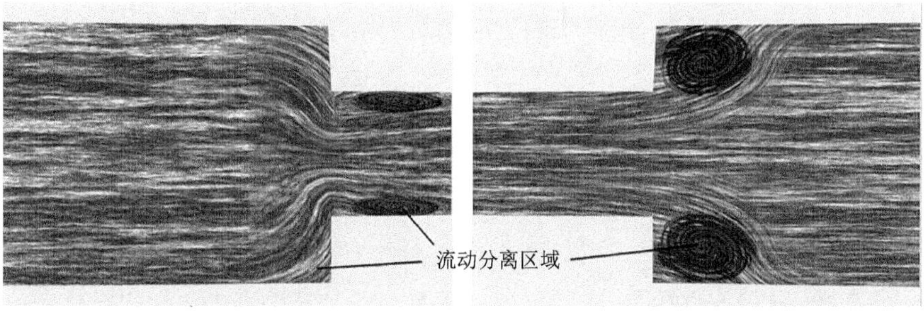

图 3.5.2　收缩与扩张管道

从图中可以看出，流动边界出现尖锐拐角时，无论是扩张型还是收缩型尖锐拐角，总是伴随着流动分离，并且相对拐角的主流方向对于流动模式与能量耗散的分布影响很大。在流动突然扩张区域的分离比突然收缩的区域更严重。因此，图 3.5.2 中的流动虽然尖角左右分布对称，但是流动自左侧流向右侧，右侧拐角扩张区中流动的能量耗散更严重。

3.5.2 积分形式的能量方程

现在分析给出基于固定的流体控制体的能量守恒方程。根据热力学第一定律，一个热力学系统的能量变化ΔE_{sys}由来自系统的做功W_{sys}和系统的热传导Q_{sys}之和构成，即

$$\Delta E_{\mathrm{sys}}=W_{\mathrm{sys}}+Q_{\mathrm{sys}} \tag{3.5.1}$$

流体力学系统是由固定质量流体物质组成的热力学系统。流体系统能量变化ΔE_{sys}是由构成该系统的所有流体质点的运动贡献组成的。规定从外界环境对流体系统做功W_{sys}和热传导Q_{sys}为正值，反之为负值。例如，流体系统发生降温，则有热量从系统中传递出去，热传导为负值；流体质点系统被提升空间位置，外界对系统做功，系统的势能增大。

若热传导和做功的过程足够慢，则认为系统处于热力学平衡状态，热力学第一定律也可以表达为变化率的形式，也就是说，对于固定质量的流体，热力学第一定律表述为

$$\left\{\begin{matrix}\text{流体系统中}\\ \text{总能量变化率}\end{matrix}\right\}=\left\{\begin{matrix}\text{对流体系统}\\ \text{做功净增长率}\end{matrix}\right\}+\left\{\begin{matrix}\text{对流体系统}\\ \text{热传导净增长率}\end{matrix}\right\}$$

$$\Delta\dot{E}_{\mathrm{sys}}=\dot{W}_{\mathrm{sys}}+\dot{Q}_{\mathrm{sys}} \tag{3.5.2}$$

热力学第一定律适用于封闭系统。与固体热力学系统分析不一样，在流体力学分析中，对控制体(即开放系统)更感兴趣。为分析控制体 CV 内总能量的变化率，考虑控制体中的体积微元$\mathrm{d}v$，如图 3.3.4 所示。这个体积的质量是$\rho\mathrm{d}v$，它的总能量为$\rho e\mathrm{d}v$，其中e为单位质量的总能量。控制体的总能量由体积微元的能量积分得到，其随时间的变化率为

$$\text{CV中总能量变化率}=\frac{\partial}{\partial t}\int_{\mathrm{CV}}\rho e\mathrm{d}v \tag{3.5.3}$$

进一步分析控制面 CS 上的流体能量净通量。对于微元面积$\mathrm{d}A$，流出面积$\mathrm{d}A$的质量通量为$(\boldsymbol{n}\cdot\rho\boldsymbol{V})\mathrm{d}A$。其中，$\boldsymbol{n}$为控制面的单位法向量，指向控制体外为正。流出面积$\mathrm{d}A$的能量通量标量为$(\boldsymbol{n}\cdot\rho\boldsymbol{V})e\mathrm{d}A$。

进一步沿整个控制面进行积分可知流出控制体的净能量通量为

$$\text{CS上的净能量通量}=\int_{\mathrm{CS}}(\boldsymbol{n}\cdot\rho\boldsymbol{V})e\mathrm{d}A \tag{3.5.4}$$

联合式(3.5.2)～式(3.5.4)可得

$$\frac{\partial}{\partial t}\int_{\mathrm{CV}}\rho e\mathrm{d}v+\int_{\mathrm{CS}}(\boldsymbol{n}\cdot\rho\boldsymbol{V})e\mathrm{d}A=\dot{W}+\dot{Q} \tag{3.5.5}$$

$\dot{W}+\dot{Q}$ 是 t 时刻对控制体中流体的做功和传热增长率。

对于流动的流体，其总能量包括内能和动能。其中，内能由分子热运动的动能和分子间势能组成，而动能表现为流体整体运动速度的动能，记单位质量流体的内能为 $\hat{u}$，动能为 $1/2V^2$，于是 $e=\hat{u}+1/2V^2$，对于控制体内流体做功可以分为四类：

$$\dot{W}=\dot{W}_{\mathrm{p}}+\dot{W}_{\mathrm{g}}+\dot{W}_{\mathrm{v}}+\dot{W}_{\mathrm{s}}$$

式中，$\dot{W}_{\mathrm{p}}$ 为流体表面压力做功的功率，$\dot{W}_{\mathrm{g}}$ 为重力对流体做功的功率，$\dot{W}_{\mathrm{v}}$ 为流体黏性应力做功的功率，$\dot{W}_{\mathrm{s}}$ 为控制体中机械运动的功率。

对于控制面微元面积 $\mathrm{d}A$，压力做功的功率等于压强产生的力乘以进入控制体的垂直于表面的速度分量。

$$\mathrm{d}\dot{W}_{\mathrm{p}}=-p(\boldsymbol{n}\cdot\boldsymbol{V})\mathrm{d}A$$

式中，$-\boldsymbol{n}$ 为压力的作用方向。

控制体中体积为 $\mathrm{d}v$ 的流体微元质量为 $\rho\mathrm{d}v$，重力作用在这个质量微元的矢量力为 $\rho\boldsymbol{g}\mathrm{d}v$，流体微元以运动速度 $\boldsymbol{V}$ 抵抗重力做功的功率为

$$\mathrm{d}\dot{W}_{\mathrm{g}}=\int_{\mathrm{CV}}\rho\boldsymbol{g}\cdot\boldsymbol{V}\mathrm{d}v$$

记重力势函数为 $\boldsymbol{g}=g\nabla z$，则根据高斯公式，有

$$\mathrm{d}\dot{W}_{\mathrm{g}}=\int_{\mathrm{CV}}\rho\boldsymbol{g}\cdot\boldsymbol{V}\mathrm{d}v=\int_{\mathrm{CV}}\rho g\nabla z\cdot\boldsymbol{V}\mathrm{d}v=\int_{\mathrm{CS}}gz(\rho\boldsymbol{n}\cdot\boldsymbol{V})\mathrm{d}A$$

通过适当选择控制体，可以使得流体黏性应力做功的功率 $\dot{W}_{\mathrm{v}}$ 为零。例如，控制面固体边界，因为固体表面与流体相对速度为零，所以黏性摩擦力做功的功率为零。另外，控制体的入流和出流边界面一般垂直于流速方向，剪切应力及其做功为零。因此，对于大的控制体，一般黏性应力做功为零。

控制体中流体所有做功的功率之和为

$$\dot{W}=-\int_{\mathrm{CS}}p(\boldsymbol{n}\cdot\boldsymbol{V})\mathrm{d}A-\int_{\mathrm{CS}}gz(\rho\boldsymbol{n}\cdot\boldsymbol{V})\mathrm{d}A+\dot{W}_{\mathrm{s}}$$

因此，能量方程(3.5.5)可以写为

$$\frac{\partial}{\partial t}\int_{\mathrm{CV}}\rho\left(\hat{u}+\frac{1}{2}V^2\right)\mathrm{d}v+\int_{\mathrm{CS}}(\boldsymbol{n}\cdot\rho\boldsymbol{V})\left(\hat{u}+\frac{p}{\rho}+\frac{1}{2}V^2+gz\right)\mathrm{d}A=\dot{W}_{\mathrm{s}}+\dot{Q} \tag{3.5.6}$$

这就是以固定位置和形状控制体进行表达，三维非定常流动积分形式的流体能量方程。

第 4 章　流线与伯努利方程

第 3 章分析给出了以控制体整体积分形式表达的流体运动的质量、动量和能量守恒定律。根据积分形式的连续方程，分析变截面流动或者变方向流动的整体流速变化。根据积分形式的动量方程，分析整体流动与固体边界的相互作用力。根据积分形式的流体能量方程，分析流体边界层和分离流动黏性耗能的流动特征及其与流动边界变化的联系。

实际上，我们不仅关心流动的整体动力学与能量变化，更关注控制体内流场各处的流体运动变化分布特征，这需要运用流体质点的动力学，将在第 5 章讨论微分形式的流体运动方程。本章首先讨论流线等流体运动学概念，进一步将流线与动量定理结合，并将观察视角引入控制体内部流场中，建立流体力学中具有广泛应用价值的伯努利方程。

4.1　流线与流动形态可视化

流体力学反映流体物理运动，形象化和可视化是人们理解流动现象的重要途径，因此，规范形象化描述流动的语言，建立明确的物理概念，是流动可视化和研究的基础。

4.1.1　流线、迹线、烟线和时间线

流线、迹线和烟线是流体运动学最基本的概念，在流动显示、几何分析以及流动规律的研究方面都有应用。

1) 流线

流线(streamline)是在某指定时刻，由一系列空间点组成并与每点流速方向相切的曲线。流线并不属于某一或某些流体质点，仅依赖指定时刻流体质点的速度方向，与流动的欧拉描述对应。

在流线上任意一点取一段微弧元素 $\mathrm{d}\boldsymbol{r}=\mathrm{d}x\boldsymbol{i}+\mathrm{d}y\boldsymbol{j}+\mathrm{d}z\boldsymbol{k}$ ，由流线定义，该微弧方向与当地流速 $\boldsymbol{V}=u\boldsymbol{i}+v\boldsymbol{j}+w\boldsymbol{k}$ 平行，即 $\mathrm{d}\boldsymbol{r}\times\boldsymbol{V}=0$ ，于是得到流线方程为

$$\frac{|\mathrm{d}\boldsymbol{r}|}{|\boldsymbol{V}|}=\frac{\mathrm{d}x}{u}=\frac{\mathrm{d}y}{v}=\frac{\mathrm{d}z}{w} \tag{4.1.1}$$

这就是某时刻的流线微分方程，对其进行空间积分即可得到该时刻的流线方程，积分常数由流线所经空间点而定。为理解方便，图 4.1.1 给出二维平面流动中流线微弧长与流速大小的示意图。

根据某时刻的单根流线并不能预测流动的过程，但是根据一组流线可以分析流速大小的

分布。一个典型的例子是流管(streamtube)，它是流线概念的延伸。在流场中作一条非流线的封闭曲线，经过该曲线上每一点作流线，这些流线在空间就形成流管，如图 4.1.2 所示。

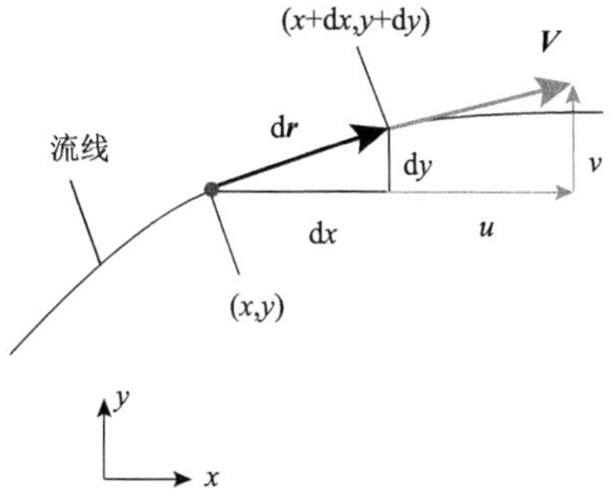

图 4.1.1　二维流线微弧长与流速大小示意图

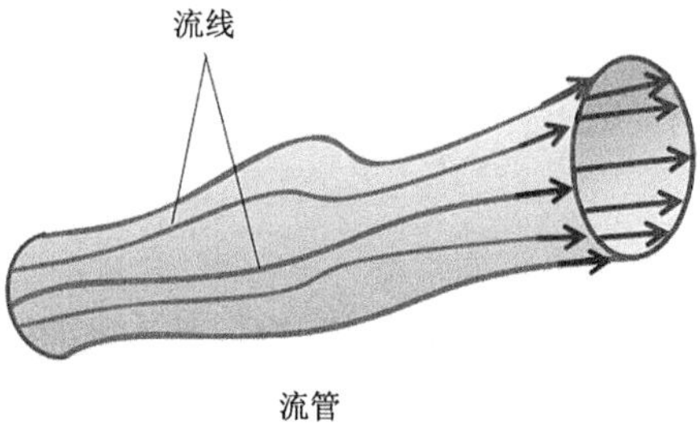

图 4.1.2　流管与流线示意图

根据流管定义可知，在该时刻，流体不会出现穿越流管表面的流动，即流管内流体只能在流管内流动。根据质量守恒，对于流管中流体的平均流速，流管较细的部位必然大于流管较粗的部位；而流管的周长无论大小，都包含相同数目的流线，因此在流线密集的部位流速较大。这一规律经常用于指导观测定常流动与改进设计。

与流管关联的几个常用名词介绍如下。

(1) 过水断面：与流动方向正交的流管的横断面。

(2) 元流：过水断面为面积微元的流管中的流动。

(3) 总流：过水断面为有限面积的流管中的流动。

(4) 流量：$\iint\limits_S \boldsymbol{u}\cdot\boldsymbol{n}\mathrm{d}S$ 称为穿过曲面 S 的体积流量，$\iint\limits_S \rho\boldsymbol{u}\cdot\boldsymbol{n}\mathrm{d}S$ 称为质量流量。定义曲面 S 的两侧为法线方向。方向不同，流量正负符号相反。闭曲面的法向一般指所围区域的外法向。

(5) 过水断面流量和平均流速：过水断面流速与法向一致，所以穿过过水断面 S 的流量大小为 $Q=\iint\limits_S u\mathrm{d}S$，定义 $\boldsymbol{u}=\dfrac{Q}{S}$ 为断面平均流速。

例题 4-1　二维定常流场的流线绘制

某不可压流动定常流场的速度分布，如下式所示：

$$\boldsymbol{V}=(u,v)=(0.4+0.8x)\boldsymbol{i}+(1.6-0.8y)\boldsymbol{j}$$

式中，x 和 y 坐标的单位为 m，速度单位为 m/s。针对流场局部范围：$x\{0,2\}$，$y\{0,4\}$，试绘制几条流线，并分析流动特征。

解　分析思路：利用速度场和流线定义进行积分，给出流线方程，选择不同的积分常数，对应不同的流线，并绘制流线图。

根据给定的速度分布表达式，可见速度分量没有 z 轴分量，并且 x 和 y 分量也与 z 坐标无关。故该流动为二维流动。

根据流线方程(4.1.1)，并结合给定速度表达式，可以写出微分方程：

$$\frac{\mathrm{d}x}{0.4+0.8x}=\frac{\mathrm{d}y}{1.6-0.8y}$$

对其积分可得

$$y=\frac{C}{0.8(0.4+0.8x)}+2.0$$

式中，C 为积分常数。为了画出多条流线，可以将 C 取为不同的常数。针对流场局部范围：$x\{0,2\}$，$y\{0,4\}$，绘制流线，如图 4.1.3 所示。

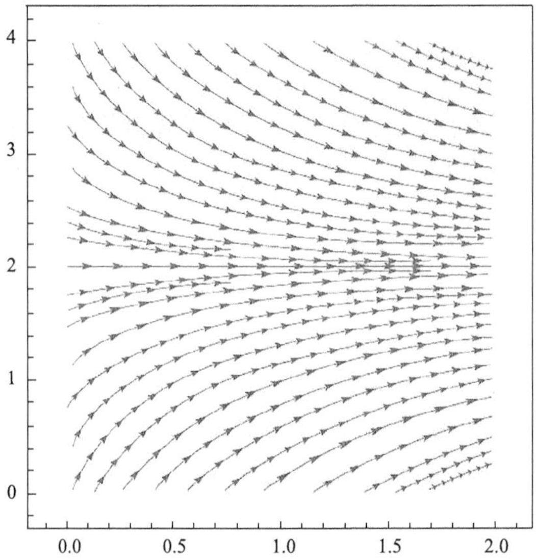

图 4.1.3　二维定常流场流线图

需要注意的是，针对同一流动，根据所取的坐标系不同，流线形状也可能不同，如果在大地坐标系中某曲线是流线，在另一运动坐标系中此曲线一般不再会是流线。想一想，这是为什么?

2) 迹线

迹线(pathline)是某指定流体质点的运动踪迹线。迹线取决于流动过程，它说明的只是流体质点位置随时间的变化，对应流动的拉格朗日描述。迹线只能反映该流体质点在运动过程中各时刻的速度方向。对于定常流动，迹线与流线重合。

迹线方程实际上就是流体质点位移的参数化表达式(3.1.1)，即 $\boldsymbol{r}=\boldsymbol{r}(a,b,c,t)$。因此，有了式(3.1.1)实际上也就得到了流体质点的迹线。

由于在流体力学中通常采用欧拉方法描述速度场 $\boldsymbol{V}(x,y,z,t)$，这时要得到迹线方程就如式(4.1.2)所示：

$$\boldsymbol{r}=\boldsymbol{r}_A+\int_{t_A}^{t}\boldsymbol{V}(x,y,z,t)\mathrm{d}t \tag{4.1.2}$$

表示在 t_A 时刻，位于 $\boldsymbol{r}_A=(x_A,y_A,z_A)$ 处的流体质点，在给定的解析或离散速度场 $\boldsymbol{V}(x,y,z,t)$

中运动，在后续某时刻t其位置可由式(4.1.2)获得，针对t_A和t之间任意时刻，都可以积分得到该质点的位置向量。这里同样给出迹线方程的微分形式：

$$\mathrm{d}\boldsymbol{r} = \boldsymbol{V}(x,y,z,t)\mathrm{d}t \tag{4.1.3}$$

或

$$\frac{\mathrm{d}x}{u(x,y,z,t)} = \frac{\mathrm{d}y}{v(x,y,z,t)} = \frac{\mathrm{d}z}{w(x,y,z,t)} = \mathrm{d}t \tag{4.1.4}$$

一般而言，流速场很难用解析表达式给出，即使给出解析式后，往往也不易通过积分解析出位移。这时，数值积分成为获得迹线的唯一方法。

流体力学迹线概念对于流动的可视化有非常重要的应用。图 4.1.4 为在造波水槽中放置的许多漂浮白色粒子在波浪作用下的运动轨迹，通过短时曝光获得的照片，可见波浪中流体质点的迹线都类似于椭圆形，靠近水面椭圆较大，靠近水底椭圆较小。

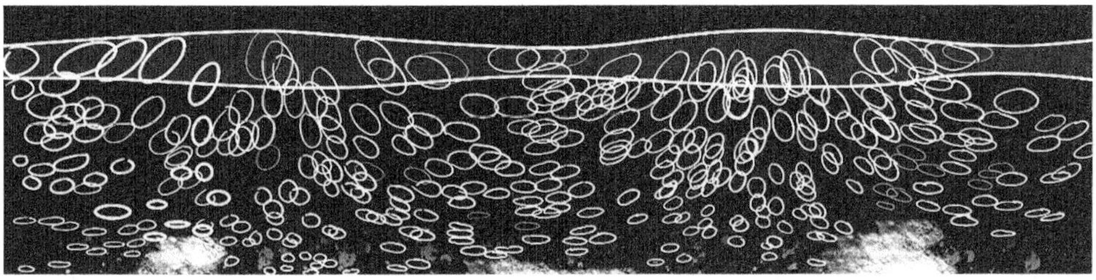

图 4.1.4　一个波浪周期时间范围内，众多漂浮粒子的迹线图

现代流体力学流速精细测量技术之一的粒子图像测速仪(particle image velocimetry, PIV)，就是仿照图 4.1.4 的示踪原理。使用脉冲激光照射所测流场切面区域示踪粒子流动，通过成像记录系统摄取两次或多次曝光的粒子图像，然后用图像相关等方法处理获得每个粒子的短迹线向量，从而获得速度场。

例题 4-2　考虑流场由以下方程给出：

$$\boldsymbol{V} = x\boldsymbol{i} + yt\boldsymbol{j}$$

这个流场是非定常的(它与时间有关)和二维的(它依赖于两个空间坐标，x 和 y)。求在$t=0$通过点(1,1)的迹线。

解　为了找到迹线，使用$u=\dfrac{\mathrm{d}x}{\mathrm{d}t}$和$v=\dfrac{\mathrm{d}y}{\mathrm{d}t}$。对于本题，有

$$\frac{\mathrm{d}x}{\mathrm{d}t} = x,\quad \frac{\mathrm{d}y}{\mathrm{d}t} = yt$$

通过积分得到

$$x = C_1\mathrm{e}^t,\quad y = C_2\mathrm{e}^{\frac{t^2}{2}}$$

式中，C_1 和 C_2 是常数。因为$t=0$时质点位于点(1,1)，所以 $C_1=C_2=1$，因此对于这条特殊的迹线

$$x = e^t,\quad y = e^{\frac{t^2}{2}}$$

消去时间变量 t 得到

$$2\ln y = (\ln x)^2$$

3) 烟线

烟线(streakline)是某指定时刻，那些曾经过某定点的所有流体质点组成的曲线，也称为脉线。如果该空间固定点源不断放出染色剂，则在某瞬时即可观察到一条染色线，故烟线也称为染色线。用注射器往水中注入染色剂形成的颜色线是液体中烟线的典型例子，经过烟头冒出的烟是气体中烟线的典型例子。实验中很容易把烟线显示出来。

采用欧拉方法描述速度场 $\boldsymbol{V}(x,y,z,t)$ ，烟线方程就如下积分式所示：

$$\boldsymbol{r}_{当前} = \boldsymbol{r}_{释放点} + \int_{t_{释放}}^{t_{当前}} \boldsymbol{V}(x,y,z,t)\mathrm{d}t \tag{4.1.5}$$

这里有在历史上一系列的释放时刻 $t_{释放}$ 位于释放点 $\boldsymbol{r}_{释放点} = (x_{释放点}, y_{释放点}, z_{释放点})$ 处的流体质点，它们运动于给定的解析或离散速度场 $\boldsymbol{V}(x,y,z,t)$ 中，这些流体质点在当前时刻 $t_{当前}$ 的位置 $\boldsymbol{r}_{当前}$ 可由积分式(4.1.5)获得，这些位置点 $\boldsymbol{r}_{当前}$ 连成线即可得到当前的烟线。

流线、迹线和烟线在概念上有本质的不同：流线是反映某一时刻的流场速度特征分布情况，迹线是反映某一流体质点其位置随时间的变化线，烟线反映的只是历史上曾经过某指定点的所有流体质点当前的位置。以上特点都是针对一般的非定常流动情形。在定常流动中，流线、迹线和烟线尽管在概念上有本质的区别，但在几何上它们却是完全重合的。

对于定常流动的流线，可以采用烟线法示踪显示。如图 4.1.5 所示的风洞中机翼绕流的流线图。

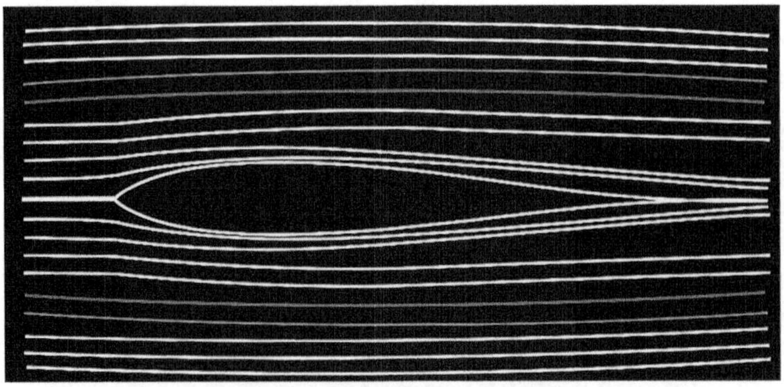

图 4.1.5　在风洞上游释放烟线形成机翼绕流的流线图

例题 4-3　二维非定常流场的流线、迹线和烟线绘制。

某不可压流动非定常流场的速度分布，如下式所示：

$$\boldsymbol{V} = (u,v) = (0.4+0.8x)\boldsymbol{i} + \left[2.0\sin(\pi t)+1.6-0.8y\right]\boldsymbol{j}$$

式中，x 和 y 坐标的单位为 m ，速度单位为 m/s 。其流速的 y 分量随着时间变化，故为非定常流动。流速时变圆频率为 π ，周期为 2s，因此当时刻对应整数秒时，流速时变项恰好为零。

针对该流场绘制 $t=4\text{s}$ 时的流线，以及两个周期时长范围内，通过典型位置的迹线与烟线。

解　分析思路：利用速度场和流线定义，解析积分，给出流线方程，选择不同的积分常数，对应不同的流线，并绘制流线图。

根据给定的速度分布表达式，可见速度分量没有 z 轴分量，并且 x 轴和 y 轴分量也与 z 坐标无关。故该流动为二维流动。

根据流线方程(4.1.1)，并结合给定的速度表达式，可以绘出流线图($t=4\text{s}$)为图 4.1.3，迹线和烟线留给读者完成。

4) 时间线

时间线(timeline)是指从某指定开始时刻，在流场中任取的一条线，该线上每个流体质点在后续时刻运动到新位置的连线，也称为流体线。显然，时间线与迹线密切相关，组成时间线的流体质点将各自沿该质点的迹线运动。因此，时间线可按照迹线的求解方法得到。

图 4.1.6 显示了两平行壁面间流动在三个时刻的时间线图。显然，初始时刻在同一直线上的流体质点，在后续时刻靠近壁面处的流体质点受到壁面的黏滞作用，速度小，位移也小，靠近中部流速较为均匀，因而时间线较为平直。时间线概念还可以推广到时间面和时间体。

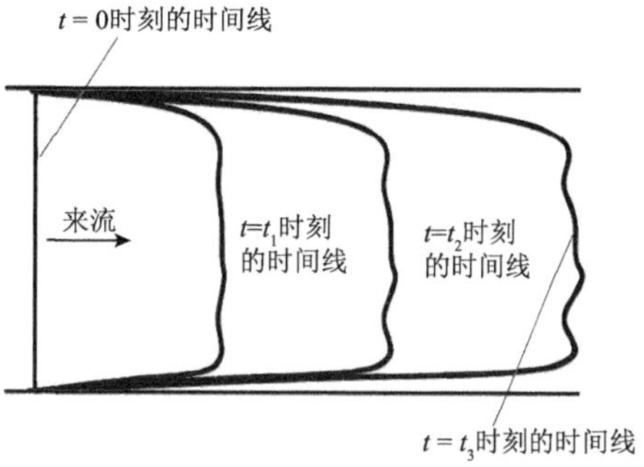

图 4.1.6　两平行壁面间流动在三个时刻的时间线图

与时间线概念对应，氢气泡法(hydrogen bubble wire)是一种比较常见的显示水的流动现象的方法，其基本原理是水的电解。在垂直于平均流速的方向布置细长金属丝，控制发生一列电脉冲，在阴极上形成氢气泡，随着流体一起运动并按照当地速度剖面而改变形状，以一定频率施加脉冲电压，就得到若干依次排列的气泡时间线。图 4.1.7 为平板自左向右绕流的氢气泡时间线。其中，金属丝位于左侧入口处，近壁气泡显示了流动的不稳定和湍流的产生过程。

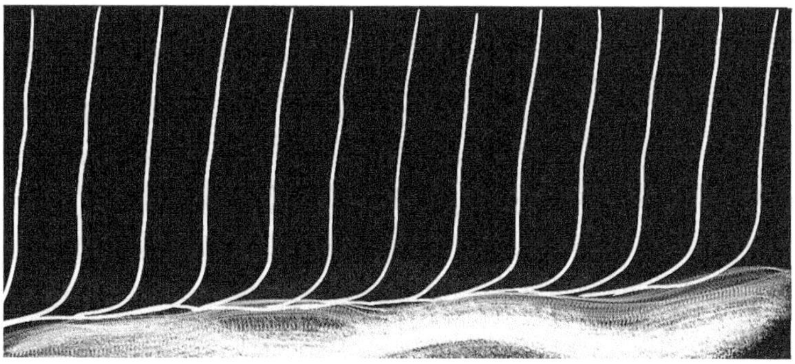

图 4.1.7　平板绕流的边界层流动氢气泡显示时间线

4.1.2　流动可视化技术

大部分气态或液态的流体都是透明介质，人用肉眼很难直接观察它们的流动。为了辨认流体的运动，必须提供一套使流动可视化的技术，这种技术称为流动显示技术(flow visualization)。流动显示对于理解流动形态不仅直观，而且还能定量测量，并可以与数值模拟流场对照，因此在流体力学、传质传热学、空气动力学和燃烧学中得到广泛应用。

流动显示的方法可以分为四类：第一类为在流体中添加示踪外来物的显示方法。第二类为无添加物的光学显示方法。第三类为对流体外加能量(加热或放电)的显示方法。第四类为固体表面流动显示法。

第一类显示方法，流体可以是气态也可以是液态，外加物是可见的小粒子，假设这些粒子的运动与流体运动相同，因此这是一种流动显示的间接方法。当粒子的密度与流体密度几乎一样时，该方法对于稳定流动能得出很满意的结果。但是对于不稳定流动，由于粒子尺度与流体的差异，以及流体热力学状态变化，如变密度流动和可压缩流动引起弛豫现象，使得流体和外来物的机械运动产生差别。该方法误差可能很大。4.1.1 节中谈到的烟线、氢气泡、PIV 等技术都属于该类显示方法。

第二类显示方法，利用光波在不同物质流体或不同密度的同一物质流体中的折射特性。相对于流场中添加示踪物或者放入机械探头测量流动的方法，光学方法的显著优势是对流动无介入或无干扰。光学流动测量法的基础是光波与流体流动的相互作用，光线由于这种相互作用而发生变化从而反映了流动状态信息。如图 4.1.8 所示，记录入射光方向流体域的透射光和其他方向的散射光强度、频率、相位、偏振方向的变化，并利用数值处理方法，如层析法，即可获得流体域中速度等物理量的分布。

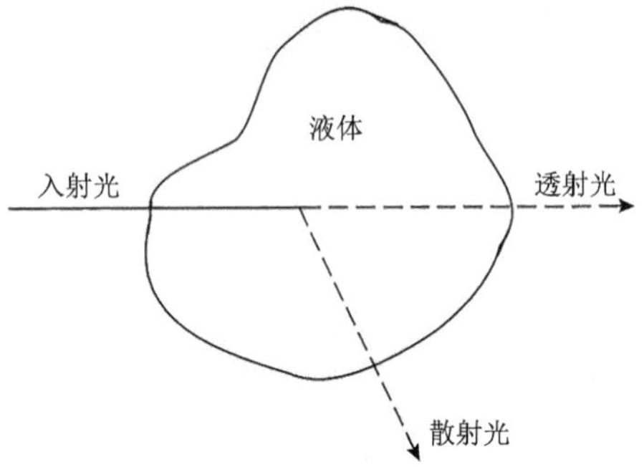

图 4.1.8　光波与流体流动相互作用示意图

第三类显示方法，可以认为是第一类和第二类显示方法的结合。其中，添加的示踪物不是物质而是能量。如添加电能或热能，传递给流动的某些区域，引起流体密度变化，进而利用光学法进行显示分析。对于低密度可压缩流动，这种方法可解决纯光学法对低的密度变化不敏感的困难。对于不可压缩气体流动，加入热量的简单方法就是穿过流动截面装一根电加热细线，由于压力不变，经过的受热流体密度低于周围未加热流体密度。这种方法适用于检测流动从层流到湍流的转变。

第四类显示方法，可以认为是第一类显示法在固体表面流动显示的特例。流体流动与固体表面相互作用对航行器绕流分析和优化而言具有重要意义，而流动对于固体的作用有剪切力、压力和热负荷。因此，可以在固体表面涂敷油膜或者丝线等示踪物，让流动摩擦力带动油膜或丝线一起运动，从而留下条纹状痕迹分布。例如，汽车如果多日未清洗，遇到小雨天行驶，则在车体顶盖和侧面的灰尘会形成不同方向的条纹。这种方法经常在风洞绕流显示中使用。对于船模水池实验，油膜法经常用于显示船体表面的流线。

4.1.3　流动数据图

无论是通过流体力学实验获得的数据，还是解析分析或数值计算获得的流场数据，只有绘制成适当的图形，才能使读者很快掌握流动的时空变化特征。因此，掌握流体力学概念，并熟悉流动数据图的绘制和阅读方法，是学习、研究和交流流体力学的一项基本技能。

常用的流动数据图有五种：时间序列图、X-Y 空间分布图、流动轮廓图、向量图、等值线图。

时间序列图、X-Y 空间分布图、流动轮廓图用于显示流动物理量的标量变量值沿着某一方向的变化。这些物理量可以是压强、温度、密度，也可以是某一速度分量或者速度的大小。图 4.1.9 为二维平板绕流流场某一垂直于平板截面处水平流速大小沿该截面的变化。

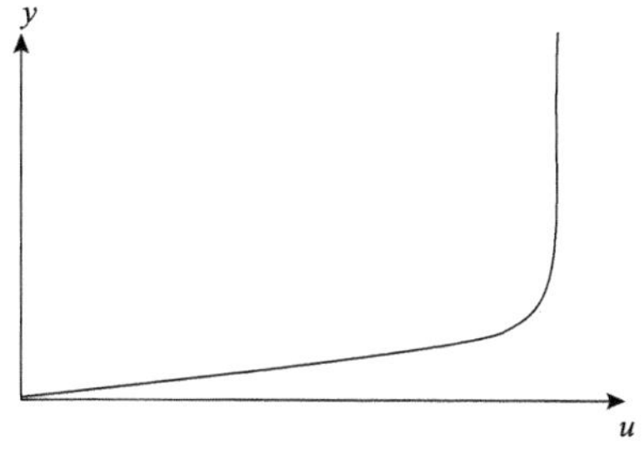

图 4.1.9　平板边界层水平流动轮廓图

向量图(vector plots)是某一时刻流场中在若干空间点处绘制的一组向量箭头，箭头指向为流速的方向，箭头的长短表示速度的大小。与流线图相比，向量图多了流速大小的信息。图 4.1.10 为方块绕流的流线图和速度向量图。

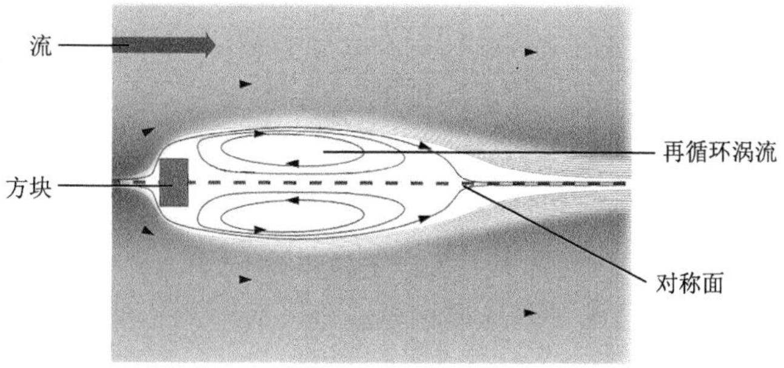

(a)方块绕流的流线图

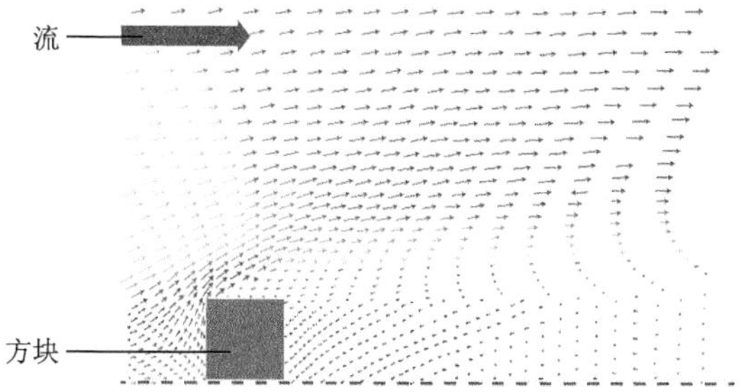

(b)速度向量图

彩图 4.1.10

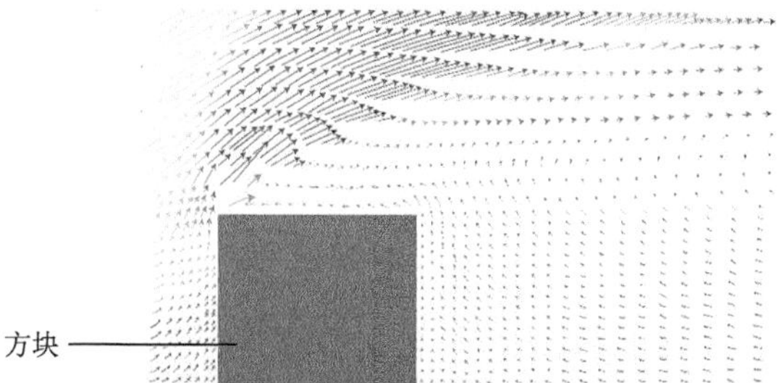

(c)方块近场速度向量图

图 4.1.10　方块绕流的流线图、速度向量图和方块近场速度向量图

等值线图(contour plots)是某一时刻流场，由相同数值的压力、温度、密度点，或者相同向量大小，如速度大小的点，连接成的若干曲线组成。如图 4.1.11(a)所示，等值线图也可以用等值线间的不同颜色表示，图 4.1.11(b)为方块绕流的压强等值线量图。

彩图 4.1.11

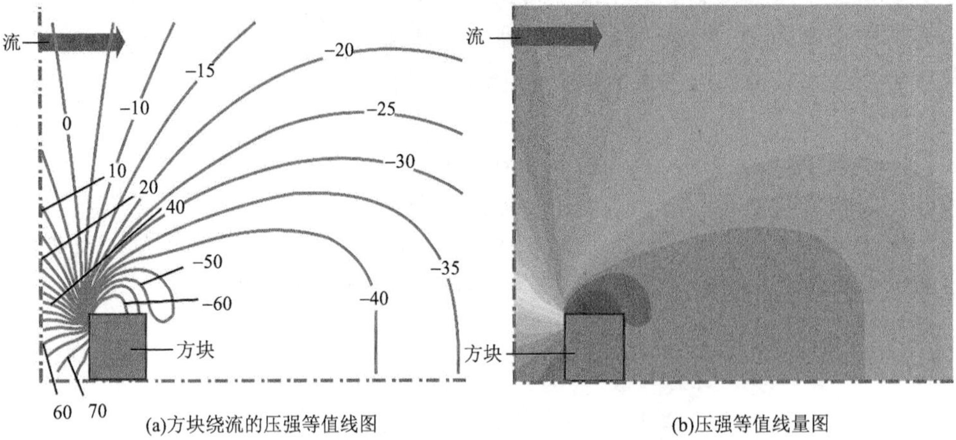

(a)方块绕流的压强等值线图　　(b)压强等值线量图

图 4.1.11　方块绕流的压强等值线图和压强等值线量图

4.2　定常流的伯努利方程

对于定常流动，已经看到流线和迹线是相同的。因此，如果流线可以被识别出，就知道了流体质点的运动路径，就可以分析沿这条路径运动的流体质点上的力，进而应用牛顿第二定律直接得到定常流的伯努利(Bernoulli)方程。

伯努利方程给出了流线上点 1 和点 2 之间的不变量，即

$$p_1+\frac{1}{2}\rho V_1^{\ 2}+\rho g z_1=p_2+\frac{1}{2}\rho V_2^{\ 2}+\rho g z_2=\text{常数} \tag{4.2.1}$$

式中，g 是重力加速度常数；z_1 和 z_2 是点 1 和点 2 在水平参考平面上的高度；p_1 和 p_2、V_1 和 V_2 分别是在这两点上的压强和速度。

关于定常流的伯努利方程，有如下四个应用条件。

(1) 点 1 和点 2 位于同一流线上。在无旋流场中可以不要求点 1 和点 2 在同一条流线上。无旋流定义为 $\boldsymbol{\Omega}=\nabla\times\boldsymbol{V}=0$ 的流场。在这种情况下，伯努利方程可以在流场任意两点之间使用。

(2) 流体密度恒定。在实际应用中，只要流场中的密度与平均密度相比变化很小，就可以应用伯努利方程。

(3) 流动是定常的。因此，非定常流动和湍流流动都不适用伯努利方程。

(4) 流动是无黏性的。实际应用中，无黏流动，即黏性影响极小，因而可忽略能量耗散的流动。因此，伯努利方程适用于边界层之外或者尾流之外的流场。

尽管上述四个条件听起来很严格，但伯努利方程非常有实用价值，主要是因为它简明而深刻地给出了流体质点运动过程中流场压力、速度和高度之间的平衡关系。

实际上，伯努利方程可以直接从欧拉方程推导出来，但是在 4.2.1 节中，是通过沿流线

应用牛顿第二定律得到的。

4.2.1 沿着流线流体的力的平衡

考虑 y-z 平面上二维定常流动，如图 4.2.1 所示，某个流体质点沿着流线运动，$\boldsymbol{s}$ 方向沿着流线，$\boldsymbol{n}$ 方向是其法线。z 轴方向垂直向上，与重力方向相反。采用右手直角坐标系，x 轴方向指向纸面之外。纸面内的流体质点在流线上一点的速度是 $\boldsymbol{V}$。

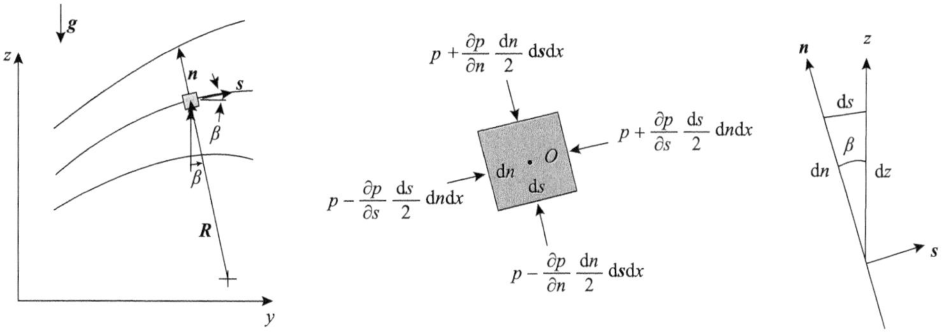

图 4.2.1 流体质点受力分析

假设流动无黏，作用于流体质点上的力只有重力和压差力，流体质点的重力为 $\mathrm{d}W=\rho g\mathrm{d}n\mathrm{d}s\mathrm{d}x$，重力沿着流线方向的投影分量为

$$\mathrm{d}W_s=(-\sin\beta)\rho g\mathrm{d}n\mathrm{d}s\mathrm{d}x=-\rho g\frac{\partial z}{\partial s}\mathrm{d}n\mathrm{d}s\mathrm{d}x$$

作用于流体质点 O 沿着流线方向的压差力记为 $\mathrm{d}F_{ps}$，利用一阶泰勒展开可得：

$$\mathrm{d}F_{ps}=\left(p_O-\left.\frac{\partial p}{\partial s}\right|_O\frac{\mathrm{d}s}{2}\right)\mathrm{d}n\mathrm{d}x-\left(p_O+\left.\frac{\partial p}{\partial s}\right|_O\frac{\mathrm{d}s}{2}\right)\mathrm{d}n\mathrm{d}x=-\left.\frac{\partial p}{\partial s}\right|_O\mathrm{d}n\mathrm{d}s\mathrm{d}x$$

于是流线上单位体积流体受到的沿着流线方向的合力为

$$F_s=\frac{\mathrm{d}W_s}{\mathrm{d}n\mathrm{d}s\mathrm{d}x}+\frac{\mathrm{d}F_{ps}}{\mathrm{d}n\mathrm{d}s\mathrm{d}x}=-\frac{\partial p}{\partial s}-\rho g\frac{\partial z}{\partial s} \tag{4.2.2}$$

由于 O 点是流线上任取的一点，这里在式(4.2.2)中去掉了下角标。这个合力将加速流体质点沿着流线运动，经过 $\mathrm{d}t$ 时间增量，质点产生沿着流线的位移 $\mathrm{d}s$，流体质点的速度将由 V 加速到 $V+\frac{\partial V}{\partial s}\mathrm{d}s$，于是该流体质点的动量变化率为

$$\rho\frac{\left(V+\frac{\partial V}{\partial s}\mathrm{d}s\right)-V}{\mathrm{d}t}=\rho\frac{\mathrm{d}s}{\mathrm{d}t}\frac{\partial V}{\partial s}=\rho V\frac{\partial V}{\partial s}$$

结合式(4.2.2)的合力，根据牛顿第二定律，可得

$$\rho V \frac{\partial V}{\partial s} = -\frac{\partial p}{\partial s} - \rho g \frac{\partial z}{\partial s} \tag{4.2.3}$$

方程(4.2.3)称为一维定常流动的欧拉方程，或者称为沿流线的欧拉方程。对该方程两边乘以 ds 可得

$$\frac{\partial p}{\partial s}\mathrm{d}s + \rho g \frac{\partial z}{\partial s}\mathrm{d}s + \rho V \frac{\partial V}{\partial s}\mathrm{d}s = 0 \tag{4.2.4}$$

因为 ds 为沿着流线的变化，所以

$$\frac{\partial p}{\partial s}\mathrm{d}s = \mathrm{d}p = \text{沿流线的压强变化}$$

$$\frac{\partial V}{\partial s}\mathrm{d}s = \mathrm{d}V = \text{沿着流线的速度变化}$$

$$\frac{\partial z}{\partial s}\mathrm{d}s = \mathrm{d}z = \text{沿着流线的高度变化}$$

于是方程(4.2.4)可表示为

$$\frac{\mathrm{d}p}{\rho} + V\mathrm{d}V + g\mathrm{d}z = 0 \tag{4.2.5}$$

注意，到目前分析为止，对流场中的密度变化并未限制。如果流场中密度是一个常数，那么可以对方程(4.2.5)沿着流线积分，可得

$$\frac{p}{\rho} + \frac{1}{2}V^2 + gz = \text{流线常数} \tag{4.2.6}$$

方程(4.2.6)为常密度、定常流中，沿流线成立、无黏性影响的伯努利方程。

定常流伯努利方程(4.2.6)是基于牛顿第二定律对流体质点沿着流线积分得到的。因此，伯努利方程应该是沿着流线的动量方程。然而，有趣的是，方程(4.2.6)中每一项量纲却是单位质量的能量或者功的量纲。其中，$1/2V^2$ 为单位质量的动能，gz 为单位质量的势能，p/ρ 来自 $\mathrm{d}p/\rho$ 沿流线的积分，物理含义是单位质量流体运动中抵抗压强变化所做的功。这表明，定常流动中，流体压强做功、流体动能以及流体势能，三者之和沿着流线为常数，称为伯努利原理。关于伯努利方程与能量守恒的关系，将在第 7 章管流中给予进一步讨论。

例题 4-4　如图 4.2.2 所示，水箱通过出口角度为 θ 的小孔排水。出口处水流速度的大

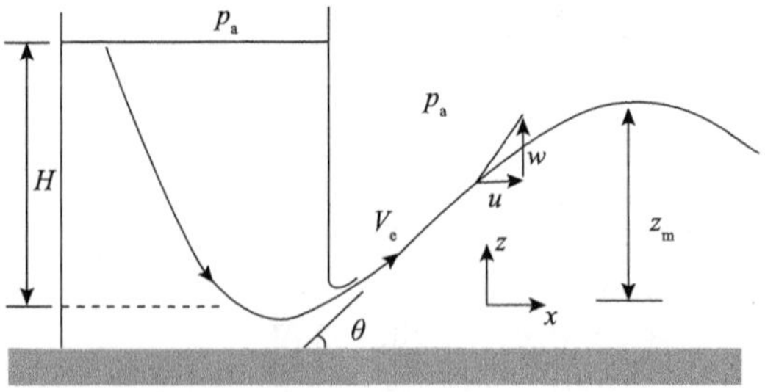

图 4.2.2　排水出口指向斜上方的水箱

小为$V_e = \sqrt{2gH}$。当射流进入空气时，速度的垂直分量w在重力作用下减小。在喷射轨迹的顶部，$w=0$，然后变为负值。当忽略空气摩擦时，流体速度的水平分量u在整个轨迹中保持恒定，因为重力是唯一作用力。求射流上升的最大高度z_m。

解　假设一条从出口开始沿着射流路径的流线。射流外部各处的压力均为大气压，因为射流上没有压力梯度(处于自由落体状态)，所以射流内部的压力也是大气压。假设没有损失，则

$$\frac{1}{2}V_e^2 = \frac{1}{2}V^2 + gz = c\text{，} \qquad c\text{为常数}$$

$V^2 = u^2 + w^2$，对于出口速度$V_e^2 = u_e^2 + w_e^2$。由于流体速度的水平分量保持恒定，即$u_e = u = c$(在该方向上没有力作用于流体)，则伯努利方程简化为

$$\frac{1}{2}w_e^2 = \frac{1}{2}w^2 + gz$$

在射流轨迹的最高点$z = z_m$，$w=0$，即$gz_m = \frac{1}{2}w_e^2$。

因为$w_e = V_e \sin\theta = \sqrt{2gH}\sin\theta$，则有

$$gz_m = \frac{1}{2}(2gH\sin^2\theta)$$

$$z_m = H\sin^2\theta$$

可以通过取极限来检验这个答案。当$\theta=90°$时，$z_m = H$；当$\theta=0°$时，$z_m = 0$，满足条件。

4.2.2　垂直流线流体的力的平衡

进一步考察常密度定常流中，垂直于流线方向流体力的平衡关系。如图 4.2.1 所示。假设流动无黏，作用于流体质点上的力只有重力和压力差，流体质点的重力为$\mathrm{d}W = \rho g\mathrm{d}n\mathrm{d}s\mathrm{d}x$，重力垂直流线方向的投影分量为

$$\mathrm{d}W_n = (-\cos\beta)\rho g\mathrm{d}n\mathrm{d}s\mathrm{d}x = -\rho g\frac{\partial z}{\partial n}\mathrm{d}n\mathrm{d}s\mathrm{d}x$$

作用于流体质点O垂直于流线方向的压力差记为$\mathrm{d}F_{pn}$，利用一阶泰勒展开可得

$$\mathrm{d}F_{pn} = \left(p_O - \left.\frac{\partial p}{\partial n}\right|_O \frac{\mathrm{d}n}{2}\right)\mathrm{d}s\mathrm{d}x - \left(p_O + \left.\frac{\partial p}{\partial n}\right|_O \frac{\mathrm{d}n}{2}\right)\mathrm{d}s\mathrm{d}x = -\left.\frac{\partial p}{\partial n}\right|_O \mathrm{d}n\mathrm{d}s\mathrm{d}x$$

于是，流线上单位体积流体受到的垂直于流线方向的合力为

$$F_n = \frac{\mathrm{d}W_n}{\mathrm{d}n\mathrm{d}s\mathrm{d}x} + \frac{\mathrm{d}F_{pn}}{\mathrm{d}n\mathrm{d}s\mathrm{d}x} = -\frac{\partial p}{\partial n} - \rho g \frac{\partial z}{\partial n} \tag{4.2.7}$$

这个合力将加速流体质点垂直于流线方向的运动，该流体质点的向心加速度为$-\frac{V^2}{R}$。式中，R为流线当地的曲率半径。于是，对于常密度流体，单位体积流体垂直于流线方向的动量变化率为$-\rho\frac{V^2}{R}$，根据牛顿第二定律和方程(4.2.7)，可得

$$\rho\frac{V^2}{R} = \frac{\partial p}{\partial n} + \rho g \frac{\partial z}{\partial n} \tag{4.2.8}$$

方程(4.2.8)为常密度、定常流中，无黏性影响、垂直于流线方向的流体动量方程。

由方程(4.2.8)可见，如果流线为直线，其曲率半径为无限大，则垂直于流线的压强变化完全取决于重力沿流线法线的分量。如果流线为直线，且重力可以忽略，那么垂直流线方向的压强为常数。

如果流线为曲线，那么与流线垂直方向的压力梯度产生向心加速度。也就是说，流线凸出外侧的流体压强大于内侧压强。流线曲率越大，内外压强差越大。某些文献称此规律为流线曲率定理。

4.3 流速变化与压强变化的关系

流体力学实际应用中的重要任务之一，是分析流场中流速的变化与局部压强的变化，进而指导流速或者压强的调控。伯努利方程提供了将流速与压强联系的最简单形式。

4.3.1 变截面一维管流再分析

考虑图 4.3.1 所示的管流，正如第 3 章所讨论的，选择大控制体如图 4.3.1 所示。流动为定常流，不考虑黏性导致的能量损失，流体密度为常数，管道入口和出口均为平行直线流动，根据 4.2.2 节的结论，如果忽略重力，则入口和出口管道截面压强为常数，沿着管道轴线这条流线应用伯努利方程，可得

$$p_1 - p_2 = \frac{1}{2}\rho({V_2}^2 - {V_1}^2) \tag{4.3.1}$$

进一步应用一维流动的连续方程，可得

$$A_1V_1 = A_2V_2 \tag{4.3.2}$$

显然，由连续方程可知，$A_2 < A_1$，$V_2 > V_1$，即管截面收缩，流速增大。

由伯努利方程(4.3.1)可知，$V_2 > V_1$，$p_2 < p_1$，即流速增大，压强减小。

上述分析和结论，称为伯努利原理。虽然是对简单的一维管流分析得出的，但是该结论对于实际复杂流动也具有指导意义。如带有天窗的汽车行驶时，汽车车顶流速高于车速，天窗外压强低于车内常压强，天窗外负压区有利于车内的空气被抽出。

根据积分形式连续方程和动量方程，再结合伯努利方程，三个方程联立可以解决相当一部分流体动力学问题。在 3.4.2 节，已经结合连续方程和动量方程，得到图 4.3.1 所示的收缩流管被固定在适当位置所需的力为

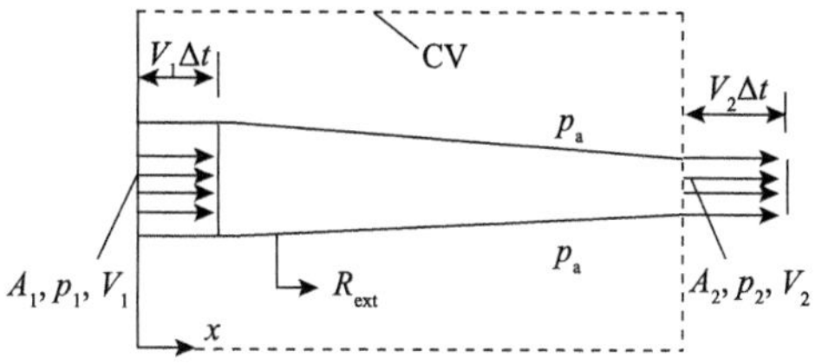

图 4.3.1　一维管状流动

$$F_D^x = R_{ext} = -(p_1A_1 - p_2A_2) + \rho_2A_2V_2^2 - \rho_1A_1V_1^2 \tag{4.3.3}$$

这里假设流管中的流体密度为常数，$\rho_1 = \rho_2 = \rho$，对于水平管道，$z_1 = z_2$，由伯努利方程可知

$$p_2 = p_1 + \frac{1}{2}\rho V_1^2 - \frac{1}{2}\rho V_2^2$$

利用连续方程(4.3.2)，上式可以表达为

$$p_2 = p_1 + \frac{1}{2}\rho V_1^2\left(1 - \frac{A_1^2}{A_2^2}\right) \tag{4.3.4}$$

将式(4.3.4)代入式(4.3.3)可得

$$F_D^x = p_1(A_2 - A_1) + \frac{1}{2}\rho V_1^2 A_2\left(1 - \frac{A_1^2}{A_2^2}\right) + \rho V_1^2 A_1\left(\frac{A_1}{A_2} - 1\right) \tag{4.3.5}$$

可见，根据伯努利方程，可以给出压强之间的联系。只要知道 A_1、A_2、V_1、p_1，即可得到固定流管的外力。

进一步，方程(4.3.5)两边除以$\frac{1}{2}\rho V_1^2 A_1$，可得

$$\frac{F_D^x}{\frac{1}{2}\rho V_1^2 A_1} = \frac{p_1}{\frac{1}{2}\rho V_1^2 A_1}(A_2 - A_1) + \frac{A_2}{A_1}\left(1 - \frac{A_1^2}{A_2^2}\right) + 2\left(\frac{A_1}{A_2} - 1\right) \tag{4.3.6}$$

这样方程两边都变为无量纲的形式，其中左边为无量纲力系数，在流体力学中经常对计算结果采用这种无量纲化表示形式。第 6 章将对量纲分析的一般要求进行介绍。

4.3.2　流动驻点和动压强

通过 4.3.1 节的讨论认识到，沿着流线流体速度的增大或减小，会引起压强的减小或增

大。对于流体绕过物体的流动，一般包围物面在边界层或分离区之外会形成流线，进而通过伯努利原理，可获得物面上压力变化的一般规律。其中最显著的特点就是流动驻点(stagnation point)及其驻点压强。

考虑常密度、二维定常流从远方沿着垂直于平板的方向水平流动，如图 4.3.2 所示。

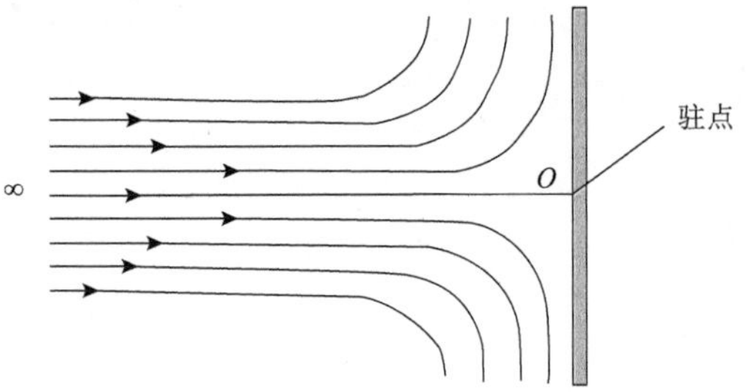

图 4.3.2 垂直于平板的水平流动

在该流动的流线图案中，观察到中间的∞-O 流线将其他流线对称地分为上下两部分：上部流线平行平板向上，下部流线向下。在中间的∞-O 流线上，流体向平板流动，但是到达板面后速度大小变为零，这是由于平板不可穿透。也就是流动在点 O 停驻，称该点为流动驻点。

不考虑黏性效应，沿着流线∞-O 应用伯努利方程，可得

$$p_\infty + \frac{1}{2}\rho V_\infty^2 + \rho g z_\infty = p_0 + \frac{1}{2}\rho V_0^2 + \rho g z_0$$

式中，∞ 为远方上游某点，由于是水平流动，$z_\infty = z_0$，由于 O 点为驻点，$V_0 = 0$，故有

$$p_0 = p_\infty + \frac{1}{2}\rho V_\infty^2 = \text{驻点压强} \tag{4.3.7}$$

这里，p_0 称为驻点压强，或称总压强，是在流场中流速为零的点测量得到的压强，其为流场压强的最大值。驻点压强等于远方来流中的静压强 p_∞ 与动压强 $1/2\rho V_\infty^2$ 之和。其中，动压强 $1/2\rho V_\infty^2$ 是由流体的流动产生的。需要说明的是，动压强实际上并不是某种真的压强，它的物理意义是由于流速增大而造成的压强下降。

一般参考远方来流的动压强 $1/2\rho V_\infty^2$，用无量纲形式的压强系数来表达流场中的压强分布，即

$$C_p \equiv \frac{p - p_\infty}{\frac{1}{2}\rho V_\infty^2} \tag{4.3.8}$$

在驻点处 $C_p = 1$，为压强系数最大值；在远方自由来流处 $C_p = 0$。

4.3.3 伯努利原理的简单实验

1. 一张 A4 纸的气流实验

任取一张 A4 纸，用右手的两个手指捏住短边一角后，把短边的另一角靠近右侧脸庞，然后用嘴沿着 A4 纸长边方向吹气，观察纸张的运动方向，并解释原因。

可以看到，当平行于纸面方向吹气时，纸张另外一个短边向左侧运动。如果吹气方向略向右侧，则会发现纸张运动方向不确定，忽右忽左。解释如下。

当平行纸面吹气时，纸面左侧气流的流线平行于纸面，可看作一维流动，纸面左侧流速大于纸面右侧流速，两侧气流在远离纸面的外部都趋近大气压强。根据伯努利方程，纸面左侧压强略小于右侧，因而左右压强差的合力指向左侧，推动纸张短边向左侧运动。

当吹气方向略向右侧时，则由于纸张对于气流的阻挡，气流速度在纸面中部会向左发生一定的偏转，形成平行纸面分量和垂直纸面流动分量的二维流动，流线不再平行于纸面。

沿着垂直于流线的方向应用流体动量方程(4.2.8)，参考图 4.2.1，在纸面上流线发生折转的部位，流线曲率中心在纸面左侧，根据流线曲率定理，压强垂直于纸面向右梯度增大，纸面中部左侧压强大于大气压强，形成对于纸面中部指向右侧的压力分量。

进一步，沿着流线应用伯努利方程，在流线远离折转部位，纸面左侧压强小于右侧压强，形成对于纸面远离中部向左侧的压力分量。整个纸面整体忽右忽左地运动，取决于纸面中部右侧压力和其他部位指向左侧压力的合力大小与指向。其敏感性取决于吹气速度的大小与吹气向右侧的偏移度。

2. 一只汤勺的水流实验

取一只汤勺，打开水龙头或者打开一瓶矿泉水，产生向下的慢水流，将汤勺凸面靠近水流，观察水流的流动方向，并解释原因。

可以观察到，水流一开始垂直向下流动，一旦接触到汤勺表面后，水流方向发生偏转，水流被吸引到勺子下面。其原因解释如下。

水是有黏性的，一旦水流接触汤勺表面，由于黏性作用，紧靠勺子的水质点黏附在勺子表面，形成与勺子凸面紧贴的极薄水流曲面边界层；边界层外水质点继续流动，并由于流动的连续性，边界层外部水流形成随着勺子凸面的曲线流线。根据流线曲率定理，水流凸面外部压强大于水流内部压强，该压强差能够进一步保持水流贴紧勺子表面，形成弯曲水流。这个效应的发现者是罗马尼亚发明家亨利·康达(Henri Coandă)。所以后人称为“康达效应”，也称为附壁作用。

康达效应机理：流体黏性是改变流动的起因，物体边界外凸是引导流向的必要条件，流线曲率导致压强梯度是保持流体紧贴凸面的充分条件。因此，康达效应表象是附壁作用，实质是曲率驱动。

第 5 章 物质导数与流体运动微分方程

第 3 章使用大控制体来寻找质量、动量和能量的整体平衡，而没有描述控制体内的具体流动行为。对于某些实际问题，这种大控制体分析法非常有用，如计算控制体内流体对物体施加的作用力问题。但是对于另外一些问题，需要对流动行为有更详细的了解，如航行器的性能在很大程度上取决于它的外形。例如，飞机的升力主要是由机翼上下表面之间的压力差产生的，而飞机的阻力主要来自流体和飞机表面之间的黏性摩擦。升力和阻力很大程度上取决于机翼和机身的形状，而控制体分析法不能具体指导如何设计这些形状。

第 4 章将牛顿第二定律应用于流体粒子沿流线的运动而推导出伯努利方程。在此基础上，可以利用伯努利原理来分析流场内速度和压力的分布，利用流线曲率定理解释机翼升力等自然现象。但它仅适用于没有黏性影响的定常不可压缩流动。

为了能够理解完整的流动行为，需要推导适用于流场内所有点运动方程的一般形式。将采用欧拉法描述流场，使用小控制体或流体单元分析法。从第一性原理出发推导连续性方程和动量方程，给出一组描述流体详细运动的微分方程。本章不考虑能量方程的微分形式。

为了分析的需要，首先引入物质导数，来表示欧拉体系中流体质点的速度、密度和压强变化率。

5.1 物质导数

3.1 节给出了流体力学中流体运动的两种描述方法。拉格朗日描述法跟随具有固定质量的流体质点，并用随体坐标(a,b,c)区分流体质点。欧拉描述法则采用场的观点，观察任意空间位置和任意时间全流场的运动，并不跟踪单个流体质点。

在流体力学中应用牛顿运动定律及其他守恒定律时，需要针对具有确定质量物质的物理量分析其变化，即流体质点的物理量随时间的变化率。例如，要求流体质点的加速度，它是流体质点速度随时间的变化率，这种伴随流体质点的物理量随时间的变化率称为物质导数(material derivative)，或随体导数(substantial derivative)，或质点导数(partial derivative)。它的本质是跟随流体质点运动观测质点物理量的时间变化率。

拉格朗日描述中，物理量 $\boldsymbol{f}(a,b,c,t)$ 与随体坐标(a,b,c)捆绑在一起，物质导数即随体物理量变化率，就是物理量对于时间的偏导数 $\partial \boldsymbol{f} / \partial t$，如速度是位移向量对时间的偏导数，见式(3.1.2)，加速度是速度向量对时间的偏导数，见式(3.1.3)。但是，用拉格朗日描述法求全流场的物质导数，就需要始终跟随全流场的流体质点，存储和计算量巨大。

在欧拉描述中，物理量表示为 $\boldsymbol{f} = \boldsymbol{F}(x, y, z, t)$。为了描述物质导数，这里的 $\boldsymbol{f}$ 取自同一流体质点，为方便分析，记其随体坐标为(a,b,c)，但是并非取自同一空间点。由于该流体质点是运动的，其瞬时欧拉坐标 (x, y, z) 也会因为时间不同而改变。注意到其随体坐标不变，

因此物理量 $\boldsymbol{f}=\boldsymbol{F}(x,y,z,t)$ 的物质导数是 4 个欧拉变量的关于时间的全导数，依照链式法则处理，即

$$
\begin{aligned}
\frac{\mathrm{D}\boldsymbol{F}(x,y,z,t)}{\mathrm{D}t} &= \frac{\mathrm{D}}{\mathrm{D}t}\boldsymbol{F}(x(a,b,c,t),y(a,b,c,t),z(a,b,c,t),t) \\
&= \frac{\partial \boldsymbol{F}}{\partial x}\frac{\partial x}{\partial t}+\frac{\partial \boldsymbol{F}}{\partial y}\frac{\partial y}{\partial t}+\frac{\partial \boldsymbol{F}}{\partial z}\frac{\partial z}{\partial t}+\frac{\partial \boldsymbol{F}}{\partial t} \\
&= \frac{\partial \boldsymbol{F}}{\partial x}u+\frac{\partial \boldsymbol{F}}{\partial y}v+\frac{\partial \boldsymbol{F}}{\partial z}w+\frac{\partial \boldsymbol{F}}{\partial t} \\
&= (\boldsymbol{V}\cdot\nabla)\boldsymbol{F}+\frac{\partial \boldsymbol{F}}{\partial t}
\end{aligned}
\tag{5.1.1}
$$

式中，$\dfrac{\mathrm{D}\boldsymbol{F}}{\mathrm{D}t}$ 表示物质导数，它由两项导数之和组成：一项是 $\dfrac{\partial \boldsymbol{F}}{\partial t}$，表示欧拉坐标 (x,y,z) 不变时，在该空间点处对应物理量的时间变化率，称为局部导数，它是由物理量的不定常性造成的，如果流场中流速、压强或密度关于时间的偏导数不等于零，则流动非定常，对于定常场，该项为零；另一项 $(\boldsymbol{V}\cdot\nabla)\boldsymbol{F}$ 称为位变导数，表示在同一时刻，由于空间位置的变化而引起的物理量的变化，反映了流场的不均匀性。

任何流体质点的物理量，无论是标量还是向量，其物质导数都类似于式(5.1.1)。因此，物质导数成为流体力学中最为重要的基本公式：

$$
\frac{\mathrm{D}}{\mathrm{D}t}=\frac{\partial}{\partial t}+(\boldsymbol{V}\cdot\nabla) \tag{5.1.2}
$$

需要注意的是，$(\boldsymbol{V}\cdot\nabla)$ 不等于两个向量的点乘，更不能更换前后顺序写成 $(\nabla\cdot\boldsymbol{V})$，两者是完全不同的含义。所以，在直角坐标系中，物质导数最清楚地表示为

$$
\frac{\mathrm{D}}{\mathrm{D}t}=\frac{\partial}{\partial t}+u\frac{\partial}{\partial x}+v\frac{\partial}{\partial y}+w\frac{\partial}{\partial z} \tag{5.1.3}
$$

举两个例子，进一步说明物质导数的含义与应用。

第一个是流体密度的物质导数，用欧拉描述法，流体的密度可写为 $\rho=\rho(x,y,z,t)$，当跟踪某一个选定的流体质点时，组成该质点的物质分子不变，故该质点具有不变的质量，但是其在流场中运动，由于流场压强或者温度的变化，该质点可能占据不同的体积，因而具有不同的密度，分析该流体质点在流动过程中其密度的变化率时，就需要用密度的物质导数：

$$
\frac{\mathrm{D}\rho}{\mathrm{D}t}=\frac{\partial \rho}{\partial t}+u\frac{\partial \rho}{\partial x}+v\frac{\partial \rho}{\partial y}+w\frac{\partial \rho}{\partial z} \tag{5.1.4}
$$

第二个例子是流体的加速度，用欧拉描述法，流体的速度场可写为

$$
\boldsymbol{V}=u(x,y,z,t)\boldsymbol{i}+v(x,y,z,t)\boldsymbol{j}+w(x,y,z,t)\boldsymbol{k}
$$

加速度是指流体质点速度的变化率，即跟踪某一个选定的流体质点，分析其在流场中的运动时，其速度的变化率，就是速度的物质导数为

$$\frac{\mathrm{D}\boldsymbol{V}}{\mathrm{D}t}=\frac{\partial \boldsymbol{V}}{\partial t}+u\frac{\partial \boldsymbol{V}}{\partial x}+v\frac{\partial \boldsymbol{V}}{\partial y}+w\frac{\partial \boldsymbol{V}}{\partial z} \tag{5.1.5}$$

逐项分析：

$$\begin{aligned}\frac{\partial \boldsymbol{V}}{\partial t}&=\frac{\partial u}{\partial t}\boldsymbol{i}+\frac{\partial v}{\partial t}\boldsymbol{j}+\frac{\partial w}{\partial t}\boldsymbol{k}+u\frac{\partial \boldsymbol{i}}{\partial t}+v\frac{\partial \boldsymbol{j}}{\partial t}+w\frac{\partial \boldsymbol{k}}{\partial t}\\&=\frac{\partial u}{\partial t}\boldsymbol{i}+\frac{\partial v}{\partial t}\boldsymbol{j}+\frac{\partial w}{\partial t}\boldsymbol{k}\end{aligned} \tag{5.1.6}$$

注意到直角坐标系三个坐标轴的单位向量不随时间变化。与此类似，进一步注意三个坐标轴的单位向量也是不随空间变化的，因此有

$$\begin{aligned}\frac{\partial \boldsymbol{V}}{\partial x}&=\frac{\partial u}{\partial x}\boldsymbol{i}+\frac{\partial v}{\partial x}\boldsymbol{j}+\frac{\partial w}{\partial x}\boldsymbol{k}\\\frac{\partial \boldsymbol{V}}{\partial y}&=\frac{\partial u}{\partial y}\boldsymbol{i}+\frac{\partial v}{\partial y}\boldsymbol{j}+\frac{\partial w}{\partial y}\boldsymbol{k}\\\frac{\partial \boldsymbol{V}}{\partial z}&=\frac{\partial u}{\partial z}\boldsymbol{i}+\frac{\partial v}{\partial z}\boldsymbol{j}+\frac{\partial w}{\partial z}\boldsymbol{k}\end{aligned} \tag{5.1.7}$$

所以流体质点的加速度为

$$\begin{aligned}\frac{\mathrm{D}\boldsymbol{V}}{\mathrm{D}t}=&\left(\frac{\partial u}{\partial t}+u\frac{\partial u}{\partial x}+v\frac{\partial u}{\partial y}+w\frac{\partial u}{\partial z}\right)\boldsymbol{i}+\left(\frac{\partial v}{\partial t}+u\frac{\partial v}{\partial x}+v\frac{\partial v}{\partial y}+w\frac{\partial v}{\partial z}\right)\boldsymbol{j}\\&+\left(\frac{\partial w}{\partial t}+u\frac{\partial w}{\partial x}+v\frac{\partial w}{\partial y}+w\frac{\partial w}{\partial z}\right)\boldsymbol{k}\end{aligned} \tag{5.1.8}$$

从式(3.1.3)和式(5.1.8)可以看出，加速度的概念用拉格朗日描述法很容易理解，但用欧拉描述法，就复杂得多。不仅从形式上项数增多，从左端一项质点速度的时间导数，变成了十二项时空的偏导数，而且右端对流导数都是非线性项。正如 5.3 节要介绍的流体力学中著名难题纳维-斯托克斯方程，其求解的困难就源于这些非线性项。

例题 5-1　给定直角坐标系中欧拉速度场 $\boldsymbol{V}=2t\boldsymbol{i}+xz\boldsymbol{j}-t^2y\boldsymbol{k}$，求流体质点的加速度。

解　需要找到速度 $\boldsymbol{V}$ 的质点导数，即

$$\frac{\mathrm{D}\boldsymbol{V}}{\mathrm{D}t}=\frac{\partial \boldsymbol{V}}{\partial t}+u\frac{\partial \boldsymbol{V}}{\partial x}+v\frac{\partial \boldsymbol{V}}{\partial y}+w\frac{\partial \boldsymbol{V}}{\partial z}$$

对于这个特定的速度场，有

$$\frac{\partial \boldsymbol{V}}{\partial t}=\frac{\partial(2t)}{\partial t}\boldsymbol{i}+\frac{\partial(xz)}{\partial t}\boldsymbol{j}+\frac{\partial(-t^2y)}{\partial t}\boldsymbol{k}=2\boldsymbol{i}+0-2ty\boldsymbol{k}$$

$$u\frac{\partial \boldsymbol{V}}{\partial x}=2t\left[\frac{\partial(2t)}{\partial x}\boldsymbol{i}+\frac{\partial(xz)}{\partial x}\boldsymbol{j}+\frac{\partial(-t^2y)}{\partial x}\boldsymbol{k}\right]=2t[0+z\boldsymbol{j}-0]=2tz\boldsymbol{j}$$

$$v\frac{\partial \boldsymbol{V}}{\partial y}=xz\left[\frac{\partial(2t)}{\partial y}\boldsymbol{i}+\frac{\partial(xz)}{\partial y}\boldsymbol{j}+\frac{\partial(-t^2y)}{\partial y}\boldsymbol{k}\right]=xz\left[0+0-t^2\boldsymbol{k}\right]=-xzt^2\boldsymbol{k}$$

$$w\frac{\partial \boldsymbol{V}}{\partial z}=-t^2y\left[\frac{\partial(2t)}{\partial z}\boldsymbol{i}+\frac{\partial(xz)}{\partial z}\boldsymbol{j}+\frac{\partial(-t^2y)}{\partial z}\boldsymbol{k}\right]=-t^2y[0+x\boldsymbol{j}-0]=-xyt^2\boldsymbol{j}$$

最终：

$$\frac{\mathrm{D}\boldsymbol{V}}{\mathrm{D}t}=2\boldsymbol{i}-2ty\boldsymbol{k}+2tz\boldsymbol{j}-xzt^2\boldsymbol{k}-xyt^2\boldsymbol{j}=2\boldsymbol{i}+(2tz-xyt^2)\boldsymbol{j}-(2ty+xzt^2)\boldsymbol{k}$$

5.2　流体微分形式的连续方程

在直角坐标系下，采用欧拉观点，推导微分形式的连续性方程。如图 5.2.1 所示，在流场中任取六面体型小控制体，即微小流体体积单元 $\mathrm{d}x\mathrm{d}y\mathrm{d}z$ 。根据质量守恒定律，小控制体中所含流体质量的变化率，加上流出小控制体的质量的净速率必须为零。将通过对控制体六个面流出质量求和，从而获得小控制体的净质量流出流量。

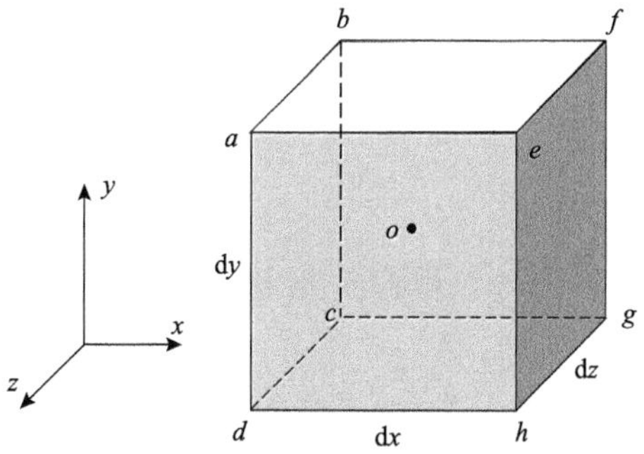

图 5.2.1　控制体示意图

如图 5.2.1 所示，从面 *abcd* 和面 *efgh* 开始，它们的面积为 $\mathrm{d}A=\mathrm{d}y\mathrm{d}z$ 。在一个短时间间隔 Δt 内，通过面 *abcd* 流入控制体的质量为

$$\Delta M_{abcd}=(\rho u\mathrm{d}A)_{abcd}\Delta t=\left(\rho_o-\frac{\partial\rho}{\partial x}\bigg|_o\frac{\mathrm{d}x}{2}\right)\left(u_o-\frac{\partial u}{\partial x}\bigg|_o\frac{\mathrm{d}x}{2}\right)\mathrm{d}y\mathrm{d}z\Delta t$$
$$=\left(\rho_ou_o-u_o\frac{\partial\rho}{\partial x}\bigg|_o\frac{\mathrm{d}x}{2}-\rho_o\frac{\partial u}{\partial x}\bigg|_o\frac{\mathrm{d}x}{2}\right)\mathrm{d}y\mathrm{d}z\Delta t$$

关于小控制体的体积中心点 *o* 点，应用一阶泰勒级数展开，并舍弃高阶项。类似可得，通过面 *efgh* 流出控制体的质量为

$$\Delta M_{efgh}=(\rho u\mathrm{d}A)_{efgh}\Delta t=\left(\rho_o+\frac{\partial\rho}{\partial x}\bigg|_o\frac{\mathrm{d}x}{2}\right)\left(u_o+\frac{\partial u}{\partial x}\bigg|_o\frac{\mathrm{d}x}{2}\right)\mathrm{d}y\mathrm{d}z\Delta t$$
$$=\left(\rho_ou_o+u_o\frac{\partial\rho}{\partial x}\bigg|_o\frac{\mathrm{d}x}{2}+\rho_o\frac{\partial u}{\partial x}\bigg|_o\frac{\mathrm{d}x}{2}\right)\mathrm{d}y\mathrm{d}z\Delta t$$

于是，单位时间内通过面 *abcd* 和面 *efgh* 的净质量流出率为

$$\left(u_o\frac{\partial\rho}{\partial x}\bigg|_o+\rho_o\frac{\partial u}{\partial x}\bigg|_o\right)\mathrm{d}x\mathrm{d}y\mathrm{d}z=\frac{\partial(\rho u)}{\partial x}\bigg|_o\mathrm{d}x\mathrm{d}y\mathrm{d}z$$

类似可得，通过面 *cdhg* 和面 *abfe* 的净质量流出率为

$$\frac{\partial(\rho v)}{\partial y}\bigg|_o\mathrm{d}x\mathrm{d}y\mathrm{d}z$$

通过面 *dhea* 和面 *cgfb* 的净质量流出率为

$$\left.\frac{\partial(\rho w)}{\partial z}\right|_o \mathrm{d}x\mathrm{d}y\mathrm{d}z$$

通过对六个面的质量流出率求和，可以求出小控制体的总净质量流出率为

$$\left[\frac{\partial(\rho u)}{\partial x}+\frac{\partial(\rho v)}{\partial y}+\frac{\partial(\rho w)}{\partial z}\right]\mathrm{d}x\mathrm{d}y\mathrm{d}z$$

这里已经将下角标 o 去掉。因为小控制体是任意选取的，该净质量流出必然等于该时间段内小控制体内的质量减小量。注意到，根据欧拉观点，小控制体的位置和大小不变。Δt 时段内小控制体的质量减小量为

$$-\mathrm{d}x\mathrm{d}y\mathrm{d}z\frac{\partial \rho}{\partial t}\Delta t$$

于是，根据质量守恒要求，有

$$\Delta t\left[\frac{\partial(\rho u)}{\partial x}+\frac{\partial(\rho v)}{\partial y}+\frac{\partial(\rho w)}{\partial z}\right]\mathrm{d}x\mathrm{d}y\mathrm{d}z=-\mathrm{d}x\mathrm{d}y\mathrm{d}z\frac{\partial \rho}{\partial t}\Delta t$$

因此，得到直角坐标系下的微分形式连续方程：

$$\frac{\partial(\rho u)}{\partial x}+\frac{\partial(\rho v)}{\partial y}+\frac{\partial(\rho w)}{\partial z}=-\frac{\partial \rho}{\partial t} \tag{5.2.1}$$

写成向量形式为

$$\nabla\cdot(\rho \boldsymbol{V})=-\frac{\partial \rho}{\partial t} \tag{5.2.2}$$

展开式(5.2.1)左端，可得

$$u\frac{\partial \rho}{\partial x}+v\frac{\partial \rho}{\partial y}+w\frac{\partial \rho}{\partial z}+\rho\frac{\partial u}{\partial x}+\rho\frac{\partial v}{\partial y}+\rho\frac{\partial w}{\partial z}=-\frac{\partial \rho}{\partial t}$$

利用密度的物质导数表达式，可得

$$\frac{\partial u}{\partial x}+\frac{\partial v}{\partial y}+\frac{\partial w}{\partial z}=-\frac{1}{\rho}\frac{\mathrm{D}\rho}{\mathrm{D}t} \tag{5.2.3}$$

写成向量形式：

$$\nabla\cdot\boldsymbol{V}=-\frac{1}{\rho}\frac{\mathrm{D}\rho}{\mathrm{D}t} \tag{5.2.4}$$

方程(5.2.2)和方程(5.2.4)是连续方程的不同表示形式，由于写成了向量形式，它们与坐

标系的选择无关。

这里 $\dfrac{\mathrm{D}\rho}{\mathrm{D}t}$ 是指跟随流体质点运动时其密度的变化率。速度散度 $\nabla\cdot\boldsymbol{V}$ 也称为膨胀率，$\nabla\cdot\boldsymbol{V}>0$ 体积膨胀，反之体积收缩。在此引进不可压流体的定义：不可压流体，是指跟随流体质点运动，其密度不变，即流场密度的物质导数为零，或者流场的速度散度为零。

由不可压流体的定义，当流体密度为常数时，流体显然是不可压缩的。但是变密度流体，只要 $\dfrac{\mathrm{D}\rho}{\mathrm{D}t}=0$，也有可能是不可压缩的。一个典型的例子是密度分层液体，海洋中存在盐度梯度，使海水的密度随深度而变化，但是分层流体是不可压的。

5.3　流体微分形式的动量方程

本节在直角坐标系下推导流体微分形式的动量方程。当假设流体无黏时，流体微分形式的动量方程称为欧拉方程。当考虑流体的黏性时，流体微分形式的动量方程称为纳维-斯托克斯方程(Navier-Stokes equation)。

5.3.1　欧拉方程

在直角坐标系下，采用欧拉观点，推导微分形式的动量方程。如图 5.3.1 所示，在流场中任取一个无穷小六面体型控制体，即微小流体体积单元 $\mathrm{d}x\mathrm{d}y\mathrm{d}z$。流体通过六个表面进出控制体，任意时刻占据该控制体的流体质点受到表面力和体积力的作用。这里表面力仅考虑压强差，体积力仅考虑重力作用。这里，体积单元 $\mathrm{d}y\mathrm{d}z$ 与 5.2 节推导连续方程时类似。如图 5.3.1 所示，仅仅展示其中一个表面，并且该表面与重力向量方向存在某一夹角。

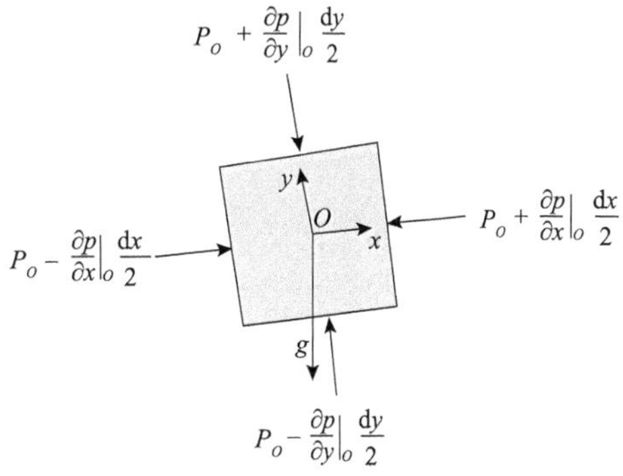

图 5.3.1　控制体的 xOy 面示意图

对重力加速度进行如下形式的分解：

$$\boldsymbol{g}=g_x\boldsymbol{i}+g_y\boldsymbol{j}+g_z\boldsymbol{k}$$

式中，g_x、g_y、g_z 分别是重力加速度在 x、y、z 三个坐标轴方向的分量。

控制体中流体受到 x 方向的外力主要来自两方面贡献：一是作用于面积为 $\mathrm{d}y\mathrm{d}z$ 的两个表面的压力差；另一个是控制体中流体受到的重力在 x 轴方向的分量。利用关于小控制体中心 O 的一阶泰勒级数展开，可得

$$\begin{aligned}F_x&=\left(p_O-\frac{\partial p}{\partial x}\bigg|_O\frac{\mathrm{d}x}{2}\right)\mathrm{d}y\mathrm{d}z-\left(p_O+\frac{\partial p}{\partial x}\bigg|_O\frac{\mathrm{d}x}{2}\right)\mathrm{d}y\mathrm{d}z+\rho_O g_x\mathrm{d}x\mathrm{d}y\mathrm{d}z\\&=-\frac{\partial p}{\partial x}\bigg|_O\mathrm{d}x\mathrm{d}y\mathrm{d}z+\rho_O g_x\mathrm{d}x\mathrm{d}y\mathrm{d}z\end{aligned}$$

同理，可得F_y和F_z：

$$F_y = -\left.\frac{\partial p}{\partial y}\right|_O \mathrm{d}x\mathrm{d}y\mathrm{d}z + \rho_O g_y \mathrm{d}x\mathrm{d}y\mathrm{d}z$$

$$F_z = -\left.\frac{\partial p}{\partial z}\right|_O \mathrm{d}x\mathrm{d}y\mathrm{d}z + \rho_O g_z \mathrm{d}x\mathrm{d}y\mathrm{d}z$$

于是，得到小控制体中流体的总外力向量为

$$\begin{aligned}\boldsymbol{F} &= F_x\boldsymbol{i} + F_y\boldsymbol{j} + F_z\boldsymbol{k} \\ &= -\left(\frac{\partial p}{\partial x}\boldsymbol{i} + \frac{\partial p}{\partial y}\boldsymbol{j} + \frac{\partial p}{\partial z}\boldsymbol{k}\right)\mathrm{d}x\mathrm{d}y\mathrm{d}z + (g_x\boldsymbol{i} + g_y\boldsymbol{j} + g_z\boldsymbol{k})\mathrm{d}x\mathrm{d}y\mathrm{d}z\end{aligned}$$

在上式中去掉了下角标O，这是由于控制体在流场中是任取的。利用梯度算子，小控制体中流体的总外力可以表示为

$$\boldsymbol{F} = (-\nabla p + \rho\boldsymbol{g})\mathrm{d}x\mathrm{d}y\mathrm{d}z$$

根据牛顿第二定律，小控制体中流体的总外力向量等于小控制体中所含有流体质点动量的变化率，而根据欧拉观点，流体质点的加速度为$\dfrac{\mathrm{D}\boldsymbol{V}}{\mathrm{D}t}$。所以有

$$\{\text{小控制体中流体质点动量的变化率}\} = \rho\mathrm{d}x\mathrm{d}y\mathrm{d}z\frac{\mathrm{D}\boldsymbol{V}}{\mathrm{D}t}$$

于是，得到无黏流体微分形式的动量方程的向量形式：

$$\rho\frac{\mathrm{D}\boldsymbol{V}}{\mathrm{D}t} = -\nabla p + \rho\boldsymbol{g} \tag{5.3.1}$$

式(5.3.1)表明，无黏流体中任意流体质点的惯性力等于作用于流体质点的压强差与重力的向量合力。该方程最早于 1755 年，由瑞士数学家莱昂哈德·欧拉(Leonhard Euler)推导给出，故称为欧拉方程。

欧拉方程写成直角坐标系中的分量形式：

$$\frac{\partial u}{\partial t} + u\frac{\partial u}{\partial x} + v\frac{\partial u}{\partial y} + w\frac{\partial u}{\partial z} = -\frac{1}{\rho}\frac{\partial p}{\partial x} - g_x \tag{5.3.2}$$

$$\frac{\partial v}{\partial t} + u\frac{\partial v}{\partial x} + v\frac{\partial v}{\partial y} + w\frac{\partial v}{\partial z} = -\frac{1}{\rho}\frac{\partial p}{\partial y} - g_y \tag{5.3.3}$$

$$\frac{\partial w}{\partial t} + u\frac{\partial w}{\partial x} + v\frac{\partial w}{\partial y} + w\frac{\partial w}{\partial z} = -\frac{1}{\rho}\frac{\partial p}{\partial z} - g_z \tag{5.3.4}$$

欧拉方程既适用于可压缩流体，也适用于不可压缩流体。对于定常流动，在流线坐标系下，欧拉方程表示为

$$\rho V\frac{\partial V}{\partial s}=-\frac{\partial p}{\partial s}-\rho g\frac{\partial z}{\partial s} \tag{5.3.5}$$

$$\rho\frac{V^2}{R}=\frac{\partial p}{\partial n}+\rho g\frac{\partial z}{\partial n} \tag{5.3.6}$$

详见第 4 章中式(4.2.3)与式(4.2.8)的推导分析。

例题 5-2　求出无黏流体在压力梯度 $\nabla p=x^2\boldsymbol{i}+2z\boldsymbol{j}$ 作用下加速度的 x 分量。其中，x 方向是水平的。

解　无黏流体的流动用欧拉方程(5.3.1)来描述，也就是说：

$$\rho\frac{\mathrm{D}\boldsymbol{V}}{\mathrm{D}t}=-\nabla p+\rho\boldsymbol{g}$$

用单位向量 $\boldsymbol{i}$ 形成点积来得到 x 分量，因此

$$\rho\frac{\mathrm{D}(\boldsymbol{i}\cdot\boldsymbol{V})}{\mathrm{D}t}=-\boldsymbol{i}\cdot\nabla p+\boldsymbol{i}\cdot\rho\boldsymbol{g}$$

$$\frac{\mathrm{D}\boldsymbol{u}}{\mathrm{D}t}=-\frac{1}{\rho}\frac{\partial p}{\partial x}+0$$

对于这里给出的流场，加速度的 x 分量为

$$\frac{\mathrm{D}\boldsymbol{u}}{\mathrm{D}t}=-\frac{1}{\rho}\frac{\partial x^2}{\partial x}=-\frac{2x}{\rho}$$

5.3.2　纳维-斯托克斯方程

现在考虑牛顿黏性流体的动量方程。第 1 章中分析指出，牛顿流体的黏性应力由黏性系数乘以速度梯度给出。需要说明的是，严格意义上这只适用于不可压缩流体。

为简单起见，如图 5.3.2 所示，考虑唯一的速度梯度是 $\frac{\partial u}{\partial y}$，即 x 方向速度分量关于 y 轴方向的梯度，因此某时刻，作用于小控制体 dxdydz 中流体的唯一切应力为 $\tau_{yx}=\mu\frac{\partial u}{\partial y}$。其中，下标 yx 表示与 y 方向上的速度梯度有关的沿着 x 方向上的应力。

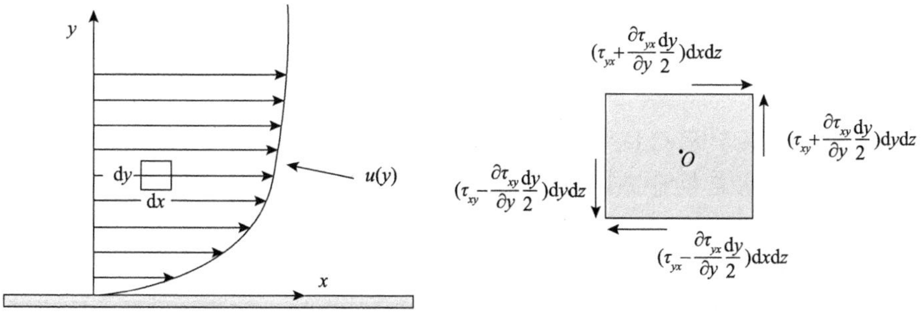

图 5.3.2　控制体示意图

那么，使用一阶泰勒级数展开，作用于小控制体中流体的黏性剪切合力为

$$F_{vx}=\left(\tau_{yx}+\frac{\partial\tau_{yx}}{\partial y}\bigg|_{O}\frac{\mathrm{d}y}{2}\right)\mathrm{d}x\mathrm{d}z-\left(\tau_{yx}-\frac{\partial\tau_{yx}}{\partial y}\bigg|_{O}\frac{\mathrm{d}y}{2}\right)\mathrm{d}x\mathrm{d}z$$
$$=\frac{\partial\tau_{yx}}{\partial y}\mathrm{d}x\mathrm{d}y\mathrm{d}z=\frac{\partial}{\partial y}\left(\mu\frac{\partial u}{\partial y}\right)\mathrm{d}x\mathrm{d}y\mathrm{d}z$$

这个结果是针对 $\frac{\partial u}{\partial y}$ 是唯一的速度梯度且动力黏性系数 μ 是常数的情况，那么 x 方向上每单位体积的黏性摩擦力的合力为

$$\frac{F_{vx}}{\mathrm{d}x\mathrm{d}y\mathrm{d}z}=\frac{\partial\tau_{yx}}{\partial y}=\mu\frac{\partial^2 u}{\partial y^2}$$

这个摩擦力与切应力 τ_{yx} 的梯度成正比。如果切应力在整个流场中均匀一致，虽然流体质点发生剪切变形，但流场中却不会产生黏性摩擦合力。换句话说，流场中必须存在黏性应力梯度，黏性才能对流体质点的加速运动产生贡献。

第 1 章分析指出，由于流体拉伸应变率而产生的正应力也会导致黏性应力。类似于前面分析假设 $\frac{\partial u}{\partial y}$ 是唯一的速度梯度，此处假设流场仅存在 $\frac{\partial u}{\partial x}$ 的速度梯度，动力黏性系数 μ 是常数，那么 x 方向上每单位体积的黏性正应力的合力为

$$\frac{F_{vx}}{\mathrm{d}x\mathrm{d}y\mathrm{d}z}=\frac{\partial\tau_{xx}}{\partial x}=\mu\frac{\partial^2 u}{\partial x^2}$$

式中，应力的下角标 xx 表示与 x 方向上的速度梯度有关的沿着 x 方向上的应力。

对于各方向都存在速度梯度的一般情况，x 方向上每单位体积的黏性应力为

$$\frac{F_{vx}}{\mathrm{d}x\mathrm{d}y\mathrm{d}z}=\frac{\partial\tau_{xx}}{\partial x}+\frac{\partial\tau_{yx}}{\partial y}+\frac{\partial\tau_{zx}}{\partial z}=\mu\left(\frac{\partial^2 u}{\partial x^2}+\frac{\partial^2 u}{\partial y^2}+\frac{\partial^2 u}{\partial z^2}\right)=\mu\nabla^2 u$$

式中，∇^2 表示拉普拉斯算子。于是单位体积流体上的黏性作用合力为 $\mu\nabla^2 u$，将该作用合力直接加到欧拉方程右端，即可得到牛顿黏性流体的微分形式动量方程：

$$\rho\frac{\mathrm{D}\boldsymbol{V}}{\mathrm{D}t}=-\nabla p+\rho\boldsymbol{g}+\mu\nabla^2\boldsymbol{V} \tag{5.3.7}$$

这个方程是法国科学家 C.L.M.H.纳维于 1821 年和英国物理学家 G.G.斯托克斯于 1845 年分别建立的，故名纳维-斯托克斯方程。

欧拉方程和纳维-斯托克斯方程都是非线性偏微分方程，且都不存在通解。这两个方程求解困难的主要来源是非线性加速度这一项。方程的解析解只在特殊条件下存在。如第 9 章中讨论的不可压缩无旋流，第 7 章讨论的充分发展的管内流，其完全发展的加速度项为零，

或者加速度项与黏性项相比很小的斯托克斯流动。

其他情况必须采用数值技术解决，实际上，只要飞机不是机动得太快，现在已经可以解决整个飞机在跨声速马赫数下欧拉方程的求解问题。然而，当考虑黏性效应时，数值解需要更多的计算机内存和计算速度。完整的纳维-斯托克斯方程数值求解，仅限于较低的雷诺数问题，即不大于层流过渡到湍流的雷诺数值。

例题 5-3　考虑黏性流体在一个高度为 $2h$ 的水平长管道中稳定流动，其中 $\boldsymbol{V}=\left[1-\left(\dfrac{y}{h}\right)^2\right]\boldsymbol{i}$，求相应的压力梯度。

解　黏性流体的流动用纳维-斯托克斯方程(5.3.7)来描述，即

$$\rho\frac{\mathrm{D}\boldsymbol{V}}{\mathrm{D}t}=-\nabla p+\rho\boldsymbol{g}+\mu\nabla^2\boldsymbol{V}$$

这种特定流的加速度由下式给出：

$$\frac{\mathrm{D}\boldsymbol{V}}{\mathrm{D}t}=\frac{\mathrm{D}}{\mathrm{D}t}\left[1-\left(\frac{y}{h}\right)^2\right]\boldsymbol{i}=0$$

由于管道是水平的，纳维-斯托克斯方程简化为

$$0=-\nabla p+\mu\nabla^2\boldsymbol{V}$$

黏性项变成了

$$\begin{aligned}\mu\nabla^2\boldsymbol{V}&=\mu\nabla^2\left[1-\left(\frac{y}{h}\right)^2\right]\boldsymbol{i}\\&=\mu\left(\frac{\partial^2}{\partial x^2}+\frac{\partial^2}{\partial y^2}+\frac{\partial^2}{\partial z^2}\right)\left[1-\left(\frac{y}{h}\right)^2\right]\boldsymbol{i}=-\frac{2\mu}{h^2}\boldsymbol{i}\end{aligned}$$

因此，有

$$\nabla p=-\frac{2\mu}{h^2}\boldsymbol{i}$$

压力梯度只作用于 x 方向，所以有

$$\frac{\partial p}{\partial x}=\frac{\mathrm{d}p}{\mathrm{d}x}=-\frac{2\mu}{h^2}$$

可以看到压力在流线方向线性下降。这是一个完全发展的流动的例子，其中速度剖面不在流动方向上变化，并且加速度项趋于零。

5.3.3 流动的固体边界条件

流体力学主要研究流体的运动及其与固体壁面的相互作用。一旦指定了流场的边界条件和初始条件，流体的运动微分方程定解问题就完整了。在这里，将仅考虑由于流场中存在固体而引入的边界条件。

纳维-斯托克斯方程中包含黏性应力，因此必须满足壁面无滑移条件。无滑移条件是指与固体表面接触的流体运动速度$\boldsymbol{V}$与固体表面运动速度$\boldsymbol{V}_{\mathrm{W}}$之间没有相对速度，即在壁面上：

$$\boldsymbol{V}=\boldsymbol{V}_{\mathrm{W}} \tag{5.3.8}$$

欧拉方程中不包含黏性应力，因此无黏流动不能满足与纳维-斯托克斯方程相同的边界条件。特别地，它无法满足无滑移条件，允许发生滑移。但是必须保证没有流体穿透进入固体内部的条件，垂直于固体表面的流体速度分量与固体法向速度之间的相对速度必须仍然为零。欧拉方程在固体壁面上的无穿透边界条件为

$$\boldsymbol{n}\cdot\boldsymbol{V}=\boldsymbol{n}\cdot\boldsymbol{V}_{\mathrm{W}} \tag{5.3.9}$$

5.4 从动力学方程分析流体静力学

本章已经讨论完流体微分形式的运动方程，再从动力学的视角分析第 2 章讨论过的流体静力学。

所谓流体静力学，是指流体中任何流体质点之间没有相对运动。除了流体系统相对惯性坐标系绝对静止或者匀速运动情况之外，如果整个流体系统以加速度$\boldsymbol{a}=(a_x\boldsymbol{i}+a_y\boldsymbol{j}+a_z\boldsymbol{k})$运动，其中的流体质点之间也没有相对运动，称其为流体的刚体运动。因为所有的流体质点以相同的加速度运动，所以$\mathrm{D}\boldsymbol{V}/\mathrm{D}t=\boldsymbol{a}$。同时，刚体运动的流体质点之间没有相对运动，黏性不起作用，动量方程成为特殊形式：

$$\rho\boldsymbol{a}=-\nabla p+\rho\boldsymbol{g} \tag{5.4.1}$$

考虑加速度的特殊情况：$a_y=0$，于是流动为x-z平面的二维流动，重力加速度沿着z轴负向$\boldsymbol{g}=-g\boldsymbol{k}$，这时动量方程成为

$$\rho a_x\boldsymbol{i}+a_z\boldsymbol{k}=-\frac{\partial p}{\partial x}\boldsymbol{i}-\frac{\partial p}{\partial z}\boldsymbol{k}-\rho g\boldsymbol{k}$$

对于z方向，有

$$\frac{\partial p}{\partial z}=-\rho(g+a_z) \tag{5.4.2}$$

对于x方向，有

$$\frac{\partial p}{\partial x} = -\rho a_x \tag{5.4.3}$$

方程(5.4.2)与方程(5.4.3)分别与第 2 章刚体的水平加速与垂直加速运动流体静力学方程一致。

如果流体系统加速度为零，$\boldsymbol{a} = a_x\boldsymbol{i} + a_y\boldsymbol{j} + a_z\boldsymbol{k} = 0$，那么方程(5.4.2)与方程(5.4.3)退化为

$$\frac{\partial p}{\partial z} = \frac{\mathrm{d}p}{\mathrm{d}z} - \rho g \tag{5.4.4}$$

可见，流体静力学是流体动量方程在特殊加速度条件下的特殊形式。

第 6 章　量纲分析与相似理论

流体力学量纲分析是对流体运动方程和流动的具体物理问题的量纲进行分析，进而对流动解决方案提供新思路的过程和方法。量纲分析法是流体力学重要分析方法之一，该方法不仅理论优雅，而且实用强大。利用它不仅可以深入问题本质，极大地简化问题的求解，而且对于无法直接求解的流体运动方程，量纲分析法提供了设计模型实验的规则，有助于显著减少模型实验的工作量。

流体力学中量纲分析的主要目的，是针对具体的流动问题，确定描述该问题本质的重要无量纲参数。学习本课程到目前为止，已经讨论了许多无量纲参数，并且每一个参数都有一个特定的物理解释。例如，在第 1 章中，描述了雷诺数 $Re=(UD)/\nu$ ，可作为显示湍流开始发生的参数。在第 4 章中，讨论了另一个有关压强的无量纲参数 $C_p=\dfrac{p-p_\infty}{1/2\rho V_\infty^{\ 2}}$ ，表示静压差与动压差之比。

实际上，在流体力学中广泛应用无量纲参数表达和解释流动现象，这有很多好处：

(1) 量纲分析可以减少问题的变量数。例如，机翼的升力问题，当“输出”变量，如升力，由一组 $N-1$ 个“输入”变量(如长度、速度、密度、黏度、声速、粗糙度等)所控制时，通常可以用总共 $N-3$ 个无量纲群(如升力系数、雷诺数、马赫数等)来表示。

(2) 指导缩比模型实验。当测试一个物体的缩比模型时，如汽车与飞机的风洞实验，船舶的水池实验等，量纲分析为将模型实验的结果转化到实际尺度问题提供指导。换句话说，量纲分析规定了在模型实验中实现完全相似的准则。

(3) 无量纲方程、参数和数据更能反映工程问题的本质。不仅因为它们与单位制无关，而且可以反映问题的主次矛盾，更能避免单位使用和数据表达的错误。

正如第 5 章中欧拉方程与纳维-斯托克斯方程所表示的，实际流体力学问题和边界条件往往非常复杂，无法获得问题的精确解。量纲分析可以显示具体问题的主要影响因素，从而简化流体运动方程。同时，模型流动实验是展示某些工程系统行为的常用手段，实验所选工程参数必须利用量纲分析。因此，无论是流体力学的理论推演，还是流体力学的实验解释，都离不开量纲分析理论和方法。

注意，量纲分析虽然强大，但并不能给出实际问题的解析解，它仅给出问题无量纲参数的函数关系式，其中具体的系数还需要通过实验确定。同时，实验还能验证量纲分析所舍弃的次要参数是否真的次要。

6.1　量纲齐次原理与应用

6.1.1　量纲齐次原理

在描述实际工程问题时，很少仅处理数字，通常还关心工程具体问题中的长度、力或加速度等物理量。这些物理量都有量纲和单位，如长度量纲的单位为米。在流体力学中，常用的四个基本量纲是质量M 、长度L、时间T和温度Θ 。

量纲的概念非常重要，只能对具有相同量纲的物理量进行加减或者大小比较，如长度和长度比较，力和力相加。换句话说，一个物理方程的各项必须具有相同的量纲。严格来说，若将方程中的各项均用基本量纲的幂次式表示，则各项的基本量纲必须齐次。这称为量纲齐次原理(principle of dimensional homogeneity)。若一个方程满足量纲齐次原理，则称该方程为完整的物理方程(complete physical equation)，如伯努利方程：

$$\frac{p}{\rho}+\frac{1}{2}V^2+gz=C \tag{6.1.1}$$

方程中每一项的量纲写出来如下：

$$\frac{\mathrm{ML}}{\mathrm{T^2L^2}}\frac{\mathrm{L^3}}{\mathrm{M}}+\frac{\mathrm{L^2}}{\mathrm{T^2}}+\frac{\mathrm{L}}{\mathrm{T^2}}\mathrm{L}=C$$

即

$$\frac{\mathrm{L^2}}{\mathrm{T^2}}+\frac{\mathrm{L^2}}{\mathrm{T^2}}+\frac{\mathrm{L^2}}{\mathrm{T^2}}=C$$

方程左边每一项都是速度平方的量纲，因此伯努利方程是量纲齐次的。方程右边流线常数的量纲必然和左端项量纲一致。因此常数C的量纲也是速度平方的量纲。

如果将方程(6.1.1)写成

$$\frac{p}{\rho g}+\frac{1}{2}\frac{V^2}{g}+z=C_1$$

或者写成

$$p+\frac{1}{2}\rho V^2+\rho gz=C_2$$

可以看出，前一种表达式的每一项(包括C_1)的量纲都是长度量纲，后一种表达式的每一项量纲(包括C_2)都是压强的量纲。因此，所有具有一定物理含义的方程都必然是量纲齐次的。

换一种说法来理解，为了测量任何物理量，必须首先选择一种测量单位，其大小完全取决于测量者个人的偏好。这种选择测量单位大小的任意性导致了以下假设：任何描述一种真实物理现象的方程，其有效性与基本量的单位大小选择无关。

掌握物理方程的量纲齐次性原理非常重要，也特别实用。例如，当凭记忆写出一个物理方程时，检查一下该方程每一项的量纲，总是非常有帮助的，不仅确保方程各项的正确性，而且可以检查代数运算结果的合理性。

在下面两节应用量纲齐次原理分析典型的流体力学问题，通过对问题的函数形式进行变化，详细讨论如何寻找并提炼影响问题的独立参数。

6.1.2　量纲齐次性实例辨析

水跃是水流速度突然降低，而水面突然跳跃升高并出现水面破碎，由急流向缓流转变的现象。观察水龙头下面水池底部的水流，很容易发现环形水跃现象。自然界水跃现象经常会发生于江河流动中，水力发电泄洪大坝底部也会发现水跃。

对于河道中的一维水跃，设水跃前后的水深分别为 H_1 与 H_2，流速分别为 V_1 和 V_2，发生水跃的条件为

$$\frac{H_2}{H_1}=\frac{1}{2}\left(\sqrt{1+8F_1^2}-1\right) \tag{6.1.2}$$

式中，$F_1=V_1\big/\sqrt{gH_1}$ 为由速度、重力加速度以及水深组成的无量纲量，称为弗劳德数。

水跃关系式(6.1.2)可以写成

$$\frac{H_2}{H_1}=f(F_1) \tag{6.1.3}$$

式中，$f(F_1)$表示关于 F_1 的函数依赖关系。方程(6.1.3)表明，水跃前后水深之比仅依赖上游水深弗劳德数 F_1。由于 $F_1=V_1\big/\sqrt{gH_1}$，于是也可以将式(6.1.2)写成有量纲的函数形式：

$$H_2=f'(H_1,V_1,g) \tag{6.1.4}$$

通过从式(6.1.2)到式(6.1.4)的变换，可以发现四个特点。

第一，水跃无量纲关系式(6.1.3)仅含有两个无量纲参数：H_2/H_1、F_1。而水跃有量纲关系式(6.1.4)含有四个有量纲参数：H_1,H_2,V_1,g。

第二，重力加速度 g 为有量纲常数，实际上，有量纲常数在量纲分析中必须考虑。如重力加速度、水中或者空气中的声速、水的密度等。这是因为有量纲常数同其他任何有量纲变量同等重要。注意，唯一的通用常数是无量纲常数。

第三，水跃无量纲关系式(6.1.3)可以表示为

$$\frac{H_2}{H_1}=f_1\left(\frac{1}{F_1}\right)$$

这里，虽然用弗劳德数的倒数，而不是弗劳德数，表示成另一种函数关系，但是这种形式上的变化，并没有改变水跃高度比仅依赖于弗劳德数这一事实。

第四，考虑水跃可能受到水的密度影响，另外一种函数关系式如下：

$$\frac{H_2}{H_1}=f(F_1,\rho) \tag{6.1.5}$$

根据量纲齐次原理，关系式(6.1.5)左端为无量纲量，关系式右端也应该是无量纲量，所以右端与弗劳德数有关是允许的，但式(6.1.5)增加的密度参数是有量纲的，因而这个关系表达式是错误的。

考虑有两种修正途径，一种考虑是消除密度参数，满足量纲齐次要求。另外一种考虑是，如果认为密度是对水跃现象有重要影响的因素，那么除密度外，可能忽视了其他物理参数，并且应该是与密度量纲一样的量，这样才能和密度结合形成无量纲量。一个可能参数是动力黏性系数，虽然它不是密度的量纲，但是通过与已有参数组合，可成为无量纲量。例如，$\mu/(V_1H_1)$ 具有量纲 $\mathrm{ML^{-3}}$，于是包含密度对于水跃影响的可能无量纲形式为

$$\frac{H_2}{H_1}=f\left(F_1,\frac{\rho V_1 H_1}{\mu}\right) \tag{6.1.6}$$

这个新的无量纲关系式满足量纲齐次要求，相对于式(6.1.3)，水跃无量纲关系式(6.1.6)含有三个无量纲参数：$\frac{H_2}{H_1},F_1,\frac{\rho V_1 H_1}{\mu}$，增加了一个与上游流速雷诺数有关的无量纲量。

6.1.3　无量纲化检测分析

考虑一个直径为 D 的圆球在来流速度为 V 的流场中受到的黏性流体曳力 F_D，虽然圆球形状和边界看似简单，但其纳维-斯托克斯方程的流动定解问题却无法获得一般理论解。我们必须采用量纲分析法和模型实验途径寻求流动和受力的规律。

假设圆球的曳力依赖于流体密度、来流速度、圆球直径、流体动力黏性系数，即

$$F_\mathrm{D}=f(\rho,V,D,\mu) \tag{6.1.7}$$

式中，f 为未知函数，为简化分析，其他可能的影响因素，如圆球表面粗糙度或声速等，暂时不予考虑。

虽然给出了这个函数形式，但是速度、直径、密度和动力黏性系数的变化范围都很大，设定这些变量具体什么数值来完成模型实验呢？

以曳力与来流速度关系实验举例，绘出一条实验曲线需要大约 10 个点，为了找到来流速度对于曳力的影响规律，需要选择 10 个不同的 V 值进行实验，同时保持所有其他变量不变。为了找出直径的影响规律，在每个来流速度下，需要加工 10 个不同直径 D 值的圆球来获得 F_D，同时保持其他变量不变，这样实验的总数就会增加到 100 个。对于每个 V 和每个 D，需要 10 个 μ 值和 10 个 ρ 值，这样设计实验参数的话，总共需要进行一万次实验。

相反，开展无量纲化检测分析，逐步将这些有量纲变量转化为无量纲变量，虽然这种检测步骤有多种可能，但是每一步检测的目的，总是针对长度 L、质量 M、时间 T 中的某一基本量纲，根据量纲齐次原理，逐个将函数关系中基本量纲消除，进而逐步把其余变量转化为无量纲量。

作为演示无量纲化检测分析步骤的例子，第一步首先消除质量基本量纲，注意这里首先选择质量基本量纲仅是为了方便而已。因为力除以密度的量纲为 $\frac{\mathrm{MLT^{-2}}}{\mathrm{ML^{-3}}}=\mathrm{L^4T^{-2}}$，消除了质量量纲，所以对方程(6.1.7)两边同除以密度，可得

$$\frac{F_{\mathrm{D}}}{\rho}=\frac{f(\rho,V,D,\mu)}{\rho} \tag{6.1.8}$$

或者表达为

$$\frac{F_{\mathrm{D}}}{\rho}=f_1(\rho,V,D,\mu) \tag{6.1.9}$$

这里从方程(6.1.8)变为方程(6.1.9)是没有问题的，虽然右端函数 $f(\cdot)$ 形式上变为函数 $f_1(\cdot)$，但是这两个方程都呈现同样的物理本质关系，即 F_{D}/ρ 依赖速度、密度、直径和动力黏性系数。

注意，方程(6.1.9)右端，除密度变量外，动力黏性系数 μ 是唯一质量量纲非零值的独立变量，定义一个新的独立变量 μ/ρ，其量纲为 $\frac{\mathrm{ML^{-1}T^{-1}}}{\mathrm{ML^{-3}}}=\mathrm{L^2T^{-1}}$。于是有新的方程：

$$\frac{F_{\mathrm{D}}}{\rho}=f_2\left(\rho,V,D,\frac{\mu}{\rho}\right) \tag{6.1.10}$$

这里从 μ 变为 μ/ρ 是允许的，因为密度 ρ 和动力黏性系数 μ 是独立的，所谓独立变量，是指确定流体曳力时，可以按照方程(6.1.9)分别改变密度 ρ 和动力黏性系数 μ，或者按照方程(6.1.10)分别改变 ρ 和 μ/ρ。

因为讨论的物理问题没有变，所以从方程(6.1.9)变为方程(6.1.10)，量纲齐次性不应发生变化。该方程左边的量纲与质量量纲无关，于是，方程(6.1.10)的正确性，不应因所选用的质量单位而改变，也就是说 $f_2\left(\rho,V,D,\mu/\rho\right)$ 不应与质量量纲有关。其中，后面三个变量 V、D、μ/ρ 不因质量单位选择而变化，但是密度 ρ 的数值会发生变化。这显然违背量纲齐次原理，因此 f_2 不应依赖于密度变量 ρ，这与在水跃条件分析式(6.1.5)时，舍弃密度自变量是一个道理。于是，有

$$\frac{F_{\mathrm{D}}}{\rho}=f_2\left(V,D,\frac{\mu}{\rho}\right) \tag{6.1.11}$$

上述检测分析过程，可以用量纲表更简洁地反映出来，量纲表的第一行是影响变量，第一列是基本量纲，行列交叉表格所填数值为影响变量关于基本量纲的幂次数。表 6.1.1 对应方程(6.1.9)。

表 6.1.1　对应方程(6.1.9)量纲表

量纲	变量				
	F_{D}	ρ	V	D	μ
M	1	1	0	0	1
L	1	−3	1	1	−1
T	−2	0	−1	0	−1

从质量量纲对应的第一行开始变化，通过对应变量除以密度，将影响变量的质量量纲幂次变为零，这时量纲表如表 6.1.2 所示。

表 6.1.2　方程(6.1.9)对应变量除以密度后的量纲表

量纲	变量				
	$\frac{F_D}{\rho}$	ρ	V	D	μ
M	0	1	0	0	0
L	4	−3	1	1	2
T	−2	0	−1	0	−1

这个量纲表对应方程(6.1.10)，由于第三列密度对应的质量量纲幂次不是零，不符合关于质量量纲的齐次性要求，所以必须移除第三列。这时量纲表如表 6.1.3 所示。

表 6.1.3　方程(6.1.10)对应的量纲表

量纲	变量			
	$\frac{F_D}{\rho}$	V	D	$\frac{\mu}{\rho}$
M	0	0	0	0
L	4	1	1	2
T	−2	−1	0	−1

这里质量量纲的幂次都已经为零，所以可以移除。这时量纲表如表 6.1.4 所示。

表 6.1.4　移除质量量纲后的量纲表

量纲	变量			
	$\frac{F_D}{\rho}$	V	D	$\frac{\mu}{\rho}$
L	4	1	1	2
T	−2	−1	0	−1

这个量纲表对应方程(6.1.11)。

采用以上类似步骤，除速度变量外，下面继续利用速度变量变化其他变量，使其时间量纲的幂次变为零。将 F_D/ρ 变为 $F_D/(\rho V^2)$，其量纲为 $\frac{L^4T^{-2}}{L^2T^{-2}}=L^2$。将 μ/ρ 变为 $\mu/(\rho V)$，其量纲为 $\frac{L^2T^{-1}}{LT^{-1}}=L$，于是有

$$\frac{F_D}{\rho V^2}=f_3\left(V,D,\frac{\mu}{\rho V}\right) \tag{6.1.12}$$

那么这个方程正确吗？这看起来是左边除以速度平方，右端只有一项除以速度。实际上，这里发生的是该圆球曳力问题无量纲化的第二步操作，利用速度变量(因为它与时间基

本量纲有关)将方程变换为左右端与时间量纲无关。只要保证变化后的变量是独立的即可。

这正如第一步操作中，对应方程(6.1.10)左边除以密度(因为它与质量基本量纲有关)，右端只有一项除以密度一个道理，目的是将方程变换为左右端与质量量纲无关。

与将式(6.1.10)处理变为式(6.1.11)一样的道理，为满足量纲齐次，需将方程(6.1.12)中速度变量消除，因为时间变量的单位选择仅对速度数值大小有影响，于是有

$$\frac{F_{\mathrm{D}}}{\rho V^2} = f_3\left(D, \frac{\mu}{\rho V}\right) \tag{6.1.13}$$

对应方程(6.1.13)的量纲表如表 6.1.5 所示。

表 6.1.5　对应方程(6.1.13)的量纲表

量纲	变量		
	$\frac{F_{\mathrm{D}}}{\rho V^2}$	D	$\frac{\mu}{\rho V}$
L	2	1	1

下面，与上述第一步和第二步操作类似，要检查并消除问题中对于长度量纲的依赖性。很简单，对于方程(6.1.13)左端除以直径的平方，右端除直径这个变量外，另一项除以直径，可得

$$\frac{F_{\mathrm{D}}}{\rho V^2 D^2} = f_4\left(D, \frac{\mu}{\rho V D}\right) = f_5\left(\frac{\rho V D}{\mu}\right) = f_5(Re) \tag{6.1.14}$$

式中，第二个等号运用了长度量纲的齐次性要求，消掉了长度变量直径 D，并且变成了关于雷诺数的新函数形式。

最后，将无量纲结果表达为

$$\frac{F_{\mathrm{D}}}{\frac{1}{2}\rho V^2\left(\frac{\pi}{4}D^2\right)} = \hat{f}\left(\frac{\rho V D}{\mu}\right) \tag{6.1.15}$$

在这一步中，左端分母中增加了无量纲常数 $1/2$ 和 $\pi/4$，使得这个分母的物理含义成为动压强乘以迎流面积。对于圆球，其流体曳力系数定义为

$$C_{\mathrm{D}} \equiv \frac{F_{\mathrm{D}}}{\frac{1}{2}\rho V^2\left(\frac{\pi}{4}D^2\right)} \tag{6.1.16}$$

在式(6.1.16)用恒等号，不仅因为其分母具有动压强乘以迎流面积这样明确的物理意义，而且是圆球曳力系数常见的无量纲参数表达形式。

因此，圆球绕流曳力的无量纲函数形式为

$$C_D = \hat{f}(Re) \tag{6.1.17}$$

与有量纲形式的方程(6.1.7)包含 5 个有量纲变量不同，这里无量纲方程(6.1.17)大大简化了，仅含有两个无量纲变量。

这种无量纲简化形式，对于指导我们开展模型实验具有非常重要的意义。根据对有量纲方程(6.1.7)的四个自变量分析，需要一万次实验，而根据无量纲方程(6.1.17)，仅需要对一个自变量开展十次实验。

6.2　Π定理与流动问题的无量纲化

6.2.1　物理规律无量纲原理——Π定理

通过 6.1 节针对圆球绕流曳力问题的量纲分析，利用量纲齐次原理，分别选择长度、质量和时间 3 个基本量纲，发现无量纲化以后的方程参数，比有量纲方程参数 n 减少 3 个，即无量纲参数为 $n-3$ 。

这里的问题是，流体力学其他问题无量纲化之后的参数也都比该问题的有量纲参数少 3 个吗？回答是，事实并非如此。

例如，水中或空气中的声速问题，声速 a 可能依赖于流体压强 p 和密度 ρ 的变化，因此该问题有 3 个有量纲参数， $n=3$ 。如果仍然选择长度、质量和时间 3 个基本量纲，那么按照上述经验， $n-3=0$ ，即声速问题不存在无量纲参数。然而， $\dfrac{\rho a^2}{p} = \mathrm{ML^{-3}}\dfrac{\mathrm{L^2T^{-2}}}{\mathrm{ML^{-1}T^{-2}}} = 1$ 。显然，即使对于 3 个有量纲参数的流体力学问题，也至少存在一个无量纲参数。

那么，根据量纲齐次原理，流体力学问题无量纲化的统一规律是什么？

回顾一下 6.1 节圆球绕流问题，将表 6.1.1 写为矩阵形式：

$$\begin{bmatrix} 1 & 1 & 0 & 0 & 1 \\ 1 & -3 & 1 & 1 & -1 \\ -2 & 0 & -1 & 0 & -1 \end{bmatrix}$$

这是一个 $\boldsymbol{A}_{35}$ 矩阵，我们知道，矩阵 $\boldsymbol{A}$ 的秩是该矩阵中最大非零行列子式的阶数。对于该圆球绕流问题的量纲矩阵，对应前三列的行列式不等于零，其秩为 rank$\boldsymbol{A}_{35}$=3，简记为 $r=3$ 。

从上述问题对量纲矩阵及其秩的分析，可以得到一个流体力学问题无量纲化的规律：流体力学问题无量纲参数的数量等于全部有量纲参数的数量减去量纲参数与基本量纲组成矩阵的秩。

实际上，量纲分析的理论基础在 1914 年由白金汉(Buckingham)提出，诺贝尔物理学奖获得者布里奇曼在其专著 *Dimensional Analysis* 中命名为白金汉Π定理：含 n 个独立变量的物理量关系式，如果其量纲表示矩阵的秩为 r ，则物理问题无量纲化关系一定可以用 $n-r$ 个无量纲参数 $\pi_i\,(i=1,2,\cdots,n-r)$ 表示。

白金汉Π定理是物理规律不依赖于单位选择的自然结果，反映了物理问题一个简单却非常重要的不变性原理，流体力学问题也不例外。

对于某些物理问题，无量纲化之后，如果只有一个无量纲参数，那么该无量纲参数一定是一个常数。对于理想气体中的声速，该常数等于比热容γ。

为了对量纲分析的本质，或者说对于白金汉Π定理的内涵有更清晰的认识，再举一个气体动力黏性系数问题的例子进行讨论。

由第 1 章关于流体物理性质介绍可知，气体动力黏性系数μ依赖于分子平均运动速度$\overline{v}$，平均自由程l_{m}和气体密度ρ，即存在 4 个物理量之间的函数关系：

$$\mu = f(\overline{v}, l_{\mathrm{m}}, \rho)$$

参数μ、$\overline{v}$、l_{m}、ρ对应的量纲矩阵为(第一排从上到下的量纲依次为M、L和T)

$$\begin{bmatrix} 1 & 0 & 0 & 1 \\ -1 & 1 & 1 & -3 \\ -1 & -1 & 0 & 0 \end{bmatrix}$$

这是一个A_{34}矩阵，通过计算可知，其存在 3 阶行列子式不等于零。因此，该矩阵的秩为 3。根据白金汉Π定理，该问题$n=4$，$r=3$，因此存在$4-3=1$个无量纲参数。按照 6.1 节关于 3 个基本量纲的检测分析步骤，可以得到该Π参数为

$$\Pi_1 = \frac{\rho l_{\mathrm{m}} \overline{v}}{\mu}$$

该Π参数必然为常数。根据气体动力学分析，$\Pi_1 = \dfrac{5\pi}{32}$。

6.2.2　无量纲化参数形式不唯一

在 6.2.1 节，通过白金汉Π定理，证明了流体力学问题无量纲化之后的参数比该问题的有量纲参数少 3 个是不正确的。

实际上，在 6.1.2 节分析水跃问题时，由关系式(6.1.4)可知：

$$H_2 = f'(H_1, V_1, g)$$

这个有量纲关系式含有 4 个有量纲参数：H_1, H_2, V_1, g，即$n=4$，而其无量纲关系式为

$$\frac{H_2}{H_1} = f(F_1)$$

含有两个无量纲参数：$H_2/H_1, F_1$。显然，水跃问题无量纲参数，不是$n-3=1$，而是$n-r=2$。这里r是有量纲参数与基本量纲组成量纲矩阵的秩，如表 6.2.1 所示。

表 6.2.1　量纲表(一)

量纲	变量			
	H_2	H_1	V_1	g
M	0	0	0	0
L	1	1	1	1
T	0	0	−1	−2

这是一个 $\boldsymbol{A}_{34}$ 矩阵，显然，其第一行元素全为零，其秩最大为 2。计算可知，其存在二阶行列子式不等于零。因此，该矩阵的秩为 2。根据白金汉 Π 定理，该问题 $n=4$，$r=2$，因此，存在 $4-2=2$ 个参数。同时，对于表 6.2.1 量纲矩阵采用无量纲化检测分析，可得：

$$\frac{H_2}{H_1}=f\left(\frac{V_1}{\sqrt{gH_1}}\right)=f(F_1) \tag{6.2.1}$$

这与在 6.1.2 节分析水跃问题给出的两个无量纲参数是一致的。

进一步考察分析，对于水跃问题，除了 H_1、H_2、V_1、g 四个有量纲参数，如果认为水的密度 ρ 也与水跃问题有关，则有量纲参数 $n=5$，有量纲参数与基本量纲组成的量纲矩阵如表 6.2.2 所示。

表 6.2.2　量纲表(二)

量纲	变量				
	H_2	H_1	V_1	g	ρ
M	0	0	0	0	1
L	1	1	1	1	−3
T	0	0	−1	−2	0

这是一个 $\boldsymbol{A}_{35}$ 矩阵，经计算可知，其存在 3 阶行列子式不等于零。因此，该矩阵的秩为 $r=3$。根据白金汉 Π 定理，该问题无量纲参数为 $n-r=2$，然而，已经有了 2 个无量纲参数，水位高度比 H_2/H_1 以及弗劳德数 F_1，从表 6.2.2 也可很容易看出，除了密度之外，其他 4 个参数都与质量量纲无关，因此密度无法与其他参数构成无量纲量。这反映了白金汉 Π 定理的内涵，也进一步体现了无量纲化检测分析结合量纲矩阵的实用价值。

实际上，在 6.1.2 节的第四点分析说明中，已经根据量纲齐次原理要求，指出量纲分析的正确方向：可以认为水的密度 ρ 与水跃问题无关，如果认为水密度与水跃问题有关，则必须引进另一个含有质量量纲的变量，如黏性系数的影响，从而构成上游流速雷诺数 $Re_1=\rho V_1 H_1/\mu$，这样水跃问题将含有三个无量纲参数，其无量纲形式为

$$\frac{H_2}{H_1}=f(F_1,Re) \tag{6.2.2}$$

对于水跃问题，根据量纲分析，获得了式(6.2.1)和式(6.2.2)两个无量纲形式的方程。这两个方程都是正确的，都满足量纲齐次性要求。但是根据这两个无量纲方程，并不知道弗劳

德数和雷诺数哪个更重要。

因此，获知量纲分析的特点和内涵，根据白金汉Π定理，利用无量纲化检测分析获得的Π参数方程，并不能告诉我们哪些Π参数在何种情况下是重要的。量纲分析的结果，必须通过物理实验来检验，物理实验将最终显示哪些Π参数对具体的流体力学问题是重要的。

6.2.3　无量纲化的步骤与应用

在此给出物理问题无量纲化分析的一般步骤：

第 1 步：确定物理问题的输入和输出参数(包括变量和物理常数)总数n。例如，圆球绕流曳力问题有五个变量：F、V、D、μ、ρ。这是分析问题过程中最关键的一步。

第 2 步：选择一组基本量纲。对于流体力学问题，通常是质量、长度和时间(M、L和T)。

第 3 步：写出量纲矩阵。在这个矩阵中，列对应问题参数，行对应量纲，矩阵元素是每个参数量纲式中的幂次数。

第 4 步：计算出量纲矩阵的秩r。则该问题有$n-r$个无量纲参数。虽然有 3 个基本量纲，但是某些问题，矩阵的秩并不一定等于 3。

第 5 步：构建$n-r$个无量纲参数(Π参数)的具体形式。

(1) 运用直觉构建Π参数。例如，黏性重要的问题通常会出现雷诺数，高速流动应考虑马赫数，存在波浪或自由表面时则应考虑弗劳德数。在一般问题中，通常首先用输出变量与某输入参数构建无量纲参数，通过检视量纲矩阵幂次数的变化，不断在输入参数之间构建其他Π参数。

注意上述过程构建的Π参数，其答案形式并不唯一。

(2) 检查每个Π参数是否确实是无量纲的。

(3) 检查所有Π参数是否独立。如果有一个无量纲参数只是其他参数的线性组合，或者是另一个参数的高幂次，该参数就不是独立的。检查量纲独立性可以查看每个Π参数是否仅包含一个其他参数都没有的变量。

第 6 步：分析$n-r$个Π参数中是否有不重要的，可以直接忽略不重要的参数。但是这需要有相当强的判断力。

第 7 步：开展实验，测试分析结果。这一步是非常重要的，它将验证在第一步中选择的参数是否合理完备，并且检查第 6 步给出Π参数的正确性，特别是检验第 6 步对于主次影响参数的判断。

作为无量纲化分析步骤的应用案例，分析水平圆管中流动的压强降低问题。

圆管直径为D，长度为L，圆管截面中的平均流速为$\bar{V}=1/A\int u\mathrm{d}A$。其中，$A$为圆管横截面积。问题是给出流动压强降低$\Delta p$的影响函数关系，并给出其无量纲化形式。

第 1 步：确定该压降问题的影响参数n，设想压降Δp依赖于L、D、ρ、μ、$\bar{V}$以及其他可能的影响参数，如管内表面平均粗糙高度k。由于管水平放置，可以忽略重力影响；由于马赫数小，可忽略声速的影响。于是判断最小的影响参数个数为$n=7$，给出函数关系：

$$\Delta p=f\left(L,D,\bar{V},\rho,\mu,k\right)$$

第 2 步：选择一组基本量纲，质量M 、长度L和时间T。

第 3 步：写出量纲矩阵。如表 6.2.3 所示。

表 6.2.3　量纲矩阵(一)

量纲	变量						
	Δp	ρ	$\bar{V}$	D	k	L	μ
M	1	1	0	0	0	0	1
L	–1	–3	1	1	1	1	–1
T	–2	0	–1	0	0	0	–1

第 4 步：计算量纲矩阵的秩r。由计算可知，其存在 3 阶行列子式不等于零。因此，该矩阵的秩为$r=3$。根据白金汉Π定理，该问题有$n-r=4$个Π参数。

第 5a 步：构建 4 个无量纲参数。首先把问题的输出量压降无量纲化，因此需要从其他参数中寻找可组合为压强量纲的量，一种选择是利用平均流速构成动压强，于是第一个无量纲参数为

$$\Pi_1=\frac{\Delta p}{\frac{1}{2}\rho\bar{V}^2}$$

第二个无量纲参数，可以是长度与直径之比。

$$\Pi_2=\frac{L}{D}$$

长径比Π_2才能真正反映管道流的长短。

第三个无量纲参数，是相对粗糙度：

$$\Pi_3=\frac{k}{D}$$

这里选择直径而不是长度作为粗糙度的参考尺度，是因为k/D能够更直观地反映管内粗糙度造成的流动堵塞程度。

第四个无量纲参数，应该从量纲矩阵剩下的参数中组合，密度和动力黏性系数可以组合成雷诺数：

$$\Pi_4=\frac{\rho\bar{V}D}{\mu}$$

所以，无量纲函数为

$$\Pi_1=\frac{\Delta p}{\frac{1}{2}\rho\bar{V}^2}=\bar{f}\left(\Pi_2,\Pi_3,\Pi_4\right)=\bar{f}\left(\frac{L}{D},\frac{k}{D},\frac{\rho\bar{V}D}{\mu}\right) \tag{6.2.3}$$

第 5b 步：检查 4 个 Π 参数是否确属无量纲量。这很容易证实。

第 5c 步：检查 4 个 Π 参数的独立性。它们 4 个之间既不是线性组合，也不是相互简单升幂次；此外，四个参数分别对应压降、长度、粗糙度和动力黏性系数，因此相互独立。

第 6 步：分析 4 个 Π 参数中是否有不重要的可以直接忽略的量。

对于这个水平管流问题，一般长径比较大，通过观察可知，距入口超过 40～100 倍直径后，流管中流动与管道入口状态无关，存在一种不随长度增大而变化的渐近流动状态，这时管截面流速分布称为充分发展的管流。显然这种情况下，长径比 L/D 不再重要，Π_2 可以忽略。这也意味着，后续讨论的管流压降关系不包括管道入口流域。由于是充分发展管流，这里的压降应该是单位长度内，与管道直径关联的压降。因此，式(6.2.3)应该表示为

$$\frac{\dfrac{\Delta p}{L}D}{\dfrac{1}{2}\rho\bar{V}^2}=g\left(\frac{\rho\bar{V}D}{\mu},\frac{k}{D}\right) \tag{6.2.4}$$

式中，左端的无量纲参数称为管道摩擦系数 λ：

$$\lambda=\frac{\dfrac{\Delta p}{L}D}{\dfrac{1}{2}\rho\bar{V}^2} \tag{6.2.5}$$

式(6.2.4)展现了充分发展管流中压强降低的变化无量纲关系。1944 年，穆迪针对不同的圆管粗糙度摩阻总结前人实验结果，并补充实验和换算，给出了称为穆迪曲线(Moody diagram)的管道摩擦系数图。穆迪曲线图适用于管内的水流、气流、牛奶流、酒精流、天然气等多种牛顿流体，将在第 7 章管道流中给予深入介绍。

例题 6-1　想象你看到了一部关于新墨西哥州第一次原子弹爆炸的电影。在电影中，有一些卡车和其他物体的图像提供了一个长度比例，这样你就可以绘制出火球半径 r 。并且 r 为时间 t 的函数。你能估计出爆炸释放的能量 E 吗?

解　最困难的部分是选择最短的、正确的变量列表。如果我们有一些洞察力和一些运气，我们可能会这样认为

$$r=f_{\mathrm{b}}(E,t,\rho)$$

式中，ρ 为爆炸发生前的环境密度。能量的量纲是力 × 长度，即 ML^2T^{-2}，量纲矩阵如表 6.2.4 所示。

表 6.2.4　量纲矩阵(二)

量纲	变量			
	r	E	t	ρ
M	0	1	0	1
L	1	2	0	−3
T	0	−2	1	0

因此，$N=4$，矩阵的秩为 3，无量纲组的数量为 1。所以，有

$$\Pi_1=\frac{r^5\rho}{t^2E}$$

或者，更好的形式为

$$\Pi_1'=\frac{r}{t^{2/5}}\left(\frac{\rho}{E}\right)^{1/5}$$

定值 Π_1' 必须通过实验找到。例如，可以使用另一种常规炸药爆炸的胶片，式中，通过能量释放可以找到 Π_1'。本实验也可用于检查分析结果：如果如所预测的那样，则 r 与 $t^{2/5}$ 成比例。然后，我们的分析得到了证实，原子弹爆炸的胶片包含了找到炸弹释放能量所需的所有信息。

6.3　无量纲形式流体运动方程

从 6.1 节圆球绕流以及 6.2 节管内流动等具体流体力学问题无量纲化实例分析过程可以发现，同一个流动问题，其在满足白金汉 Π 定理前提下，量纲分析得到 Π 参数的形式可以不唯一，因而流体力学各种问题累积就有可能存在大量的无量纲数。

然而实际上，流体力学中常用 Π 参数是有限少数，如雷诺数、阻力系数、压力系数等。一个非常重要的原因，是因为这些常用无量纲参数，源于流体运动方程的无量纲形式。

流体力学运动方程的无量纲化，不同于具体流体力学问题，因为具体问题往往有特殊性，也就是有与实际问题密切关联的物理量，如圆球或圆管直径、河流水面高度、流动阻力、声速、黏性系数等。而流体运动方程具有普适性，其无量纲化往往需要选择某些特征物理量。第 4 章给出了无黏流伯努利方程，第 5 章给出了连续方程、欧拉方程和纳维-斯托克斯方程等流体运动微分方程。下面选择两个方程具体说明其无量纲化过程与相关的特征物理量。

6.3.1　伯努利方程的无量纲形式

式(4.2.6)给出常密度、定常流中、沿流线成立、无黏性影响的伯努利方程：

$$\frac{p}{\rho}+\frac{1}{2}V^2+gh=B_1 \tag{6.3.1}$$

根据量纲齐次原理，方程(6.3.1)每一项都应该是速度平方的量纲。选择流场中某点已知的静压强 P_∞ 和该点的流速 V_∞ 作为特征参数，并利用这些特征参数，对伯努利方程进行无量纲化。方程(6.3.1)每一项都除以 $1/2V_\infty^2$ 以后，可得

$$\frac{p}{\frac{1}{2}\rho V_\infty^2}+\frac{V^2}{V_\infty^2}+\frac{gh}{\frac{1}{2}V_\infty^2}=B_2 \tag{6.3.2}$$

注意到式(4.3.8)定义的流场压强系数：

$$C_p \equiv \frac{p-p_\infty}{\frac{1}{2}\rho V_\infty^{\ 2}}$$

在方程(6.3.2)两端减去 $\frac{p_\infty}{\frac{1}{2}\rho V_\infty^2}$ 后得到：

$$\frac{p-p_\infty}{\frac{1}{2}\rho V_\infty^2}+\frac{V^2}{V_\infty^2}+\frac{gh}{\frac{1}{2}V_\infty^2}=B_3 \tag{6.3.3}$$

所以伯努利方程无量纲形式(6.3.3)中，第一项采用定义的压强系数 C_p 的形式。

6.3.2 纳维-斯托克斯方程的无量纲形式

牛顿黏性流体的动量方程为

$$\rho\frac{\mathrm{D}\boldsymbol{V}}{\mathrm{D}t}=-\nabla p+\rho\boldsymbol{g}+\mu\nabla^2\boldsymbol{V} \tag{6.3.4}$$

式中，∇^2 为拉普拉斯算子，表示关于空间坐标的二阶微分。

选择流场中某点已知的静压强 P 和该点的流速 V 作为特征参数，并进一步选择参考长度 L 作为特征长度参数。并利用这些特征参数，给出右上角带撇号的无量纲化变量如下：

$$x'=\frac{x}{L},\quad y'=\frac{y}{L},\quad z'=\frac{z}{L}$$
$$t'=\frac{V_\infty t}{L},\quad V'=\frac{V}{V_\infty},\quad p'=\frac{p-p_\infty}{\frac{1}{2}\rho V_\infty^2}$$

以及无量纲微分算子 $\nabla'=L\nabla$ 和拉普拉斯算子 $\nabla'^2=L^2\nabla^2$。将上述无量纲变量和符号代入式(6.3.4)，可得

$$\frac{\rho V_\infty^2}{L}\frac{\mathrm{D}\boldsymbol{V}'}{\mathrm{D}t'}=-\frac{1}{L}\frac{1}{2}\rho V_\infty^2\nabla'p'+\rho\boldsymbol{g}+\frac{\mu V_\infty}{L^2}\nabla'^2\boldsymbol{V}' \tag{6.3.5}$$

于是，无量纲纳维-斯托克斯方程可表示为

$$\frac{\mathrm{D}\boldsymbol{V}'}{\mathrm{D}t'}=-\frac{1}{2}\nabla'p'+\frac{\boldsymbol{g}L}{V_\infty^2}+\frac{\nu}{V_\infty L}\nabla'^2\boldsymbol{V}' \tag{6.3.6}$$

该方程出现了三个最常见的流体力学无量纲参数：无量纲时间 $t'=V_\infty t/L$，等于施特鲁哈尔数 St 的倒数；弗劳德数 $F_\infty=V_\infty/\sqrt{gL}$ 的平方；雷诺数 $Re_\infty=V_\infty L/\nu$。其中，$\nu=\mu/\rho$ 为运动黏性系数。于是，无量纲纳维-斯托克斯方程表示为

$$\frac{\mathrm{D}\boldsymbol{V}'}{\mathrm{D}t'} = -\frac{1}{2}\nabla' p' + \frac{1}{F_\infty^2}\frac{\boldsymbol{g}}{g} + \frac{1}{Re_\infty}\nabla'^2 \boldsymbol{V}' \tag{6.3.7}$$

从该方程中雷诺数的位置，可以发现一个非常有意义的流动特性。如果无量纲化所选用的特征长度 L、特征速度 V_∞ 使得无量纲长度和速度变量接近单位 1，那么方程(6.3.7)中所有导数的数量级为 1，记为 $O(1)$。于是，方程(6.3.7)中无量纲参数表示了方程各项的相对重要程度。如果雷诺数很大，那么方程右端第 3 项的数值，即黏性项相对于其他各项就会很小。特别是黏性项相对左端惯性项很小。因此，雷诺数的大小常常可理解为流体惯性力相对流体黏性力的重要程度。

可以用第 1 章平板间线性库埃特流的例子，具体说明上述特性。

库埃特流中上平板表面任意一点的流体黏性力可表示为黏性应力乘以作用面积：

$$F_{\mathrm{v}} = \mu \frac{U}{h} A$$

由于下平板不动，两平板之间的流体惯性力可表示为水平流速垂向线性变化引起的速度空间变化所致变位惯性力，即

$$F_i = \rho A \int_0^h u \frac{\partial u}{\partial y} \mathrm{d}y = \rho A \int_0^h \left(\frac{y}{h} U\right) \frac{U}{h} \mathrm{d}y = \frac{1}{2} \rho U^2 A$$

于是，线性库埃特流中惯性力与黏性力之比为

$$\frac{F_i}{F_{\mathrm{v}}} = \frac{\dfrac{1}{2}\rho U^2 A}{\mu \dfrac{U}{h} A} = \frac{1}{2}\frac{\rho U h}{\mu} = Re$$

从这个例子中进一步印证了雷诺数代表流体惯性力与黏性力之比。

当雷诺数极大时，可以忽略纳维-斯托克斯方程中黏性项的影响，但是在靠近固体壁面流场中，存在黏流边界层，流速梯度和黏性应力与边界层厚度有关，相应的局部雷诺数特征尺度选择需要反映边界层厚度的影响，这时局部雷诺数较小，因此边界层内黏性应力永远重要，而边界层之外，黏性影响可以忽略。

6.4 模型实验相似准则

本章开头已经指出，对于无法直接求出分析解的流体运动问题，量纲分析法提供了如何设计模型实验，以及在哪里开展实验解决问题的行动指南。

在研究舰船、汽车、高铁和飞机等运载器的流体力学问题时，通常都是开展与实际尺度相比缩小尺度的缩比模型实验研究。例如，为了设计一架新飞机，需要对不同机翼和机身形状的缩比模型，进行数小时的风洞实验测试。为了设计新型船舶，需要加工缩比船模，在拖曳水池中测试其阻力和其他水动力性能。

与开展一系列全尺寸运载器实验从而直接获得实尺度结果相比，缩比模型实验结果需

要基于相似准则换算到实际尺度。在这种情况下，需要根据不同缩尺比的模型结果来分析如何将缩比实验外推到实际尺度。

通过本章前三节的介绍和实例剖析，已经看到如何运用量纲分析方法，用于发现和解释流体力学问题中起到支配作用的无量纲参数。量纲分析也可以用来确定缩比模型实验的相似准则。缩比模型实验，只有在满足流动相似的条件下，才有可能正确反映实尺度结果。流动相似必须满足三个条件：几何相似、运动相似和动力相似。

6.4.1 几何相似

几何相似是指缩比模型必须与原型具有相似的形状，对应的长度尺度具有相同的缩尺比例，并且对应角相等。例如，模型飞机与原型飞机的长L、宽B、高H满足

$$\frac{L_\mathrm{m}}{L_\mathrm{p}}=\frac{B_\mathrm{m}}{B_\mathrm{p}}=\frac{H_\mathrm{m}}{H_\mathrm{p}}=r_\mathrm{g} \tag{6.4.1}$$

式中，下角标m和p分别表示模型和原型；r_g是缩尺比。当我们在商店购买飞机航模、汽车航模或者舰船航模时，往往看到$1/100$缩尺，即$r_\mathrm{g}=1/100$，模型与原型所有对应点处的对应尺度比例为$1/100$。

6.4.2 运动相似

流场运动相似是指在满足几何相似的前提下，在流场对应点处，对应时刻的速度具有相同的速度比r_k。例如，潜艇模型流场与实海潜艇流场若运动相似，则在流场中任选 3 个点，需满足

$$\frac{V_{1\mathrm{m}}}{V_{1\mathrm{p}}}=\frac{V_{2\mathrm{m}}}{V_{2\mathrm{p}}}=\frac{V_{3\mathrm{m}}}{V_{3\mathrm{p}}}=r_\mathrm{k} \tag{6.4.2}$$

式中，V_m和V_p分别表示模型和原型流场速度。如果流场满足运动相似，那么对观察者来讲，其将具有完全相同的外观。

6.4.3 动力相似

流场动力相似，是指在满足几何相似和运动相似的前提下，流场对应点处流体微元受到的同方向力，如压力、黏性力、惯性力，具有相同的作用力比r_d，即

$$\frac{(\text{黏性力}F_\mathrm{v})_\mathrm{m}}{(\text{黏性力}F_\mathrm{v})_\mathrm{p}}=\frac{(\text{压力}F_\mathrm{p})_\mathrm{m}}{(\text{压力}F_\mathrm{p})_\mathrm{p}}=\frac{(\text{惯性力}F_\mathrm{i})_\mathrm{m}}{(\text{惯性力}F_\mathrm{i})_\mathrm{p}}=r_\mathrm{d} \tag{6.4.3}$$

如果有其他力，也是如此。满足动力相似的模型流场与原型实际流场，所有的力都满足同样的作用力之比。

模型实验与原型实验只有在满足几何相似、运动相似和动力相似的前提下，才能实现完全相似。对于几何相似条件式(6.4.1)，根据比例定理，可以将模型不同特征尺度之比与原

型相应的特征尺度之比分别放在等式左右。以长度和宽度相似为例，可写成

$$\left(\frac{L}{B}\right)_{\mathrm{m}}=\left(\frac{L}{B}\right)_{\mathrm{p}} \tag{6.4.4}$$

同样，对于运动相似，以点 1 和点 2 运动相似为例，也可以写成

$$\left(\frac{V_1}{V_2}\right)_{\mathrm{m}}=\left(\frac{V_1}{V_2}\right)_{\mathrm{p}} \tag{6.4.5}$$

对于动力相似，以惯性力和黏性力相似为例，也可以写成

$$\left(\frac{F_{\mathrm{i}}}{F_{\mathrm{v}}}\right)_{\mathrm{m}}=\left(\frac{F_{\mathrm{i}}}{F_{\mathrm{v}}}\right)_{\mathrm{p}} \tag{6.4.6}$$

从式(6.4.4)～式(6.4.6)可观察到，方程两端都是无量纲量。因此，两个动力相似的流场，其所有无量纲量都应该相等。

课程到目前，已经介绍了很多有名的流体力学无量纲量，如表 6.4.1 所示。

表 6.4.1　无量纲参数表

中文名	英文名	符号	无量纲量的比值
雷诺数	Reynolds number	Re	惯性力/黏性力
弗劳德数	Froude number	Fr	惯性力/重力
压力系数	pressure coefficient	C_{p}	压力/惯性力
升力系数	lift coefficient	C_{L}	升力/惯性力
阻力系数	drag coefficient	C_{D}	阻力/惯性力
马赫数	Mach number	M	流速/声速
施特鲁哈尔数	Strouhal number	St	非定常时长/流动时长
韦伯数	Weber number	We	惯性力/表面张力

还有其他不同名字的无量纲数，但是与上述无量纲数有关联，如欧拉数、空泡数，都是压力系数的变形。螺旋桨进速系数是施特鲁哈尔数的变形。

实际上，正如 6.3 节对于伯努利方程和纳维-斯托克斯方程的分析，这些具有明确物理意义的无量纲量大都来自无量纲流体运动方程，正是根据几何相似、运动相似和动力相似的概念，再结合流体运动微分方程的无量纲过程，理解了这些常用无量纲数的物理意义。

对于现实世界中的各类流动问题，存在许多不同的流体作用力。例如，海洋中的水波流动问题，流体可能会受到黏性力、惯性力、重力、表面张力和其他各类力作用。举一个实例，为了在造波水池中实现与实海中水波流动完全相似的模拟，要求水池中与实海中的雷诺数、弗劳德数、韦伯数完全相同。但是由于水池相对海洋尺度必然是缩尺的，因而不可能实

现完全相似。实际上，水池实验室只能针对那些重要的作用力成分，实现部分流体作用力相似。对于水波流动，重力作用远远大于黏性力作用，如百米量级波长的水波，其雷诺数为 10^9 量级，弗劳德数的数量级为 1，因此惯性力远大于黏性力，而惯性力与重力为同一数量级。因而，在造波实验室，主要从弗劳德数相似出发，实现动力相似。

例题 6-2 当风吹过烟囱时，涡旋脱落并形成尾迹(图 6.4.1)。涡旋脱落的频率 f 取决于烟囱的直径 D、长度 L、风速 V，以及空气的运动黏性系数 ν。

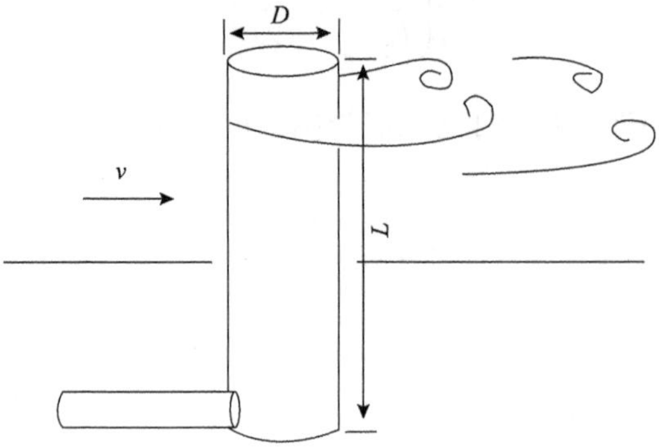

图 6.4.1　烟囱处的涡旋脱落

(1) 根据脱落频率对其他无量纲组的依赖性，表示无因次化形式的脱落频率。

(2) 如果要在风洞中测试一个 1/10 尺度的模型，则需要完全的动态相似性。

①与全尺度下烟囱所经历的风速相比，风洞中所需的风速是多少？

②与全尺度下烟囱产生的脱落频率相比，风洞中观察到的脱落频率是多少？

解　可以得到以下形式：

$$f = \phi(D, L, V, \nu)$$

因此，$N = 5$。

对于①问题，写下量纲矩阵如表 6.4.2 所示。

表 6.4.2　量纲矩阵(三)

量纲	变量				
	f	D	L	V	ν
L	0	1	1	1	2
T	–1	0	0	–1	–1

矩阵的秩 r 是 2，所以需要 $N - r = 3$ 个独立无量纲组，两个明显的无量纲组 Π 是雷诺数和长度直径比。也可以利用直径和速度使频率无因次化。

$$\frac{fD}{V} = \phi'\left(\frac{VD}{\nu}, \frac{L}{D}\right)$$

$\dfrac{fD}{V}$称为施特鲁哈尔数，它总是出现在具有主频率的非定常问题中。

对于②问题，为了实现动态相似性，模型实验中的无量纲组Π，必须与全尺度流动相等，则

$$\left(\frac{VD}{\nu}\right)_{\mathrm{m}}=\left(\frac{VD}{\nu}\right)_{\mathrm{p}}, \quad \left(\frac{fD}{V}\right)_{\mathrm{m}}=\left(\frac{fD}{V}\right)_{\mathrm{p}}, \quad \left(\frac{L}{D}\right)_{\mathrm{m}}=\left(\frac{L}{D}\right)_{\mathrm{p}}$$

式中，下标 m 与 p 分别表示模型和原型(全尺度值)。

根据雷诺数的相似性要求：

$$\frac{V_{\mathrm{m}}D_{\mathrm{m}}}{\nu_{\mathrm{m}}}=\frac{V_{\mathrm{p}}D_{\mathrm{p}}}{\nu_{\mathrm{p}}} \text{或} \frac{V_{\mathrm{m}}}{V_{\mathrm{p}}}=\frac{D_{\mathrm{p}}}{D_{\mathrm{m}}}\frac{\nu_{\mathrm{m}}}{\nu_{\mathrm{p}}}$$

因为$\nu_{\mathrm{m}}=\nu_{\mathrm{p}}$(两种情况下的液体均为空气)，$D_{\mathrm{p}}=10D_{\mathrm{m}}$，所以可得

$$V_{\mathrm{m}}=10V_{\mathrm{p}}$$

施特鲁哈尔数的相似性，由下式给出：

$$\frac{f_{\mathrm{m}}d_{\mathrm{m}}}{V_{\mathrm{m}}}=\frac{f_{\mathrm{p}}D_{\mathrm{p}}}{V_{\mathrm{p}}} \text{或} \frac{f_{\mathrm{m}}}{f_{\mathrm{p}}}=\frac{D_{\mathrm{p}}}{D_{\mathrm{m}}}\frac{V_{\mathrm{m}}}{V_{\mathrm{p}}}$$

因为$V_{\mathrm{m}}=10V_{\mathrm{p}}$，$D_{\mathrm{p}}=10D_{\mathrm{m}}$，所以

$$f_{\mathrm{m}}=100f_{\mathrm{p}}$$

为了具有一个动态相似模型，需要用比自然风速高 10 倍的速度运行风洞实验，并且预计其脱落频率将是全尺度下烟囱的 100 倍。

第三部分　流体力学应用基础

第 7 章　管道内层流与湍流

第 7 章和第 8 章将讨论黏性流动，即流体受力的黏性应力重要且流动能量的黏性耗散显著的流动。本章将专注于管道的内部流动。第 8 章讨论外部流动，如飞机、汽车和船舶表面外的流动。

在水利和石油管道、天然气和废水输送工程，建筑和车辆的采暖、空调系统以及各种换热器系统设计中，不同截面形状的管道和管内流动，都有极其重要的工程应用。在生物的呼吸与血液循环管道系统中，空气和血液流也受黏性效应的支配。

理解黏性流动有三个基本现象非常重要：一是源于流体质点间相对运动而出现黏性应力的现象；二是源于流体与固体接触表面非滑移的流体速度梯度现象；三是源于雷诺数增大而出现层流向湍流过渡的现象。

对于长管道内的流动，还有一个重要现象，即管中远离管道入口处沿着管道截面的流速分布与距离入口处的管长无关的现象，称为充分发展的管流。

下面将对若干个黏性流现象逐一给予剖析。

7.1　黏性流的三个基本现象

7.1.1　黏性应力现象与雷诺数的意义

流动性是流体最为显著的特性，流动会改变流体的形状，流动的原因是流体不能抵抗切应力。当流体流动起来，流体质点之间出现相对运动时，切应力发生作用。切应力的大小直接相关于流体变形速率，即流体中一部分流体相对于另一部分相邻流体的运动速度。也可以理解为，切应力大小取决于流动的速度梯度。根据 1.6.1 节介绍的牛顿内摩擦定律，对于 x-y 平面内二维流动，切应力表示为

$$\tau_{yx}=\mu\frac{\partial u}{\partial y} \tag{7.1.1}$$

对于水和空气等常见流体，在常规压力和温度下，其流动都满足式(7.1.1)，称为牛顿流体。

根据 5.3.2 节介绍的黏性流体运动微分方程，将黏性剪切应力作用于流体，得到纳维-斯托克斯方程，对于不可压缩黏性流体，其形式为

$$\rho\frac{\mathrm{D}\boldsymbol{V}}{\mathrm{D}t}=-\nabla p+\rho\boldsymbol{g}+\mu\nabla^2\boldsymbol{V} \tag{7.1.2}$$

纳维-斯托克斯方程是关于时间和空间坐标的偏微分方程，特别是其左端物质导数项含有的位变导数关于速度是非线性的，这就造成该方程一般条件下的解析求解非常困难。然而，根据量纲齐次原理，见 6.3.2 节，可以得到无量纲形式的纳维-斯托克斯方程：

$$\frac{\mathrm{D}\boldsymbol{V}'}{\mathrm{D}t'}=-\frac{1}{2}\nabla'p'+\frac{1}{F_\infty^2}\frac{\boldsymbol{g}}{g}+\frac{1}{Re_\infty}\nabla'^2\boldsymbol{V}'$$

通过适当选择特征长度和特征速度，该方程从左到右每一项分别代表流场中的无量纲惯性力、无量纲压强、无量纲重力、无量纲黏性应力。其中，所有导数的数量级为 1，各项的系数则表示该项力与流动惯性力之比。方程右端第 3 项为黏性项，其系数为雷诺数的倒数，因此雷诺数表示流体惯性力与黏性力之比。显然，当雷诺数较小时，如小于 1，黏性力作用在流场中各点处都非常重要。

接近 1 的低雷诺数意味着非常低的流速，或者非常小的特征长度，或者非常大的运动黏性系数，或者三者兼而有之。例如，一只 1mm 长的小鱼，游动速度 1mm/s，水的运动黏性系数为$10^{-6}\,\mathrm{m}^2/\mathrm{s}$，小鱼扰流雷诺数恰好为 1。空气中的灰尘飘舞、轴承中润滑油流动的雷诺数都极小。这些黏性应力主导的流动称为蠕变流。

在本章以下各节中，讨论更具广泛工程应用背景的基本黏性流动，其特点是雷诺数较高，达到数百成千的数量级，这种情况下，黏性仅在速度梯度较大的流体薄层中起到重要作用，如边界层中、充分发展的管内流中、射流和尾流中。

7.1.2　边界层现象与充分发展的流动

流动经过固体壁面时，无滑移条件要求流体在壁面上不发生相对运动，因此在壁面附近流域存在强烈的速度梯度，大量实验观察结果表明，如果雷诺数比较大，该高梯度流域总是很薄，则称为边界层。边界层内速度梯度大，会产生显著的黏性应力和机械能耗散。边界层外的流域称为自由流，有时也称为无黏自由流。注意，这并不意味着流体是无黏性的，而是因为自由流域中速度梯度很小，黏性应力可以忽略不计。

考虑平板上方黏性流体沿着平行于平板方向的简单流动，如果关注平板边界层内某任意点的局部流动，根据 1.6 节讨论的流体动量输运性质，黏性扩散现象趋于平滑边界层内的速度差。也就是说，黏滞应力有降低关注点在其高流速一侧的流动速度的趋势，而在低流速一侧，则有增加流速的作用。因此，当关注点位于边界层过渡到自由流的边缘位置时，黏滞作用也会趋于减慢自由流一侧的速度，随着流动向下游推进，越来越多自由流体受到黏性摩擦的影响。因此，边界层的厚度会随着向下游距离增大而增大。

对于内部流动，如水管内或风道内的流动，随着向下游距离增大，边界层厚度不断扩大，最终在管内中心点相遇，黏性扩散趋于平衡，速度剖面达到渐近状态，此时流动称为完全发展的流动。这种状态下，黏性摩擦在整个管道流横截面上都非常重要，不存在自由流。如图 7.1.1 所示，所有相邻流层相互摩擦，管内速度剖面不再随向下游距离增大而发生变化。因此，充分发展流动中的加速度为零。对于管内层流流动，充分发展的流态出现在管口向内

长度为 $0.03Re_D$ 倍直径处，其中 Re_D 表示基于管径和平均流速的雷诺数。例如，$Re_D=1000$ 时，流动在管口向内长度大于 $30D$ 后充分发展。对于管内湍流流动，充分发展的流态一般在管口向内长度大于 $25D\sim40D$ 后出现。

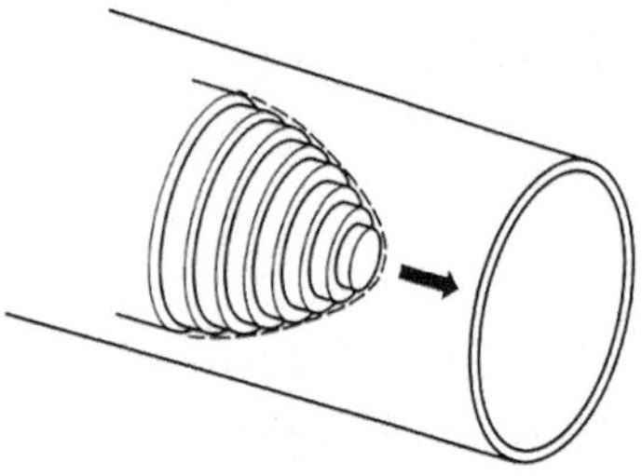

图 7.1.1 管内充分发展的层流示意图

对于外部流动，如船舶绕流，随着从船首部向下游距离增大，流动速度分布不会像管内流那样出现渐近状态，船体边界层厚度不断扩大。即使是定常流动，边界层内部黏流和外部势流都存在位变加速度。但是边界层的厚度相对于边界层的长度仍是小量。

对实际应用中的管内流动，因为管路细长，所以管内几乎都是充分发展的流动状态。而充分发展管内流动不存在加速度，管内距管壁面同样距离的流线上，其流速不变。因此，方程(7.1.2)左端加速度项为零，流体黏性力与压强梯度(或重力)相平衡。如果没有重力和压强梯度，那么流动必然减速直到静止，所以维持管内流动，必须有压强或重力对流体做功。

黏性应力导致流体层之间的摩擦，会引起流动机械能损失而转变为热能。亚声速流动中温度变化不大，流动生热一般并不重要。然而，在亚声速闭环风洞中，气流在风洞内循环摩擦，同时风扇持续对空气做功保持风洞内流速。如果流速较大，气流黏性摩擦生热，为保持温度不变，一部分热量通过风洞壁面热传导而消耗掉，另一部分热量则需要通过风洞增加冷却管来降温。

对于马赫数大于 1 的超声速流动，边界层内出现很强的速度梯度，黏性耗散会产生足够多的热量来改变流体的密度。对于马赫数远大于 1 的高超声速流，流体摩擦生热足以使流体分子电离和解离，因此对于航天器的大气层再入，需要加装热保护系统以避免对航天器的损坏。

7.1.3 过渡流与湍流现象

对于固体表面附近的流动，当基于自由来流速度和流动特征长度的雷诺数很小时(这里“小”表示根据自由流速度和流动特征长度定义的雷诺数小于 10000)，用相邻流体层的滑动模型来描述近壁面流场，流体层之间的相对运动则会产生黏性剪切应力，这类流动称为层流。对于更高雷诺数下的流动，壁面附近流场则会改变性质，不再是层间平滑有序的规则流。而会出现不规则的涡流运动，称为湍流或紊流。因为湍流内部显著的流速脉动，湍流内部的黏性能量耗散比层流要大得多。

可以举出一个例子说明层流到湍流的过渡。你可能曾经看到别人吸香烟的烟雾平稳上升了一小段距离，然后突然向一边移动，或者向上，或者向下，变成了一种似乎混乱的混沌流动。

湍流流动在进行一个特定方向上平均流动的同时，会存在复杂的三维随机流速脉动。这些随机运动有助于湍流流动的混合，例如，流场中温度和速度的差异，在湍流作用下，相对于层流会更快地被平滑。

实际上，湍流会引发明显的流体混合和伴随能量耗散。就像固体摩擦一样，流体湍流对人类来说是一把双刃剑。如果没有湍流产生的混合，地球周围的空气将很难平均热量，大气层就无法维持人类生存。但是另一方面，沙尘暴也就不会发生，河流也不会从山川中带走大量泥沙到海边。如果没有湍涡，游泳运动员和帆船则无法前行。就如没有摩擦力，汽车只能保持静止。

7.2　管内层流：泊肃叶流动

泊肃叶流动(Poiseuille flow)是指充分发展的圆管内层流流动。对于两平板之间充分发展的层流流动则称为平面泊肃叶流。对于这两类流动，纳维-斯托克斯方程有准确的解析解。圆管内泊肃叶流与平面泊肃叶流的解非常相似。仅相差一个常数项，首先给出平面泊肃叶流的解。

7.2.1　平面泊肃叶流

考虑矩形截面长管道中的常密度流体的流动，入口流速恒定，管道内平均流速为 $\bar{V}$，矩形截面的高度为 D，宽度为 W，假设 $W \gg D$，可看作两层平板之间的流动。远离入口处流动为充分发展的层流流动，管内层流流动要求雷诺数 $\bar{V}D/\nu < 2000$。

如图 7.2.1 所示，假设管道水平放置，可以忽略重力的影响，对于分析充分发展的层流，加速度为零，因此纳维-斯托克斯方程简化为

$$0 = -\frac{1}{\rho}\nabla p + \nu\nabla^2 \boldsymbol{V} \tag{7.2.1}$$

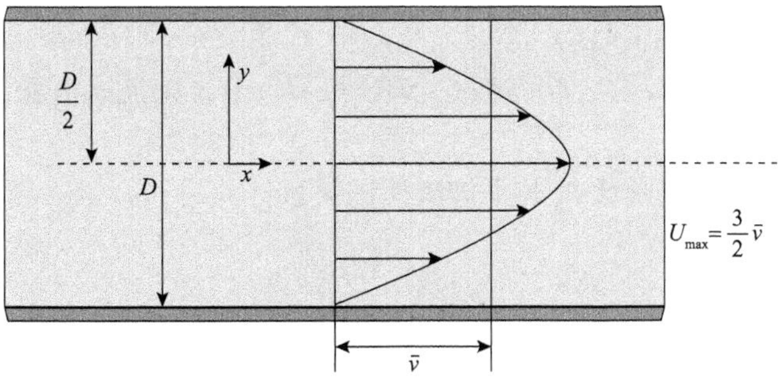

图 7.2.1　两平行平板间充分发展的层流流动

进一步分析，可以发现该流动还有三个显著特点。

(1) 由于管内流线水平，只有沿着 x 轴的速度分量，即 $\boldsymbol{V} = u\boldsymbol{i}$。

(2) 不存在沿着 y 轴方向的流速，因此根据方程(7.2.1)，压强沿着管道截面方向不变，只可能沿着 x 轴变化，即 $p = p(x)$。

(3) 因为充分发展流动沿着流线速度不变，所以流速只能在横截面内变化，即 $u = u(y)$。

方程(7.2.1)简化为

$$\frac{\mathrm{d}p}{\mathrm{d}x} = \mu\frac{\mathrm{d}^2 u}{\mathrm{d}y^2} \tag{7.2.2}$$

式中，$\mu=\rho\nu$，偏微分方程(7.2.2)可以用分离变量法求解。压强 p 仅是 x 的函数，而速度 u 仅仅是 y 的函数，因此方程两边只有都等于某常数 C_0 时，才能成立，于是有

$$\mu\frac{\mathrm{d}^2u}{\mathrm{d}y^2}=C_0 \tag{7.2.3}$$

$$\frac{\mathrm{d}p}{\mathrm{d}x}=C_0 \tag{7.2.4}$$

对于二阶常微分方程(7.2.3)可以积分两次，得到

$$u=\frac{1}{2}\frac{C_0}{\mu}y^2+C_1y+C_2$$

积分常数 C_1 和 C_2 需要用边界条件确定，将上下平板的无滑移条件 $y=\pm D/2(u=0)$ 和中心对称条件 $\mathrm{d}u/\mathrm{d}y=0(y=0)$ 代入上式，可得

$$u=\frac{C_0D^2}{8\mu}\left[\left(\frac{2y}{D}\right)^2-1\right] \tag{7.2.5}$$

因此，对照 6.2.3 节管道流无量纲分析举例，矩形管道流平均速度为

$$\bar{V}=\frac{1}{A}\int_{截面}u\mathrm{d}A=\frac{1}{WD}\int_{-D/2}^{D/2}uW\mathrm{d}y=-\frac{C_0D^2}{12\mu} \tag{7.2.6}$$

从式(7.2.6)可以发现，当常数 $C_0<0$ 时，$\bar{V}>0$，流速沿着 x 轴正向，进一步根据式(7.2.4)，压力梯度 $\mathrm{d}p/\mathrm{d}x=C_0<0$。反之，当常数 $C_0>0$ 时，$\bar{V}<0$，则流速沿着 x 轴负向，压力梯度 $\mathrm{d}p/\mathrm{d}x>0$。

于是可以得到变量分离常数 C_0 与平均流速的关系：

$$C_0=-\frac{12\mu\bar{V}}{D^2} \tag{7.2.7}$$

因此，将式(7.2.7)代入式(7.2.5)，可得

$$\frac{u}{\bar{V}}=\frac{3}{2}\left[1-\left(\frac{2y}{D}\right)^2\right] \tag{7.2.8}$$

可见，两层平板间充分发展层流的流速为抛物线分布。如图 7.2.1 所示，最大速度发生在中线处为 $u_{\max}=\frac{3}{2}\bar{V}$。

根据式(6.2.5)定义的摩擦阻力系数，其中有沿着 x 轴正向压强降 $\Delta p/L=-\mathrm{d}p/\mathrm{d}x$，可得

$$f=\frac{\dfrac{\Delta p}{L}D}{\dfrac{1}{2}\rho\bar{V}^2}=\frac{-\dfrac{\mathrm{d}p}{\mathrm{d}x}D}{\dfrac{1}{2}\rho\bar{V}^2}=\frac{12\mu\bar{V}}{D^2}\frac{2D}{\rho\bar{V}^2}=\frac{24\mu}{\rho D\bar{V}} \tag{7.2.9}$$

因此

$$f=\frac{24\mu}{\rho D\overline{V}}=\frac{24}{Re} \tag{7.2.10}$$

这就是矩形横剖面长管道，或称两层平板间充分发展层流的摩擦阻力系数与雷诺数的关系。其中，雷诺数 $Re=(\rho D\overline{V})/\mu$，一般在 $Re<1400$ 时满足，其准确值依赖于高度宽度比。

进一步分析上平板内壁面的黏性摩擦应力 τ_w，根据牛顿内摩擦定律，由式(7.2.5)可得

$$\tau_w=\mu\left.\frac{\partial u}{\partial y}\right|_w=C_0\frac{D}{2}=\frac{D}{2}\frac{\mathrm{d}p}{\mathrm{d}x} \tag{7.2.11}$$

这个结果同样可以利用控制体方法得到，请读者自行完成。

7.2.2　圆管内泊肃叶流

考虑水平放置内壁光滑的圆管内流动，根据 6.2.3 节的无量纲分析，光滑圆管内无量纲化管流压降(管道摩擦系数 λ)可表示为

$$\lambda=\frac{\Delta p}{\frac{1}{2}\rho\overline{V}^2}=\overline{f}\left(\frac{L}{D},\frac{\rho\overline{V}D}{\mu}\right) \tag{7.2.12}$$

式中，Δp 为管流过长度 L 后的压降；$\overline{V}$ 为管道内横截面平均流速。式(7.2.12)表明圆管内流动无量纲压降依赖于管径雷诺数和距离管口的无量纲距离。如果深入管内较长，将达到一种流动渐近状态，流速不再随长度增大而变化，即充分发展的流动。这时的流动压强降低，可表示为

$$\frac{\Delta p}{\frac{1}{2}\rho\overline{V}^2}=f\left(\frac{\rho\overline{V}D}{\mu}\right)=f(Re) \tag{7.2.13}$$

即管道摩擦系数仅是管径雷诺数的函数。

对于水平放置圆管内充分发展的层流流动，加速度项为零，将简化的纳维-斯托克斯方程表示为圆柱坐标系下的形式：

$$\frac{1}{\rho}\frac{\mathrm{d}p}{\mathrm{d}x}=\frac{\nu}{r}\frac{\mathrm{d}}{\mathrm{d}r}\left(r\frac{\mathrm{d}u}{\mathrm{d}r}\right) \tag{7.2.14}$$

采用类似 7.2.1 节的分离变量法求解，方程(7.2.14)两端分别是不同自变量 x 和 r 的函数，两端必然等于同一常数 K，即

$$\frac{\rho\nu}{r}\frac{\mathrm{d}}{\mathrm{d}r}\left(r\frac{\mathrm{d}u}{\mathrm{d}r}\right)=K_0 \tag{7.2.15}$$

$$\frac{\mathrm{d}p}{\mathrm{d}x}=K_0 \tag{7.2.16}$$

积分式(7.2.15)一次得到

$$r\frac{\mathrm{d}u}{\mathrm{d}r}=K_0\frac{r^2}{2\mu}+K_1$$

再积分一次得到

$$u=K_0\frac{r^2}{4\mu}+K_1\ln r+K_2$$

利用边界条件确定积分常数。将管壁无滑移条件 $u=0\left(r=\pm\dfrac{D}{2}\right)$ 和中心对称条件 $\dfrac{\mathrm{d}u}{\mathrm{d}y}=0(r=0)$ 代入上式得到

$$u=\frac{K_0D^2}{16\mu}\left[\left(\frac{2r}{D}\right)^2-1\right] \tag{7.2.17}$$

类似平面泊肃叶流，可得圆管内平均流速：

$$\overline{V}=\frac{1}{A}\int_{截面}u\mathrm{d}A=\frac{4}{\pi D^2}\int_0^{D/2}u2\pi r\mathrm{d}r=-\frac{K_0D^2}{32\mu} \tag{7.2.18}$$

于是可得

$$K_0=-\frac{32\mu\overline{V}}{D^2} \tag{7.2.19}$$

因此，将式(7.2.19)代入式(7.2.17)得到

$$\frac{u}{\overline{V}}=2\left[1-\left(\frac{2y}{D}\right)^2\right] \tag{7.2.20}$$

发现圆管内层流的流速沿着圆管横剖面为抛物线分布，这与两平板间层流的流速分布形式一样，但是圆管中心线处最大速度是平均流速的 2 倍，而平面层流为 1.5 倍。

可得圆管层流的摩擦系数为

$$f=\frac{\dfrac{\Delta p}{L}D}{\dfrac{1}{2}\rho\overline{V}^2}=\frac{-\dfrac{\mathrm{d}p}{\mathrm{d}x}D}{\dfrac{1}{2}\rho\overline{V}^2}=\frac{32\mu\overline{V}}{D^2}\frac{2D}{\rho\overline{V}^2}=\frac{64\mu}{\rho D\overline{V}}$$

即光滑圆管内层流的摩擦系数为

$$f = \frac{64}{Re} \tag{7.2.21}$$

式中，雷诺数 $Re = (\rho D\bar{V}) / \mu$，一般在 $Re < 2300$ 时满足。

进一步分析圆管内壁面的黏性摩擦应力，根据牛顿内摩擦定律可得

$$\tau_w = \mu \left.\frac{\mathrm{d}u}{\mathrm{d}r}\right|_w = K_0 \frac{D}{4} = \frac{D}{4}\frac{\mathrm{d}p}{\mathrm{d}x} \tag{7.2.22}$$

这个结果同样可以利用控制体方法得到，请读者自行完成。

7.3　管内过渡流和湍流

7.3.1　管内过渡流

圆管的摩擦系数如图 7.3.1 所示，称为穆迪图。正如 6.2.3 节的分析，图表中所有曲线数据仅依赖 3 组无量纲量：摩擦系数 f、雷诺数 Re_D 和相对粗糙度 k/D。该结论对管内层流和湍流都适用。

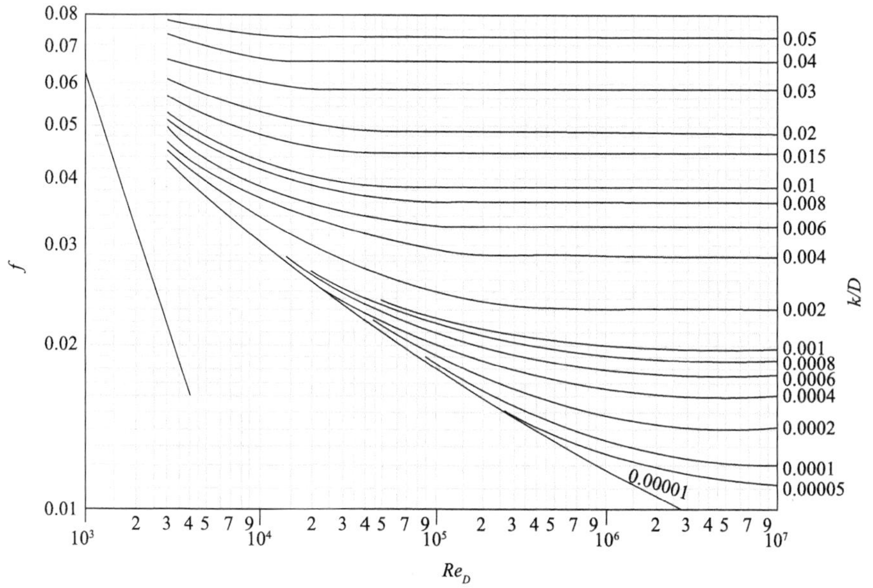

图 7.3.1　穆迪图

穆迪图中雷诺数小于 2300 只有一条曲线，对应管内层流流动，由 7.2 节的泊肃叶流分析可知，管内层流存在光滑的速度梯度，管内压降完全是由速度梯度引起的黏性应力引起的。管壁粗糙度并不影响层流区的摩阻。

然而，当雷诺数大于 2300 时，就会出现从层流向湍流的过渡流，发生过渡流的准确雷诺数依赖于管壁粗糙度、管子振动和流噪声水平。

为什么雷诺数对于黏性流动那么重要？为什么雷诺数不同流动状态会发生质的变化？可以用一个弹簧-阻尼系统举例说明，大家都有乘坐汽车的经历，不同的汽车其悬挂系统也不同。当汽车行驶在凹凸不平的道路上时，汽车弹簧系统主要用于光顺汽车车体的运动，如果没有震动的吸收装置，则汽车在经过崎岖道路时，会持续振动。汽车吸振器通过黏性阻尼作用耗散振动能量，降低振动幅度，如果吸振器作用强，汽车振动很快就消失。如果吸振器作用弱，振动会持续较长时间。如果道路激振频率在某个频带引起共振，汽车振动幅度会增大，导致汽车运动不稳定甚至失控。

与振动类似，流体运动的稳定性取决于流动加速度与黏性阻尼的相对强度，并通过雷诺数的大小，即流动典型惯性力与典型黏性力之比来反映。对于低雷诺数流动，黏性力大于惯性力，流动就像汽车有很好的悬挂减振系统，流速中的小扰动，如流动边界的粗糙度、外部振动引起的压力扰动或噪声，会被抑制增长甚至阻尼掉。对于圆管内流，对应其雷诺数小于 2300 的情况。当雷诺数增大时，黏性力相对惯性力变小；当雷诺数增大到某点时，流速的小扰动会不断增长，就像减振器性能差的汽车一样，流动变得很不稳定，流动经历从层流到湍流的过渡，流场中的扰动将会保持而不会消失。

流动从层流到湍流的过渡点，也依赖于扰动的频率和幅值，如果扰动幅值较小，就像路面凸起不高的情形，或者扰动出现的频率远离共振频率，过渡到湍流的雷诺数就会高于临界值。过渡点并不对应单个雷诺数，通过控制环境扰动，可以延迟到相对较大的雷诺数。当雷诺数很高时，不可能保持层流流动，因为很小的扰动就会被放大使流动变为湍流。

7.3.2　管内湍流

对于湍流，流动中相当大部分的机械能用于形成或保持随机涡流运动，最终这些流动动能耗散为热能。对于给定雷诺数，预期湍流的流阻大于层流的流阻，图 7.3.1 的穆迪图证实了这一预测。此外，湍流受到边界壁面粗糙度影响，在同样雷诺数的情况下，湍流的壁面摩擦系数大于层流。壁面粗糙单元可以产生新的湍流涡，因此增大粗糙度就会增大摩阻。如果粗糙度很大，并且雷诺数增大超过一定值后，摩擦系数就与雷诺数无关，摩擦系数仅是相对粗糙度的函数。例如，当相对粗糙度 $k/D = 0.006$ 并且 $Re_D > 3\times10^5$ 时，图 7.3.1 显示摩擦系数成为常数，$f = 0.032$。

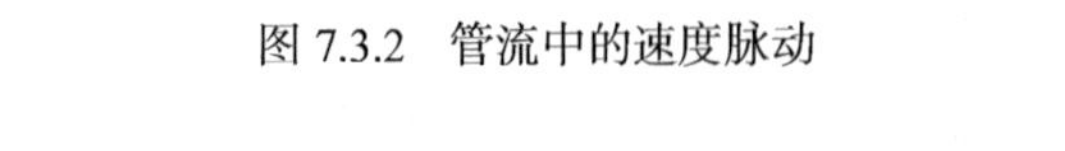

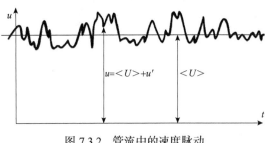

图 7.3.2　管流中的速度脉动

湍流中的非定常涡相互之间不断运动，导致流速和压强的起伏脉动，如果测量沿着圆管平均流速方向的瞬时流速，将看到如图 7.3.2 所示的变化。

定义一个关于时间的平均流速 U (时均速度)，即

$$U \equiv \lim_{T\to\infty}\frac{1}{T}\int_{t}^{t+T} u\mathrm{d}t \tag{7.3.1}$$

流速的脉动值为 $u' = u - U$ ，于是 U 不随时间而变，但是 u' 仍是时间的函数。可以定义均方根湍流强度，$u_{\text{RMS}} = \sqrt{\overline{u'^2}}/U$ ，其中

$$\overline{u'^2} \equiv \lim_{T\to\infty}\frac{1}{T}\int_t^{t+T}(u-U)^2\,\mathrm{d}t \tag{7.3.2}$$

湍流是三维的，所以流速脉动值有三个分量：u', v', w' 。

湍流涡运动时相互作用，并交换动量和能量。例如，靠近管中心线的涡，可能向管壁处运动，并与管壁处的涡相互作用，因为管中心线平均流速大于管壁处流速，所以两个涡将发生混合，从而抹平其动量差。这个过程表面上非常像分子热运动的黏性抹平相邻两层流体的动量梯度，但是两者的性质并不相同，所以称湍流具有涡黏性(eddy viscosity)。因为湍流混合会加速流体输运，涡黏性一般比分子黏性高若干数量级。

湍流的一个重要特点是加速流动混合：湍涡运动能够将流体动量、能量和质量快速地输运，因而比层流流动能够更有效地光滑抹平流速、热量和质量的分布差异。如图 7.3.3 所示，管内湍流的时均速度分布比管内层流的速度分布更趋于均匀。湍流速度剖面不再是抛物线分布，可近似为指数分布，例如：

$$\frac{U}{U_{\text{CL}}} = \left(\frac{2y}{D}\right)^{1/n} \tag{7.3.3}$$

式中，U_{CL} 是管中心线上的平均速度；y 是到管壁的距离；指数 n 随着雷诺数而变化。对于 $Re > 10^5$ ，$n = 7$ 。

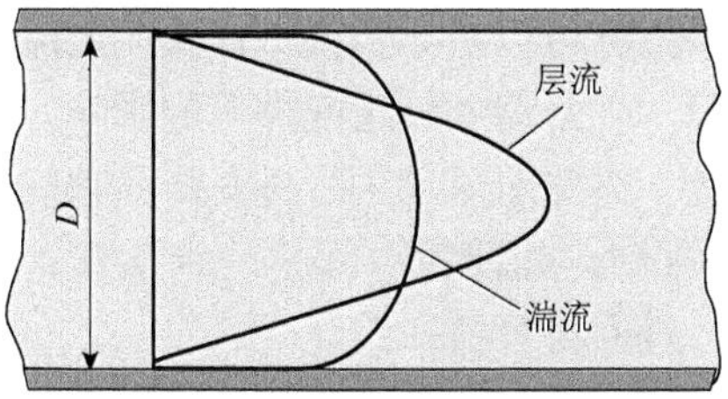

(a)比较层流和时间平均流速剖面图

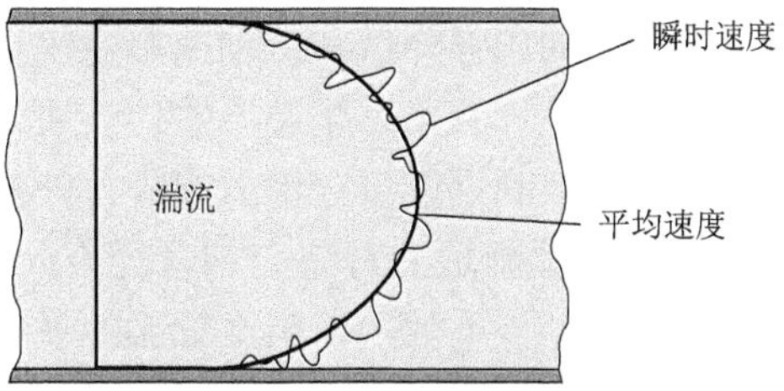

(b)湍流瞬时速度与平均速度曲线比较

图 7.3.3　层流和湍流管道流中流速度的分布

作为流动混合的结果，同样雷诺数情况下，湍流在壁面上的速度梯度高于层流的速度梯度，因而壁面的黏性剪切应力更大，见图 7.3.3(a)。这个结论与湍流中能量耗散更大，压强降低更显著是相容的，因为利用控制体分析管流的动量平衡，可知大的压降在壁面上会有更大的摩擦应力。

需要注意的是，并不能利用方程(7.3.3)直接获得壁面剪切应力，因为这个近似速度分布在壁面处 $(y = 0)$ 的梯度是无穷大。在靠近壁面处，方程(7.3.3)是不准确的，到目前为止，对于湍流流动，并未发现准确的壁面速度解析解，也未得到摩擦系数随雷诺数变化的准确解。必须依赖实验数据以及缩尺变化和量纲分析。

对于圆管湍流摩擦系数，在雷诺数小于 10^5 时，经常使用布拉休斯(Blasius)摩阻公式：

$$f=\frac{0.3164}{Re^{0.25}} \tag{7.3.4}$$

在雷诺数大于 10^5 时，经常使用普朗特(Prandtl)的光滑圆管统一摩阻公式：

$$\frac{1}{\sqrt{f}}=2.0\lg\left(Re\sqrt{f}\right)-0.8 \tag{7.3.5}$$

图 7.3.1 对应湍流的光滑圆管摩擦系数是方程(7.3.4)和方程(7.3.5)的结合。更精确的统一方程如式(7.3.6)所示。

$$\frac{1}{\sqrt{f}}=1.873\lg\left(Re\sqrt{f}\right)-0.2631-\frac{233}{\left(Re\sqrt{f}\right)^{0.9}} \tag{7.3.6}$$

该方程适用于$1\times10^4 < Re < 3.5\times10^7$范围，误差小于 1.4%。

7.4 管流系统能量方程

目前，仅讨论了简单的等截面圆管或扁平矩形截面管的流动。实际应用中，这些简单管流都是复杂管流系统的一部分。管流系统可能包含管路上管径的逐渐扩张或突然增大，也可能在某些位置安装阀门，还有可能存在管流入/流出水箱等。这些变化会引起管内流动系统的能量损失并表现为流动压强降低。管壁粗糙度也非常重要，随着流管使用时间的延长，内壁腐蚀会引起粗糙增大，于是由摩擦引起的能量损失显著增强。设计管路系统时，必须考虑能量损失带来的压强降低和流动速率变化。穆迪图虽然可以指导我们估计管内层流和湍流的摩阻，但是对设计管路系统还不够，必须分析阀门、扩张器和管道配件等的影响。

管流系统一般利用能量守恒方程进行分析，为此，需要对流动进行进一步简化。

第一，黏性管流是沿着流向和管径方向的二维流动，而能量方程是一维形式，因而需要引进动能系数。该系数用以定义管流的平均流速，进而将管流一维化。

第二，在能量守恒方程中引进管流摩擦系数和能量损失系数，用于表达管流的动能损失，这些系数一般通过可能的理论分析，或者实验确定的经验关系给出。

7.4.1 管流动能系数

考虑一段变化剖面管道中的不可压流体的定常流动，如图 7.4.1 所示，引入控制体积，并利用 3.5 节积分形式的能量方程(3.5.6)，写出其定常流形式为

$$\int_{\mathrm{CS}}(\boldsymbol{n}\cdot\rho\boldsymbol{V})\left(\hat{u}+\frac{p}{\rho}+\frac{1}{2}V^2+gz\right)\mathrm{d}A=\dot{W}_{\mathrm{shaft}}+\dot{Q} \tag{7.4.1}$$

式中，$\dot{Q}$是外界对流体的传热；$\dot{W}_{\mathrm{shaft}}$是水泵或者汽轮机等机械对流体所做的功；$\hat{u}$是单位质量流体具有的内能。

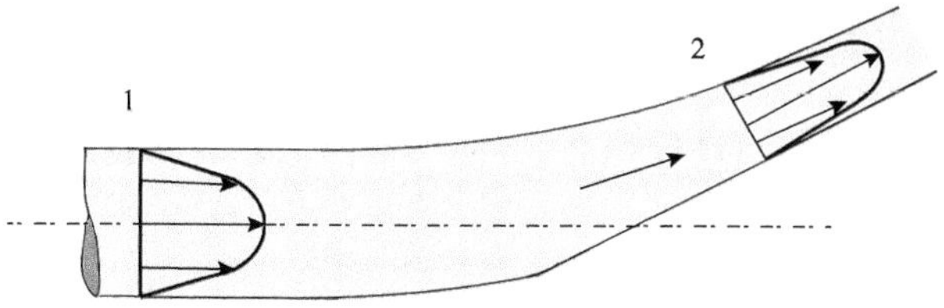

图 7.4.1　变剖面定常流示意图

如果图 7.4.1 中剖面 1 和 2 处的压强和内能在剖面内均匀分布，方程(7.4.1)可写为

$$\dot{W}_{\text{shaft}}+\dot{Q}=\dot{m}(\hat{u}_2-\hat{u}_1)+\dot{m}\frac{1}{\rho}(p_2-p_1)+\dot{m}g(z_2-z_1)+\int_{\text{CS2}}\rho V_2\left(\frac{1}{2}V_2^2\right)\mathrm{d}A_2-\int_{\text{CS1}}\rho V_1\left(\frac{1}{2}V_1^2\right)\mathrm{d}A_1 \tag{7.4.2}$$

流速 V_1 和 V_2 沿着管截面存在变化时，流体动能沿着截面分布也会不同，为了化简为一维能量方程，引进基于管截面平均流速 $\bar{V}$ 的等价动能表达，基于平均流速 $\bar{V}$ 的优点在于其容易测量。例如，水管的平均流速可以通过流量计，甚至一个水桶加秒表，获得体积流量变化率，然后除以管截面积获得平均流速。

那如何进一步获得等价动能的表达？一个基本要求是管流的动能通量(kinetic energy flux)要能准确表述。因此，引进管流平均动能通量，等于以平均流速表达的平均动能乘以体积流量率，即

$$\text{平均动能通量}=\left(\alpha\frac{1}{2}\rho\bar{V}^2\right)(\bar{V}A)=\frac{1}{2}\alpha\rho\bar{V}^3A$$

通过要求平均动能通量等于实际动能通量，即

$$\text{管流实际动能通量}=\int\frac{1}{2}\rho V^3\mathrm{d}A=\frac{1}{2}\alpha\rho\bar{V}^3A$$

得到

$$\text{动能系数}\,\alpha=\frac{1}{\bar{V}^3A}\int V^3\mathrm{d}A \tag{7.4.3}$$

显然，管流动能系数 α 可以通过管流速度分布获得，7.2 节给出了管内层流的速度分布为抛物线形式。通过积分可知，管内层流动能系数 $\alpha=2.0$。

7.3 节分析管内湍流时知道其速度分布更为平坦，因而剖面内分布速度更接近平均流速。通过实验可知，管内湍流动能系数 $1.03<\alpha<1.08$。

于是管流能量方程中，动能通量可以从二维流形式转化为一维流形式：

$$\text{管流动能通量}=\int\frac{1}{2}\rho V^3\mathrm{d}A=\frac{1}{2}\alpha\rho\bar{V}^3A=(\rho\bar{V}A)\left(\frac{1}{2}\alpha\bar{V}^2\right)=\dot{m}\left(\frac{1}{2}\alpha\bar{V}^2\right)$$

方程(7.4.2)可以转化为

$$\frac{\dot{W}_{\text{shaft}}+\dot{Q}}{\dot{m}}=(\hat{u}_2-\hat{u}_1)+\frac{1}{\rho}(p_2-p_1)+g(z_2-z_1)+\left(\frac{1}{2}\alpha_2\bar{V}_2^2-\frac{1}{2}\alpha_1\bar{V}_1^2\right)$$

改写成如下表达：

$$\left(\frac{p_1}{\rho}+gz_1+\frac{1}{2}\alpha_1\bar{V}_1^2\right)-\left(\frac{p_2}{\rho}+gz_2+\frac{1}{2}\alpha_2\bar{V}_2^2\right)=(\hat{u}_2-\hat{u}_1)-\frac{\dot{W}_{\text{shaft}}+\dot{Q}}{\dot{m}} \tag{7.4.4}$$

对于管流的内能变化，将其写作 $(\hat{u}_2-\hat{u}_1)=gh_l$ 。其中，h_l 称为总压头损失或者流动损失，量纲为 $\dim h_l=\left[\text{L}^1\right]$，$h_l$ 代表由机械能到热能的不可逆转量。

最后，得到非常方便管流系统设计分析的能量方程：

$$\left(\frac{p_1}{\rho}+gz_1+\frac{1}{2}\alpha_1\bar{V}_1^2\right)-\left(\frac{p_2}{\rho}+gz_2+\frac{1}{2}\alpha_2\bar{V}_2^2\right)=gh_l-\frac{\dot{W}_{\text{shaft}}+\dot{Q}}{\dot{m}} \tag{7.4.5}$$

7.4.2　压头损失

下面讨论如何计算总压头损失 h_l，在管路系统分析时，总压头损失为沿程主要损失 $h_{l,\text{maj}}$ 和局部次要损失 $h_{l,\text{min}}$ 之和，即 $h_l=h_{l,\text{maj}}+h_{l,\text{min}}$ 。

沿程主要损失源自摩擦，对于管长为 L、管径为 D、平均流速为 $\bar{V}$ 的管流，主要损失可表示为

$$h_{l,\text{maj}}=f\frac{L}{D}\frac{\bar{V}^2}{2g} \tag{7.4.6}$$

式中，f 为摩擦系数。穆迪图上给出了不同相对粗糙高度 k/D 的管流摩擦系数随雷诺数的变化曲线。不同材料的等价粗糙高度见表 7.4.1，其中最小粗糙高度称为水力光滑。

表 7.4.1　不同材料管壁的粗糙高度

管材类型	粗糙高度 k/mm	管材类型	粗糙高度 k/mm
玻璃	光滑	木制管	0.18～0.90
沥青涂敷铸铁	0.12	水泥管	0.3～3.0
镀锌铁管	0.15	铆接钢管	1.0～10
铸铁管	0.26		

次要压头损失源自管路局部变化，如管路拐弯、截面变化或者增加阀门等，导致的流动分离和二次流。一旦发生流动分离，流体就不再沿着预定方向平稳地流动。如图 7.4.2 所示，流动分离产生的再循环涡流消耗大量的机械能。此外，当流动经过弯管，流体路径往往会发生扭曲，从而流向下游有两个速度分量，即向下游方向的分量和绕圆周方向的“二次流”。二次流吸收流动能量，增加总能量的损失。

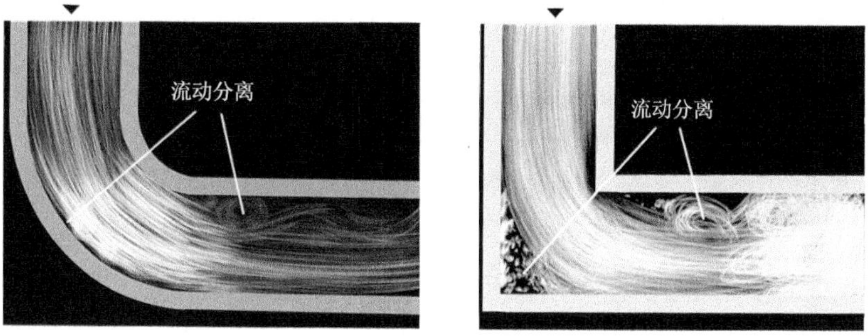

图 7.4.2　圆弧形弯道和直角形弯道的流动分离示意图

由于管道进口和出口，扩大和收缩产生的次要压头损失可写成

$$h_{l,\min} = K\frac{\overline{V}^2}{2g} \tag{7.4.7}$$

式中，K 是依赖管路安装形式的损失系数，管路直径突增 2 倍时，$K = 0.6$。从水库边壁开四边形口流入小直径管路时，$K = 0.5$。如果对管道入口进行微小的倒圆，就能显著降低损失系数。例如，当入口倒圆曲率半径仅为管径的15%时，损失系数就会降至 0.04(表 7.4.2)。此外，在管路弯道处引入导流叶片可以减少流动分离的程度，如图 7.4.3 所示，从而显著降低流动压头损失。

表 7.4.2　圆管出入口损失系数

出入口类型	损失系数
四边形入口	0.50
带有倒角($r/D=0.02$)入口	0.28
带有倒角($r/D=0.06$)入口	0.15
带有倒角($r/D=0.15$)入口	0.04
突然出口	1.00

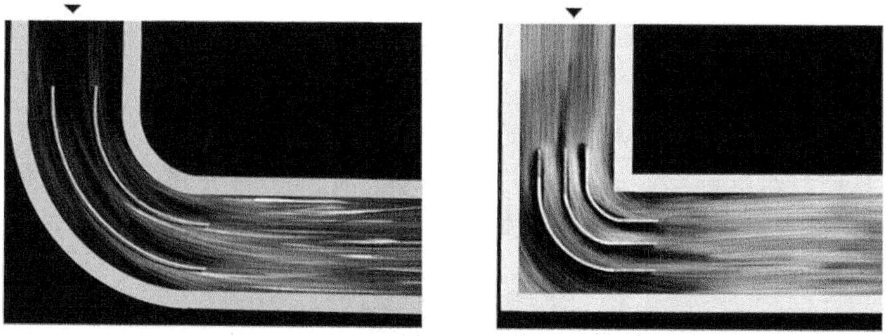

图 7.4.3　装有导流片的圆弧形弯道和直角形弯道的流动分离示意图

对于弯管、三通接头和阀门，局部压头损失有时可用等效长度为 L_e 的直管计算。在这种情况下，压头损失表达为

$$h_{l,\ \min}=f\frac{L_e}{D}\frac{\overline{V}^2}{2g} \tag{7.4.8}$$

对于球阀，$\frac{L_e}{D}=3$；对于闸门阀，$\frac{L_e}{D}=8$；对于 90°弯头，其曲率半径等于管径，$\frac{L_e}{D}=30$。

例题 7-1 图 7.4.4 显示了15.56℃时的水在铸铁管中流动($\nu=1.1247\times10^{-6}\ \mathrm{m^2/s}$)。压降 $p_1-p_2=167581\mathrm{Pa}$，高度差 $z_2-z_1=9.144\mathrm{m}$，长度 $L=45.72\mathrm{m}$，直径 $D=0.0762\mathrm{m}$。求出体积流速率 $\dot{q}$。忽略微小的损失，并假设该流是湍流的。

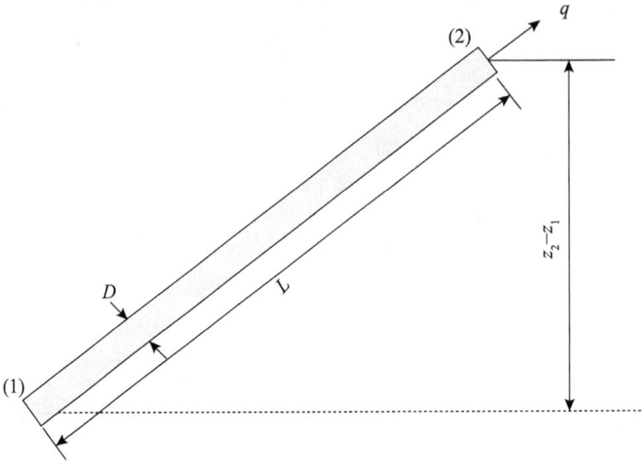

图 7.4.4 光滑管道中向上水流

解 要找到 $\dot{q}$，需要知道管道 V 中的平均速度。由一维能量方程得出：

$$\left(\frac{p_1}{\rho}+\alpha_1\frac{\overline{V}^2}{2}+gz_1\right)-\left(\frac{p_2}{\rho}+\alpha_2\frac{\overline{V}^2}{2}+gz_2\right)=gh_l$$

对于湍流，$\alpha_1=\alpha_2=1.0$，且

$$f\frac{L}{D}\frac{\overline{V}^2}{2}=\frac{p_1-p_2}{\rho}+g(z_1-z_2)$$

要找到 $\overline{V}$，需要知道摩擦系数。但摩擦系数取决于雷诺数，如果不知道 $\overline{V}$，就找不到雷诺数。但是，如果雷诺数足够大，则粗管的摩擦系数与雷诺数无关。铸铁管通常 $k=0.0026\mathrm{m}$，因此 $k/D=0.0034$。对于较大的雷诺数，穆迪图给出了 $f\approx0.027$。因此

$$\overline{V}^2=\frac{2}{f}\frac{D}{L}\left[\frac{p_1-p_2}{\rho}+g(z_1-z_2)\right]$$

因此

$$\overline{V}=3.109\mathrm{m/s},\qquad \dot{q}=4D^2\overline{V}=0.0142\mathrm{m^3/s}$$

在接受这个答案之前，需要检查雷诺数是否足够大，以使管道完全粗糙。也就是说

$$Re = \frac{\overline{V}D}{\nu} = \frac{3.109 \times 0.0762}{1.1247 \times 10^{-6}} = 211000$$

穆迪图显示，在这个雷诺数下，流动还不是完全粗糙的，摩擦系数比假设的略高一些——更接近 0.028，而不是 0.027。为了获得一个更准确的体积流速的答案，需要进行迭代。当使用 $f = 0.028$ 时，发现 $V = 3.048\text{m/s}$，$\dot{q} = 0.0139\text{m}^3/\text{s}$，$Re = 207000$，相应的摩擦系数也是 0.028，所以 $\dot{q} = 0.0139$ 就足够准确了。

7.4.3　阀门原理

对于从水池底部开口放水的实验问题，出口流速与出口大小无关，但在没有流动损失的情况下，放水量随着出口面积的增大而增加。 这个结果似乎与我们对阀门的一般经验相矛盾。开大水龙头并不会改变出口面积，但它增加了排水率，为什么?

设想大水池底部连接到一个直径恒定的管道，阀门位于管道某长度处。除阀门流动损失外，其他流动损失假设都很小。水池中水面压强和管道出口处压强都等于大气压强，而管道入口压强等于池壁开口处静水压强。因此，管道中有一定的势能来推动流体流动。如果管道中没有流动损失，所有势能可以转化为流体运动的动能。根据伯努利方程，管口出流的速度为 $V_e = \sqrt{2gH}$。

如果阀门或水龙头发生流动能量损失，则只能有部分势能转换为出流动能，因而流出的速度减小。更多的流动能量损失意味着更低的出口流速和更少的出流量，因此阀门是通过改变管流系统中的能量损失来控制流量快慢的。

阀门的能量损耗从何而来? 阀门有许多形状和大小，但是常见的设计，如闸门阀，使用一个简单的具有锋利边缘的闸门在流体中移动进出。当流体经过闸门时，闸门边缘引起了流动分离，在闸门下游形成了涡流区，导致流动机械能损失。这些流动损失造成经过阀门的压强降低。

有些阀门在完全打开时能量损失很少。例如，球阀的阀门机构由一个带孔的球组成，开孔与连接管道的直径相同。转动手柄控制球门旋转，当它完全打开时，球上的孔是对准流动方向的，对流动的扰动很小。然而，当球阀部分打开，流体经过未对准的孔口边缘时，就会发生机械能损失，从而可以控制出流速度。

另一个流动损失的例子是由管道摩擦造成的。内部粗糙管道的摩擦比光滑管道大得多。对于给定的驱动压强，需要做额外的功来克服管壁摩擦力，从而粗糙管道中流动比光滑管道的流动，可转化为动能的流动势能减少，出口速度和出流量都将减少。一个生活中应用的例子，就是更换淋浴器的陈旧软水管，可以显著提高淋浴喷头的流量。

7.4.4　水力直径

为了得到非圆形截面管道的摩擦系数，经常利用水力直径 D_H 的概念，它可用于比较不同管道中的流量。水力直径的定义是

$$D_H \equiv \frac{4 \times \text{过流断面积}}{\text{管道周长}} \tag{7.4.9}$$

水力直径用来定义等效雷诺数$\bar{V}D_{\mathrm{H}}/\nu$和相对粗糙度因子$k/D_{\mathrm{H}}$，这样就可以用穆迪图来估计相关的摩擦系数。还可定义用其等效压头损失$f\left(\dfrac{L}{D_{\mathrm{H}}}\right)\dfrac{\bar{V}^2}{2g}$，用于估算管路部件能量损失。

为了说明这是如何工作的，假设要求通过使用圆形管道的已知结果来估计大宽高比$W/D\gg 1$矩形管道中层流的摩擦系数。对于矩形管道，其水力直径为

$$D_{\mathrm{H}}=\frac{4WD}{2(W+D)}$$

因为$W/D\gg 1$，所以$D_{\mathrm{H}}\approx 2D$，可得

$$f=\frac{64}{Re}=\frac{64\nu}{\bar{V}D_{\mathrm{H}}}=\frac{32\nu}{\bar{V}D} \tag{7.4.10}$$

这个结果比方程(7.2.21)给出的二维管道的实际结果大 33%。所以水力直径的概念对于二维层流来说并不适用。它往往更适于截面宽高比接近 1 的管道流动，如方形截面管，或者三角形截面管，对于层流的误差小于 10%或 15%。水力直径最适合用于管内湍流流动，对于所有管道截面形状，摩擦系数的误差都能小于 10%或 15%。

7.4.5 能量方程与伯努利方程的关系

如果管流系统与外界没有热量交换，即绝热系统，并且没有外部机械对其做功，管流系统能量守恒方程为

$$\frac{p_1}{\rho_1}+\frac{1}{2}\alpha_1\bar{V}_1^2+gz_1=\frac{p_2}{\rho_2}+\frac{1}{2}\alpha_2\bar{V}_2^2+gz_2+gh_l \tag{7.4.11}$$

对于一维流动，进一步简化为

$$\frac{p_1}{\rho_1}+\frac{1}{2}\bar{V}_1^2+gz_1=\frac{p_2}{\rho_2}+\frac{1}{2}\bar{V}_2^2+gz_2+gh_l \tag{7.4.12}$$

这个能量方程形式除了考虑密度变化和内能变化以及流动损失外，与伯努利方程非常相似，虽然前者源于热力学第一定律，后者源于牛顿第二定律。对于常密度无摩擦损失的流动，一维能量方程与伯努利方程完全一样。

正如已经指出的，伯努利方程的每一项都具有单位质量的能量量纲，可以表示机械能守恒。然而，能量守恒更具普遍意义。特别是考虑摩擦时，机械能沿着流线不再守恒，伯努利方程不再适用。如果存在泵对流体做功，则必须使用能量方程。

上述分析有时表述为伯努利常数 B，这样伯努利方程重写为

$$\frac{p}{\rho}+\frac{1}{2}V^2+gz=B \tag{7.4.13}$$

当分析无摩擦常密度流体沿着流线定常流动时，B 为流线常数。通过与一维能量方程(7.4.12)对比，当发生流动能量损失($h_l>0$)时，伯努利常数会减小，减小的量可用于衡量机械能损耗对流体传热或者通过泵对流体做功时，伯努利常数会增大。

第 8 章　边界层与流动分离

第 7 章研究了内部黏性流动，远离管道入口处流动是充分发展的。但是，对于船舶、飞机和汽车等航行器外部流动，物体在黏性流体中运动时，其表面会形成边界层，对这种外部流动来说，流动永远不会充分发展。边界层沿流向持续增长，流体的加速度不可忽视。边界层对物体的运动产生黏性阻力。靠近航行体后部的边界层发生分离，形成尾流，会增加整体阻力。本章考虑边界层和尾迹重要的外部流动。

8.1　平板层流边界层

当流体流过固体表面时，在无滑移条件作用下，靠近物体表面的极薄流域会出现陡峭的速度梯度。随着流体向下游流动，近壁面慢速流体层对靠外的快速流体层产生摩擦，越来越多的流体受到黏性应力作用，因而边界层的厚度逐渐增厚。在管的内部流中，下游一定距离处边界层最终相遇，不再变化，成为充分发展的流动。

但是，对于船体或飞机机身的外部流动，流动边界层不断增长，不会出现充分发展的流动状态，纳维-斯托克斯方程中的非线性加速度项不等于零，因此流动分析非常困难。然而，对于平板零攻角绕流问题，可以近似确定边界层的增厚速度，通过用积分形式的连续方程和动量方程，可以计算平板上的流动阻力。

8.1.1　平板绕流阻力的控制体分析

从分析层流边界层开始，目的是找到流体作用于平板的阻力，以及边界层的增长速度。

首先定义平板绕流的雷诺数，$Re=(\rho xU)/\mu$，其中 x 是将坐标原点置于平板入流边(或称导边)且 x 轴指向下游为正时，平板上点的坐标。U 是边界层外平行 x 轴来流的速度，如图 8.1.1 所示。当雷诺数 $Re<10^5$ 时，平板边界层为层流流动。假设边界层外水平流速 U 为常数，黏性不起作用于是 $\partial p/\partial x=0$。假设边界层很薄，于是边界层内流线几乎平行于平板，边界层内垂向速度分量趋近零，于是根据垂直方向的欧拉方程 $\partial p/\partial y\approx 0$，这样，边界层内部的压强沿法向不变，等于外部压强。此外，假设流动为常密度定常流动。

选取一个矩形流动控制体 $abcd$，如图 8.1.1 所示，从导边开始左端自由来流速度 U_e 均匀分布，沿着 y 轴正向高度为 h，沿着 x 轴方向长度为 L，右端出口速度由于受到平板壁面摩擦作用发生减速变化，在距离平板高度 $y\leqslant\delta$ 距离内，沿着流向的速度 $u(y)<U_e$，并且随着距离平板高度增大，该速度渐近趋向自由来流速度。于是边界层厚度 δ 定义为速度分量 $u(\delta)$，接近自由来流速度 U_e 的垂向厚度，一般常取 $u(\delta)=0.99U_e$。边界层厚度随着向下游流动而增厚，因此 $\delta=\delta(x)$。

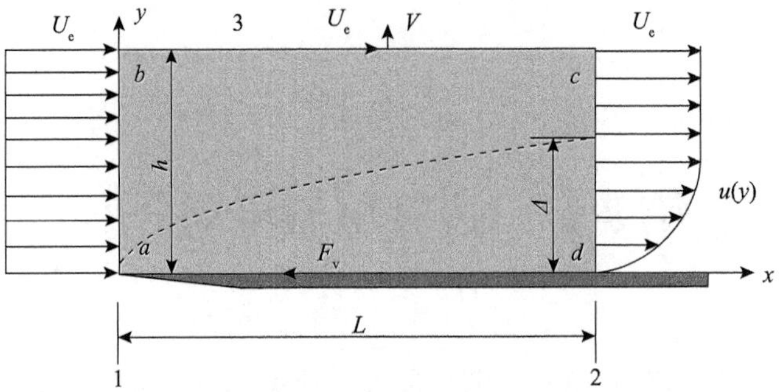

图 8.1.1　平板的层流边界层流动示意图

首先从质量守恒出发开始控制体流动分析，左端 ab 控制面(法向记为 $\boldsymbol{n}_1$)上的流速 $\boldsymbol{V}=U_{\rm e}\boldsymbol{i}$，右端 cd 控制面(法向记为 $\boldsymbol{n}_2$)上流速 $\boldsymbol{V}=u\boldsymbol{i}$，由于 $u(y)<U_{\rm e}$，左端控制面流入的质量通量比从右端流出的质量通量大，于是必有质量通量通过控制面 bc 流出控制体。沿 bc 控制面(法向记为 $\boldsymbol{n}_3$)的流速 $\boldsymbol{V}=U_{\rm e}\boldsymbol{i}+v\boldsymbol{j}$，水平速度分量 $U_{\rm e}$ 已知，但是垂向速度分量 v 未知。利用积分形式连续方程，可得

$$\int_0^h(\boldsymbol{n}_1\cdot U_{\rm e}\boldsymbol{i})W{\rm d}y+\int_0^h(\boldsymbol{n}_2\cdot u\boldsymbol{i})W{\rm d}y+\int_0^L\left[\boldsymbol{n}_3\cdot(U_{\rm e}\boldsymbol{i}+v\boldsymbol{j})\right]W{\rm d}x=0$$

式中，W 为平板宽度；各控制面的法向指向控制体外，即 $\boldsymbol{n}_1=-\boldsymbol{i}$，$\boldsymbol{n}_2=+\boldsymbol{i}$，$\boldsymbol{n}_3=+\boldsymbol{j}$，于是可得

$$-U_{\rm e}h+\int_0^h u{\rm d}y+\int_0^L v{\rm d}x=0 \tag{8.1.1}$$

式中，$u=u(y)$；$v=v(x)$。

然后，进一步考虑动量守恒的控制体分析，假设平板对于流动的摩擦力为 $\boldsymbol{F}_{\rm v}$，指向向左，与来流相反，于是可得水平方向动量守恒方程为

$$\begin{aligned}-F_{\rm v}=\boldsymbol{i}\cdot\int_0^h(\boldsymbol{n}_1\cdot\rho U_{\rm e}\boldsymbol{i})(U_{\rm e}\boldsymbol{i})W{\rm d}y+\boldsymbol{i}\cdot\int_0^h(\boldsymbol{n}_2\cdot\rho u\boldsymbol{i})(u\boldsymbol{i})W{\rm d}y\\+\boldsymbol{i}\cdot\int_0^L\left[\boldsymbol{n}_3\cdot\rho(U_{\rm e}\boldsymbol{i}+v\boldsymbol{j})\right](U_{\rm e}\boldsymbol{i}+v\boldsymbol{j})W{\rm d}x\end{aligned}$$

化简为

$$-\frac{F_{\rm v}}{\rho W}=-\int_0^h U_{\rm e}^2{\rm d}y+\int_0^h u^2{\rm d}y+\int_0^L vU_{\rm e}{\rm d}x \tag{8.1.2}$$

利用质量守恒方程(8.1.1)消去未知速度 $v(x)$，方程(8.1.1)两边同乘以 $U_{\rm e}$，然后与(8.1.2)相减，可得

$$\begin{aligned}-\frac{F_{\rm v}}{\rho W}&=-U_{\rm e}^2h+\int_0^h u^2{\rm d}y+\int_0^L vU_{\rm e}{\rm d}x+U_{\rm e}^2h-\int_0^h uU_{\rm e}{\rm d}y-\int_0^L vU_{\rm e}{\rm d}x\\&=\int_0^h(u^2-uU_{\rm e}){\rm d}y\end{aligned}$$

于是有

$$\frac{F_{\mathrm{v}}}{\rho W U_{\mathrm{e}}^2}=\frac{1}{U_{\mathrm{e}}^2}\int_0^h (uU_{\mathrm{e}}-u^2)\mathrm{d}y=\int_0^h\left(\frac{u}{U_{\mathrm{e}}}-\frac{u^2}{U_{\mathrm{e}}^2}\right)\mathrm{d}y$$

注意到 $u=U_{\mathrm{e}}(y>\delta)$，最后可写出

$$\frac{F_{\mathrm{v}}}{\rho W U_{\mathrm{e}}^2}=\int_0^h \frac{u}{U_{\mathrm{e}}}\left(1-\frac{u}{U_{\mathrm{e}}}\right)\mathrm{d}y=\int_0^\delta \frac{u}{U_{\mathrm{e}}}\left(1-\frac{u}{U_{\mathrm{e}}}\right)\mathrm{d}y \tag{8.1.3}$$

为了进一步分析，需要知道或者假设边界层内速度的变化形式 $u=u(y)$，这是 8.1.2 节要讨论的内容。

8.1.2 平板绕流速度的布拉休斯相似解

1904 年，普朗特(Ludwig Prandtl)观察层流流动发现，边界层厚度增长缓慢，边界层内流线几乎都平行于平板，据此可以简化边界层流动的纳维-斯托克斯方程，称为边界层方程。对于平板层流绕流，8.1.1 节分析指出，边界层内外压强不变，因此平板边界层方程及边界条件为

$$\begin{aligned}&u\frac{\partial u}{\partial x}+v\frac{\partial u}{\partial y}=\nu\frac{\partial^2 u}{\partial y^2}\\&u=v=0\quad(y=0)\\&u=U_{\mathrm{e}}\quad(y=\infty)\end{aligned} \tag{8.1.4}$$

虽然与纳维-斯托克斯方程原始形式相比，边界层方程(8.1.4)已经大大简化，但是仍然无法给出其解析解。布拉休斯(Paul Blasius)是普朗特的学生，他敏锐地发现偏微分方程(8.1.4)具有相似解，并且通过量纲分析，指出边界层的流速分布仅依赖于下游坐标雷诺数和坐标比值，即

$$\frac{u}{U_{\mathrm{e}}}=f\left(\frac{U_{\mathrm{e}}x}{\nu},\frac{y}{x}\right)$$

接着，布拉休斯进一步指出，流速分布可以转化为仅依赖由雷诺数和坐标比值转化的一个新的无量纲量，于是有

$$\frac{u}{U_{\mathrm{e}}}=f'(\eta)=f'\left(y\sqrt{\frac{U_{\mathrm{e}}}{\nu x}}\right) \tag{8.1.5}$$

式中，u/U_{e} 和 η 都是无量纲量，称为相似变量。层流边界层速度分布的这个无量纲表达，对于任意雷诺数和边界层内任意位置都成立，因此式(8.1.5)给出了平板层流边界层与雷诺数无关的通用解，称为相似解。虽然该相似解不是直接的解析表达式，但是它却将流场原始变量的偏微分方程(8.1.4)转化为相似变量的常微分方程。布拉休斯当年手算给出了该相似解的数表，如表 8.1.1 所示。现在可以利用龙格-库塔数值方法用计算机步进求解。

表 8.1.1　平板层流边界层的速度分布相似解

$y(U_e/\nu x)^{1/2}$	u/U_e	$y(U_e/\nu x)^{1/2}$	u/U_e
0.0	0.0	2.8	0.81152
0.2	0.06641	3.0	0.84605
0.4	0.13277	3.2	0.87609
0.8	0.19894	3.4	0.90177
1.0	0.26471	3.6	0.92333
1.2	0.32979	3.8	0.94112
1.4	0.45627	4.0	0.95552
1.6	0.51676	4.2	0.96696
1.8	0.57477	4.4	0.97587
2.0	0.62977	4.6	0.98269
2.2	0.68132	4.8	0.98779
2.4	0.72899	5.0	0.99155
2.6	0.77246	∞	1.00000

布拉休斯相似解与大量实验测量结果吻合极好，如图 8.1.2 所示，证实了普朗特关于边界层流动的观察和边界层方程的假设。其中，所有实验测量雷诺数上限为 $Re = 1.24\times10^6$ 。

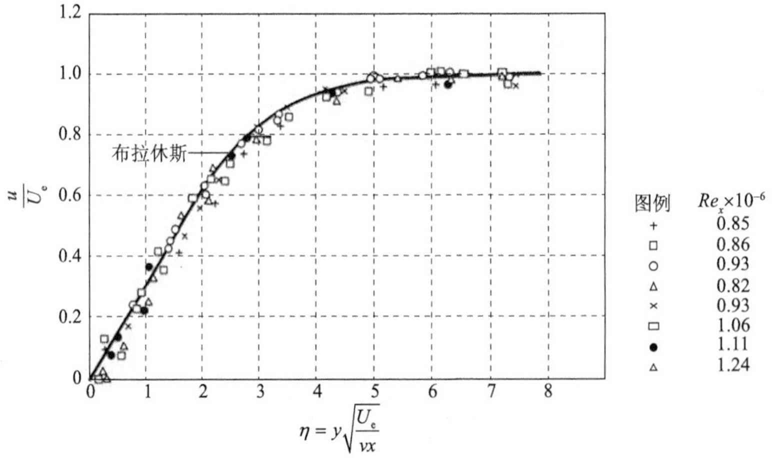

图 8.1.2　平板层流边界层的速度分布相似解与实验比较

8.1.3　边界层速度分布的抛物线假设

布拉休斯数表并不是解析解，为了方便分析物理变化规律，提出了用抛物线拟合边界层速度分布曲线，抛物线近似方程为

$$\frac{u}{U_e} = 2\left(\frac{y}{\delta}\right) - \left(\frac{y}{\delta}\right)^2 \quad (y \leqslant \delta) \tag{8.1.6}$$

当 $y > \delta$ 时，$\dfrac{u}{U_e} = 1$ ，近似解式(8.1.6)满足边界条件：

$$u = v = 0 \quad (y = 0)$$
$$u = U_e \quad (y = \delta)$$

而且保证了正确的相似规律。

将式(8.1.6)代入平板摩擦阻力公式(8.1.3)，可得

$$\frac{F_v}{\rho W U_e^{\,2}} = \int_0^\delta \frac{u}{U_e}\left(1 - \frac{u}{U_e}\right)\mathrm{d}y = \frac{2}{15}\delta \tag{8.1.7}$$

为了消除对边界层厚度的依赖，利用摩阻与壁面剪切应力积分的关系

$$F_v = \int_0^L \tau_w W \mathrm{d}x$$

通过微分，可得

$$\tau_w = \frac{1}{W}\frac{\mathrm{d}F_v}{\mathrm{d}x} \tag{8.1.8}$$

壁面剪切应力与速度梯度满足牛顿内摩擦定律，利用抛物线速度分布可得

$$\tau_w = \mu \left.\frac{\partial u}{\partial y}\right|_w = \frac{2\mu U_e}{\delta} \tag{8.1.9}$$

式中，下角 w 表示壁面。

将式(8.1.9)与式(8.1.7)结合，可得

$$\frac{\mathrm{d}F}{\mathrm{d}x}F_v = \frac{4}{15}\mu\rho U_e^3 W^2$$

积分上式：

$$\int_0^L F_v \mathrm{d}F_v = \frac{4}{15}\mu\rho U_e^3 W^2 \int_0^L \mathrm{d}x$$

于是有

$$F_v = \sqrt{\frac{8}{15}\mu\rho U_e^3 W^2 L}$$

可以进一步写成

$$C_F = \frac{F_v}{\dfrac{1}{2}\rho U_e^2 \mathrm{W} L} = \frac{\sqrt{\mu}\sqrt{32/15}}{\sqrt{\rho U_e L}} = \frac{1.46}{\sqrt{Re}} \tag{8.1.10}$$

式中，C_F 称为平板的总摩擦系数。

摩擦系数结果式(8.1.10)来自速度的抛物线分布假设，如果对布拉休斯速度分布做其他

假设，如线性假设，即$u/U_e = y/\delta_e$，会得到除常数不同外，形式类似的结果：

$$C_F = \frac{1.155}{\sqrt{Re}}$$

为了得到边界层厚度与长度的相对关系，可以利用式(8.1.7)和式(8.1.10)消去F_v得到：

$$\frac{\delta}{L} = \frac{5.48}{\sqrt{Re}}$$

对于平板上任意位置x处，也有

$$\frac{\delta}{x} = \frac{5.48}{\sqrt{Re_x}} \tag{8.1.11}$$

式中，$Re_x = (\rho x U)/\mu$，以区别于$Re = (\rho L U)/\mu$，可见边界层的相对厚度与雷诺数的平方根成反比。

式(8.1.11)可以进一步改写为

$$\delta = \frac{5.48\sqrt{x}}{\sqrt{U_e/\mu}}$$

显然，边界层的厚度并不是处处均匀的，而是从物体前缘开始向下游随着$\sqrt{x}$线性增长。

与整块平板的总摩擦阻力系数C_F对照，可以得到与平板任意位置处摩擦应力对应的局部摩擦系数：

$$C_f = \frac{\tau_w}{\frac{1}{2}\rho U_e^2} = \frac{0.73}{\sqrt{Re_x}} \tag{8.1.12}$$

可见平板上的局部摩擦应力随着向下游推进逐渐降低，这与式(8.1.9)的结果是一致的。根本原因是平板上的速度梯度随着边界层厚度增大而减小。

表 8.1.2 列出了边界层速度抛物线分布与布拉休斯级数的准确解。从表 8.1.2 可以看出，抛物线速度近似给出了摩擦系数和边界层厚度随雷诺数变化的很好近似，比布拉休斯解的摩擦系数与边界层厚度高出约 10%。

表 8.1.2　边界层速度抛物线分布与布拉休斯级数准确解

近似	参数		
	平板整体摩擦系数	平板局部摩擦系数	边界层厚度
抛物线分布	$C_F = \frac{1.46}{\sqrt{Re}}$	$C_f = \frac{0.73}{\sqrt{Re_x}}$	$\frac{\delta}{x} = \frac{5.48}{\sqrt{Re_x}}$
布拉休斯级数	$C_F = \frac{1.328}{\sqrt{Re}}$	$C_f = \frac{0.664}{\sqrt{Re_x}}$	$\frac{\delta}{x} = \frac{5.0}{\sqrt{Re_x}}$

8.1.4　边界层位移厚度和动量损失厚度

引入边界层的概念时，认为在靠近边界层名义厚度边缘时，速度分量 u 渐近趋近自由来流速度 U_e，边界层名义厚度 δ 一般定义为 $u(\delta)=0.99U_e$ 对应的边界层厚度。为了表述边界层流动具有更为明确的物理意义，引入另外两种边界层厚度。

位移厚度 δ_1：因为有了边界层，且边界层内流速低于外部自由流速，所以通过边界层断面的流量，比该断面没有边界层的理想流体流动时少，减少的流量为

$$\int_0^{\delta}(U_e-u)\mathrm{d}y$$

把这些流量折合成理想流体流动通过一个厚度 δ_1 的流量，这个厚度就称为位移厚度 (displacement thickness)。根据定义：

$$\delta_1=\int_0^{\delta}\left(1-\frac{u}{U_e}\right)\mathrm{d}y \tag{8.1.13}$$

因为边界层导致流量减少，自由来流的流线向外排挤了位移厚度 δ_1 的距离，如图 8.1.3 所示，所以位移厚度也称为排挤厚度。

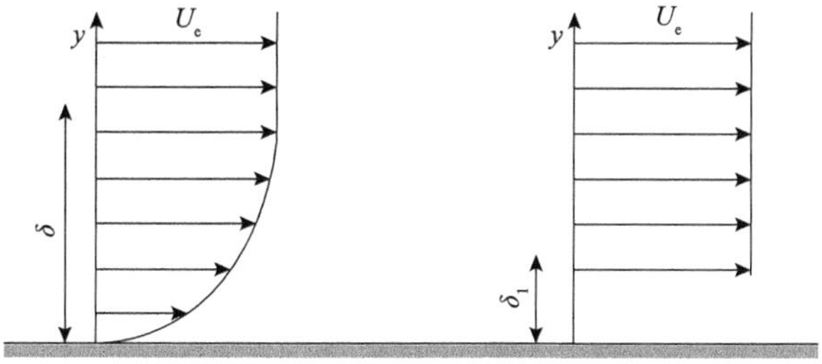

图 8.1.3　边界层位移厚度示意图

为了进一步理解位移厚度这个概念，分析矩形截面管道中的定常不可压缩流，管道截面高度为 $2h$，宽度为 W，假设 $W/h\gg 1$，从管入口开始，流动边界层在管道顶部和底部表面出现，层内流速降低，层厚逐渐向下游增大，如图 8.1.4 所示。

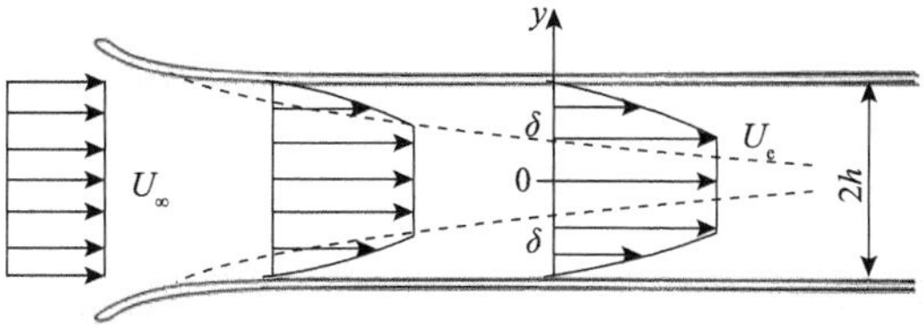

图 8.1.4　两平板间边界层发展与位移厚度示意图

既然边界层内速度降低，为保持管道中任意控制体内的质量守恒，名义边界层厚度 δ 之外，即管道中心部位的流速必然增大，如果管道入口流速为 U，那么管道中心处流速 U 与入口流速有何关系？选取自入口至 y 轴所在截面的控制体，如图 8.1.4 所示，根据连续方程，有

$$-2hWU_{\infty}+\int_{-h}^{h}uW\mathrm{d}y=0$$

进一步改写为

$$2hU_{\infty}=\int_{-h}^{h}U_{\mathrm{e}}\mathrm{d}y-\int_{-h}^{h}(U_{\mathrm{e}}-u)\mathrm{d}y=2hU_{\mathrm{e}}-2U_{\mathrm{e}}\int_{0}^{h}\left(1-\frac{u}{U_{\mathrm{e}}}\right)\mathrm{d}y$$

利用管流关于中心面的对称性，可得

$$\frac{U_{\infty}}{U_{\mathrm{e}}}=1-\frac{1}{h}\int_{0}^{h}\left(1-\frac{u}{U_{\mathrm{e}}}\right)\mathrm{d}y\approx1-\frac{1}{h}\int_{0}^{\delta}\left(1-\frac{u}{U_{\mathrm{e}}}\right)\mathrm{d}y=1-\frac{\delta_1}{h}$$

式中，约等号来自边界层外 $u\approx U_{\mathrm{e}}(|y|>\delta)$ 的假定。因此，可得

$$U_{\mathrm{e}}=\frac{h}{h-\delta_1}U_{\infty}\tag{8.1.14}$$

这说明管道中心处流速的增大是由于边界层排挤厚度 δ_1 导致的管壁增厚。

动量损失厚度 δ_2：边界层内流动通过断面的质量流量为 $\rho\int_0^{\delta}u\mathrm{d}y$，动量通量为 $\rho\int_0^{\delta}u^2\mathrm{d}y$，如果这些流量以理想流体流动速度 U 运动，则动量通量为 $\rho U_{\mathrm{e}}\int_0^{\delta}u\mathrm{d}y$，相当于因为有了边界层，损失了 $\rho\int_0^{\delta}u(U_{\mathrm{e}}-u)\mathrm{d}y$ 的动量通量，把这些动量通量折合成理想流体流过一个厚度 δ_2 的动量通量，即

$$\rho\int_0^{\delta}u(U_{\mathrm{e}}-u)\mathrm{d}y=\rho U_{\mathrm{e}}^2\delta_2$$

这个厚度就称为动量损失厚度。根据定义：

$$\delta_2=\int_0^{\delta}\frac{u}{U_{\mathrm{e}}}\left(1-\frac{u}{U_{\mathrm{e}}}\right)\mathrm{d}y\tag{8.1.15}$$

对比式(8.1.13)和式(8.1.15)易知，动量损失厚度 δ_2 小于位移厚度 δ_1。

回顾 8.1.1 节，宽度为 W 的平板绕流阻力公式(8.1.3)，并对照式(8.1.15)可知：

$$\frac{F_{\mathrm{v}}}{\rho WU_{\mathrm{e}}^2}=\int_0^{\delta}\frac{u}{U_{\mathrm{e}}}\left(1-\frac{u}{U_{\mathrm{e}}}\right)\mathrm{d}y=\delta_2\tag{8.1.16}$$

于是，可以知道通过距离入口 $x=L$ 处平板上方断面面积为 $\delta_2 W$ (宽度为 W，高度为 δ_2) 的理想流体(流速为自由流 U)的动量流量，恰好就是该来流 U 对长度为 L、宽度为 W 平板的层流边界层所产生的摩擦阻力。因此，边界层中的动量损失来自平板表面的摩擦阻力做功。

根据式(8.1.8)：

$$\tau_w = \frac{1}{W}\frac{\mathrm{d}F_\mathrm{v}}{\mathrm{d}x} = \frac{\rho W U^2}{W}\frac{\mathrm{d}\delta_2}{\mathrm{d}x} = \rho U^2 \frac{\mathrm{d}\delta_2}{\mathrm{d}x}$$

即

$$\frac{\mathrm{d}\delta_2}{\mathrm{d}x} = \frac{\tau_w}{\rho U^2}$$

因此有

$$\frac{\mathrm{d}\delta_2}{\mathrm{d}x} = \frac{C_\mathrm{f}}{2} \tag{8.1.17}$$

该结果说明动量损失厚度随距离的变化等于平板局部摩擦系数，方程(8.1.17)称为零压强梯度边界层动量积分方程。该方程对层流和湍流边界层都适用。

形状因子：边界层形状因子 H 定义为位移厚度与动量损失厚度之比：

$$H \equiv \frac{\delta_1}{\delta_2}$$

对比位移厚度与动量损失厚度的定义，可知 $\delta_1 > \delta_2$，$H > 1$。对于层流边界层和布拉休斯解，$H = 2.59$。

8.2　平板湍流边界层

与管道内流动一样的是，外部边界层流动在高雷诺数时成为湍流。当 Re 大于 10^5 左右时，边界层会发生向湍流的过渡。其中，Re 是基于自由流速度 U 和到物体前缘距离 x 的雷诺数。雷诺数实际值取决于许多因素，包括表面粗糙度、振动和噪声。

与管道流不一样的是，高雷诺数管内流动到处都是湍流，但在高雷诺数外部边界层流动中，湍流的一边是壁面，另一边是外部的自由流。在边界层中的湍流流体和自由流中的非湍流流体之间存在一条相当明确的边界。湍流边界层内流动的瞬时图像显示，边界层的边缘高度卷曲(图 8.2.1)，瞬时边界层厚度随时间不断变化。一般用时间平均边界层厚度 δ 来定义：

$$U = 0.99U_\mathrm{e} \quad (y = \delta) \tag{8.2.1}$$

式中，关于时间的“平均”流速 U，即

$$U \equiv \lim_{T\to\infty}\frac{1}{T}\int_t^{t+T} u\mathrm{d}t$$

这和 7.3 节管道湍流定义的时均速度一致，对比 8.1 节的层流边界层厚度的定义，可见 δ 在层流和湍流中具有类似的含义。

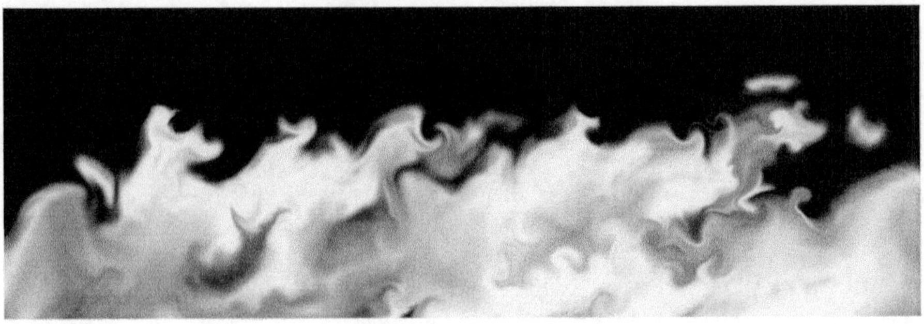

图 8.2.1　湍流边界层沿流向截面的可视化

在湍流边界层内，速度脉动非常有效地混合了动量，因此速度剖面比层流更饱满(图 8.2.2)。湍流边界层的速度分布不存在解析解，所以必须依靠实验测量。测量的平均流动剖面用类似于管道湍流的幂律表示：

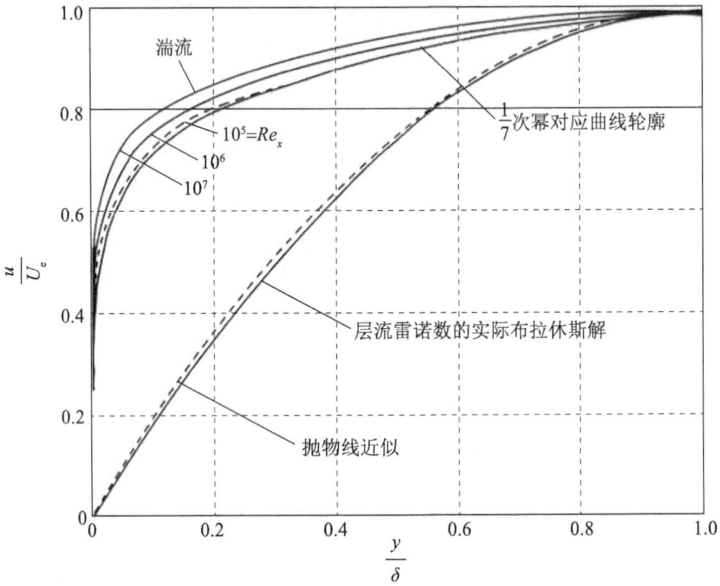

图 8.2.2　平板的层流和湍流边界层无量纲速度剖面

$$\frac{U}{U_e} \approx \left(\frac{y}{\delta}\right)^{1/n} \tag{8.2.2}$$

这里的指数 n 随雷诺数变化。对于雷诺数 $Re = 10^5$，$n = 7$，但对于更高的雷诺数，n 可能增加到 9 左右。

如图 8.2.2 所示，边界层内的近似速度分布，在靠近自由流的外部部分是相当准确的，但在靠近壁面的地方，却是一个非常差的近似。这会导致壁面处无穷大的速度梯度，从而意味着不切实际的无限大壁面应力 τ_w。因此，并不使用幂律分布曲线去分析湍流中的壁面摩擦，而是基于经验近似地表达壁面剪切应力：

$$C_f = \frac{\tau_w}{0.5\rho U^2} = \frac{0.0576}{Re_x^{0.2}} \tag{8.2.3}$$

式中，C_f 为壁面局部摩擦系数。如图 8.2.3 所示，在同一雷诺数下，湍流表面摩擦力始终高于层流，反映了湍流速度剖面更饱满，因此壁面处的速度梯度更陡。

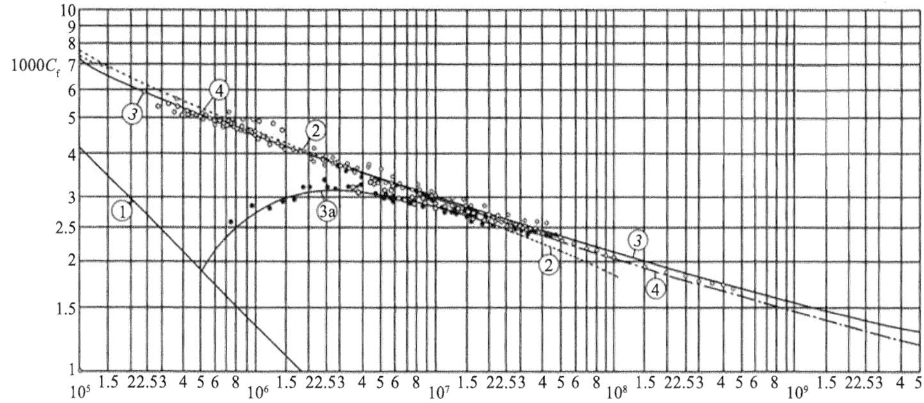

图 8.2.3　平板上层流和湍流边界层的壁面摩擦系数

① 表示层流；其他表示湍流

平板上总的摩擦系数为

$$C_F=\frac{F_v}{0.5\rho U_e^2 LW}=\frac{0.072}{Re^{0.2}}$$

式中，雷诺数为按板长 L 计算的雷诺数；平板上总的摩擦力为基于摩擦应力的积分：

$$F_v=\int_0^L \tau_w W\mathrm{d}x=0.5\rho U_e^2 LW\int_0^L 0.0576\left(\frac{U_e x}{\nu}\right)^{0.2}\mathrm{d}x$$

如果将该常数改为 0.074，则对于整个板长范围内完全湍流边界层的实验数据，都能够很好地吻合。因此，基于实验结果的平板总摩擦阻力系数为

$$C_F=\frac{0.074}{Re^{0.2}}\quad (5\times10^5<Re<10^7) \tag{8.2.4}$$

尽管壁面处的剪切应力不能用幂律速度分布求得，但这种幂律近似可很好地估计边界层厚度随雷诺数的变化情况。根据平板边界层控制体分析结果，摩擦阻力与边界层速度分布的关系为

$$\frac{F_v}{\rho W U_e^2}=\int_0^h \frac{u}{U_e}\left(1-\frac{u}{U_e}\right)\mathrm{d}y=\int_0^\delta \frac{u}{U_e}\left(1-\frac{u}{U_e}\right)\mathrm{d}y$$

将速度分布幂律表达式(8.2.2)和局部摩擦系数(8.2.3)代入上式，可得

$$\frac{\delta}{x}=\frac{0.37}{Re_x^{0.2}} \tag{8.2.5}$$

这个结果与实验结果很好地吻合，进一步将(8.2.5)改写为

$$\delta=\frac{0.37x}{Re_x^{0.2}}=\frac{0.37x^{0.8}}{(\nu/U)^{0.2}}$$

可见湍流边界层厚度随着与前缘距离的增加按照$\delta\sim x^{0.8}$增长。显然增长速度快于层流边界层的$\delta\sim x^{0.5}$增长速度。这个事实进一步表明，湍流对于流场的动量混合效率高于黏性摩擦作用。

对于速度分布幂律表达，位移边界层厚度为

$$\frac{\delta_1}{\delta}=\frac{1}{n+1} \tag{8.2.6}$$

动量损失边界层厚度为

$$\frac{\delta_2}{\delta}=\frac{n}{(n+1)(n+2)} \tag{8.2.7}$$

形状因子为

$$H=\frac{\delta_1}{\delta_2}=\frac{n+2}{n} \tag{8.2.8}$$

对于$n=7$，有

$$\frac{\delta_1}{\delta}=\frac{1}{8},\quad \frac{\delta_2}{\delta}=\frac{7}{72},\quad H=\frac{9}{7} \tag{8.2.9}$$

对于中等雷诺数，1/7 次幂律分布是一个合理的近似。随着雷诺数的增加，n从 7 变化到 9，显然，湍流的位移厚度及动量损失厚度δ_1、δ_2和H都小于层流边界层，这也反映了湍流速度剖面比层流边界层速度剖面更饱满。

例题 8-1 一块 3.048m 长的平板浸入在 15.56℃的水中($\nu=1.1247\times10^{-6}\text{m}^2/\text{s}$)，流体平行于板以 6.096m/s 的速度流动。边界层最初是层流，然后在$Re_x=10^5$处转变为湍流流动。

(1) 求$x=1.524$m 和$x=3.048$m处的近似边界层厚度，其中x从前缘开始测量。

(2) 求总阻力系数C_{F}。

(3) 如果两侧都被水覆盖，求平板单位宽度上的总阻力。

解 首先，需要知道层流和湍流的过渡发生在哪里。当$Re_x<10^5$时，边界层是层流的，所以

$$x<\frac{\nu\times10^5}{U_{\text{e}}}=\frac{0.11247}{6.096}\text{m}=0.0185\text{m}$$

可以看到，层流区域很短，边界层从平板前缘开始湍流。

可以使用经验公式近似给出$x=1.524$m 位置处湍流边界层的厚度：

$$Re_x = \frac{xU_e}{\nu} = \frac{1.524 \times 6.096}{1.1247 \times 10^{-6}} = 8.26 \times 10^6$$

$$\frac{\delta}{x} = \frac{0.37}{Re_x^{0.2}} = 0.0153$$

即

$$\delta = 0.2332\text{m}$$

同理可得 $x = 3.048\text{m}$ 位置处，$Re_x = 16.5 \times 10^6$，$\delta = 0.405\text{m}$。

总阻力系数可由式（8.2.5）计算：

$$C_F = \frac{0.074}{Re_L^{0.2}}$$

式中，$L = 3.048\text{m}$，$Re_L = 16.5 \times 10^6$。

计算得

$$C_F = 0.00266$$

可知一个大小为 $2F_v$ 的总黏性力作用在板上，其中 F_v 是作用在一个表面上的力。由总阻力系数可知，作用在单位宽度平板上的黏性力为

$$\frac{2F_v}{W} = \rho U_e^2 L C_F = 300.75\text{N/m}$$

8.3　曲面边界层与流动分离

8.3.1　流动分离现象

3.5 节对流动分离现象及其与流动耗能的关系进行了介绍。实际上流动分离(separation)现象非常普遍，最常见的表现是绕角流动的尖角处。如图 8.3.1 所示，管道流动内部边界出现尖锐拐角时，无论是扩张型还是收缩型尖锐拐角，总是伴随流动分离，造成内部流的能量损失。

图 8.3.1　直角处的流动分离

然而，尖角并不是造成流动分离的唯一原因。另一种流动分离出现在流动突然改变方向时，在与车速一样自右向左前进的坐标系中观察行驶汽车头部的气流。如图 8.3.2 所示，观察者看到的气流是从左到右接近汽车的。气流最初为均匀而稳定的层流，一旦遭遇汽车表

面就会形成边界层，当气流从车前盖板处改变方向时，边界层就会分离，而在下游的某个点处附着于汽车表面而重新生成湍流边界层，然后气流继续前进遇到挡风玻璃时再次改变方向而分离，越过车顶后再次附着于车的表面。

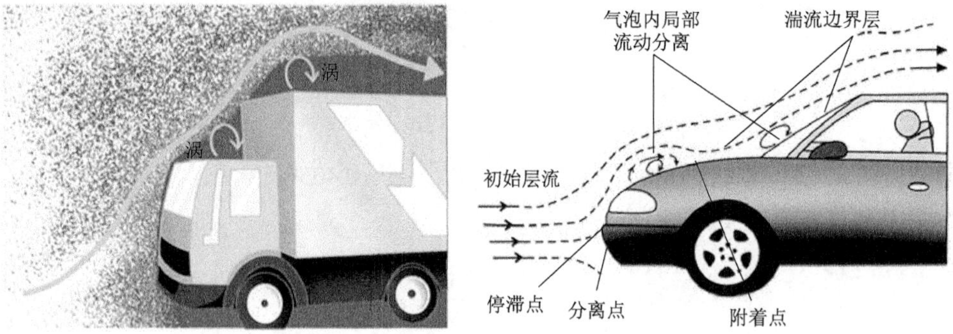

图 8.3.2　汽车绕流的分离和再附着示意图

根据黏性流体的动量方程，忽略体积力，边界层内支配流体运动的力主要是惯性力、黏性力和压强梯度力(压差力)，它们在流动中保持平衡。其中，黏性力主要阻滞流体的运动使其减速，压强梯度则可能加速流动，也可能减速流动。

为了说明压强梯度与流动加减速的关系，考虑平面收缩-扩张通道中的一维定常流动，x 轴沿着流动方向，如图 8.3.3 所示，在 $AA' \sim BB'$ 的收缩段内，根据质量守恒，流速沿着 x 轴增加，即 $\frac{\mathrm{d}u}{\mathrm{d}x} > 0$，由伯努利方程(4.2.6)可知，压强 p 在该段内是随 x 增大而减小的，即 $\frac{\mathrm{d}p}{\mathrm{d}x} < 0$。也就是说，收缩段内上游截面的压强大于下游截面的压强，称为顺压梯度区。而在 $BB' \sim CC'$ 的扩张段内则流速与压强的变化正相反，$\frac{\mathrm{d}u}{\mathrm{d}x} < 0$，$\frac{\mathrm{d}p}{\mathrm{d}x} > 0$ 称为逆压梯度区，使流体减速。

流体流过曲面时，类似收缩和扩张通道的流动，流动方向会发生变化，进而流动的速度和压强产生变化。如图 8.3.4 所示。其中，M 为速度最大点，此点的前后分别为顺压区和逆压区。在顺压区，流体惯性力与压强差克服流体黏性力顺利沿着固壁向下游流动；在逆压区，流体的惯性力既要克服黏性力，又要抵制逆压梯度所产生的较大压强。由 7.1 节可知，靠近壁面处，速度梯度大，黏性作用最强，离开壁面随着距离增大黏性作用逐渐减小。在边

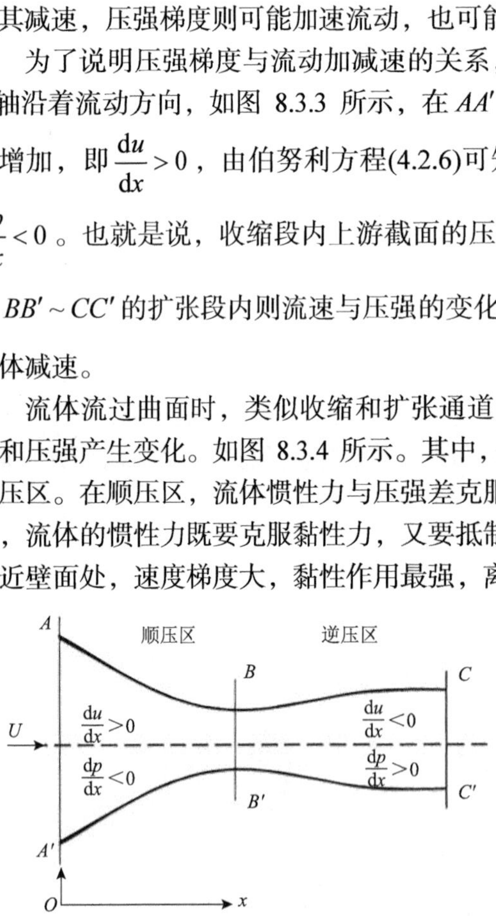

图 8.3.3　收缩-扩张通道流动中压强与流速关系示意图

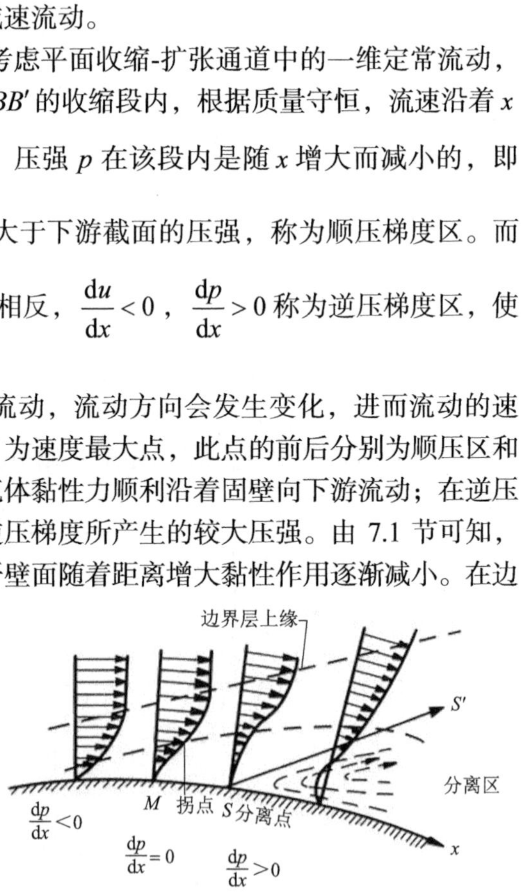

图 8.3.4　边界层分离示意图

界层的同一截面上，由逆压梯度产生的压强几乎相同，而在壁面附近流体速度低，动量和能量小，克服逆压梯度能力较弱，于是流体被阻止的现象，即流动分离点在固壁附近首先出现，然后向边界层外缘扩展。流动分离点以 S 表示，该点以后的壁面与极限流线 SS' 之间形成流动分离区。分离区中有较大的旋涡出现。

边界层流动分离与否取决于局部压强梯度，当沿流动方向上压强增大时，压差合力会使得来流速度降低，如果压强差足够大，就会产生反向流动，这就是流动分离的原因。

注意湍流和流动分离是两种不同的现象。在流动分离中存在回流，部分流体质点向与主流动方向相反的方向运动，流场可能出现明显的不稳定和脉动。而在湍流中，所有的流体质点都沿着主流方向运动，尽管流速关于一个平均值在三个正交方向上都有脉动分量。

汽车、船舶和飞机等运载器的流动在物体尾部会改变流动方向，从而在物体尾迹(wakes)中经常发现分离流。尾迹包含大量的旋涡运动，并且不断流向下游。对于钝体产生的尾迹，如柱体、汽车和卡车的尾迹，常常以特别规则的频率出现(图 8.3.5 和图 8.3.6)。而在其他情况下，尾迹涡脱落很不规律。例如，船舶尾迹包含的涡旋运动，通常表现为随机模式。其他如桥墩的尾迹、机翼的尾迹，也都具有随机性质。

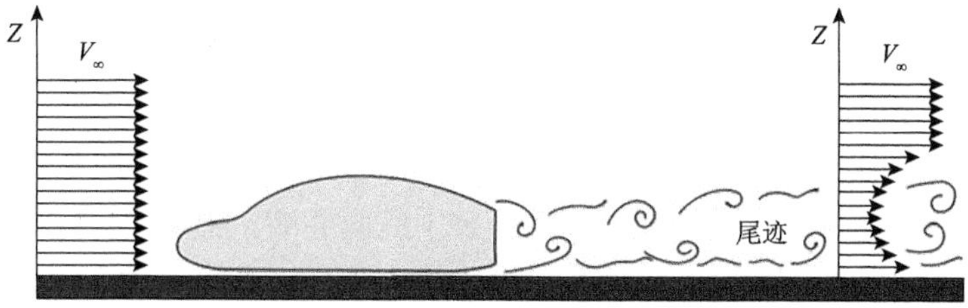

图 8.3.5　汽车尾迹

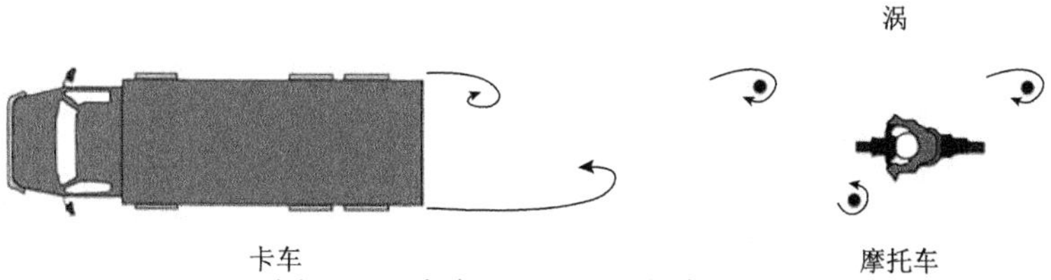

图 8.3.6　卡车和尾迹涡流与摩托车

8.3.2　圆柱尾流与卡门涡街

在各种曲面绕流中，圆柱体的绕流尾迹特别有趣，会出现大面积流动分离，并向下游下泄相干涡，如图 8.3.7 所示，为可视化的圆柱绕流流线，可见圆柱前部和后部的流动是完全不同的。根据实验观察发现，在圆柱后形成的两排涡列并不是对称的，在相当大的雷诺数范围内($47<Re<10^7$)呈现交叉分布，称为卡门涡街。

关于卡门涡街的发现非常有趣，普朗特 1911 年在德国哥廷根大学指导博士生在水槽中做一个圆柱绕流的实验，研究边界层分离问题时，这位博士生做实验时发现圆柱后边界层分离很不稳定，左右两侧的分离涡也不对称，他去问导师普朗特，普朗特让这位学生把圆柱和水槽做对称后再试。那时，冯·卡门已在普朗特那里做助教，他的研究与这位博士生的课题无关，但他每天上班经过实验室总看到这位博士生在修正这个实验，并且总是说不理想。

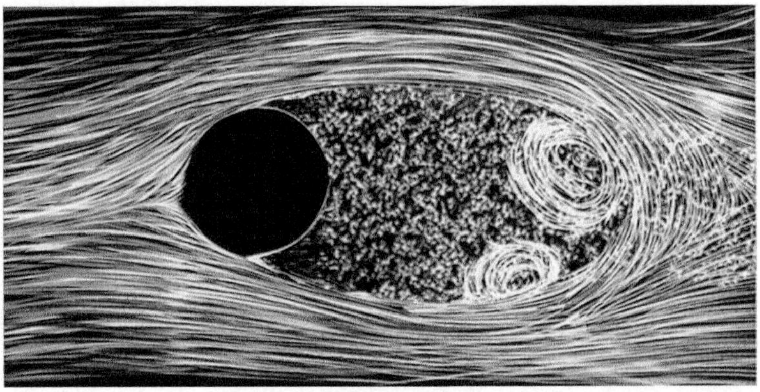

图 8.3.7　圆柱绕流，雷诺数 2000

冯·卡门就对圆柱后面两排涡列做了粗略的分析，先假定两排涡列在圆柱后对称分布，然后移动其中一个涡旋，它们的相互影响使这个涡旋不能回到原先位置。这就是说，圆柱后两排对称分布的涡列是不稳定的。而对两排交叉分布的涡列，在交叉分布的点涡间距和两排涡列间距的比值满足一定条件时，它们是可以稳定的。因此，绕圆柱流动边界层分离所下泄的涡列，在现实中就应该是呈现非对称的交叉分布的形态。后人为纪念冯·卡门的这一发现，称这种在圆柱后部尾迹以固定的频率交替下泄涡旋的流动现象为卡门涡街。

实际生活中，风吹过大树的声音，这就是气流绕过最小的树枝产生涡流发出的声音，空中电线的鸣唱，都是由卡门涡街所引起的。水中潜艇的潜望镜和海洋平台中系泊缆绳受力分析也都要考虑卡门涡街的作用。一种古希腊乐器，竖琴，利用这种有规律的旋涡脱落来演奏音乐。涡脱落频率由无量纲的施特鲁哈尔数决定，对于直径为 D 的圆柱体，其定义为

$$St = \frac{fD}{V} \tag{8.3.1}$$

式中，f 为圆柱一侧涡脱落的频率(Hz)；V 为自由来流速度。一般情况下，施特鲁哈尔数是雷诺数的函数(图 8.3.8)，但在雷诺数为 $10^2 \sim 10^5$ 时，施特鲁哈尔数几乎是恒定的值，约为 0.21。

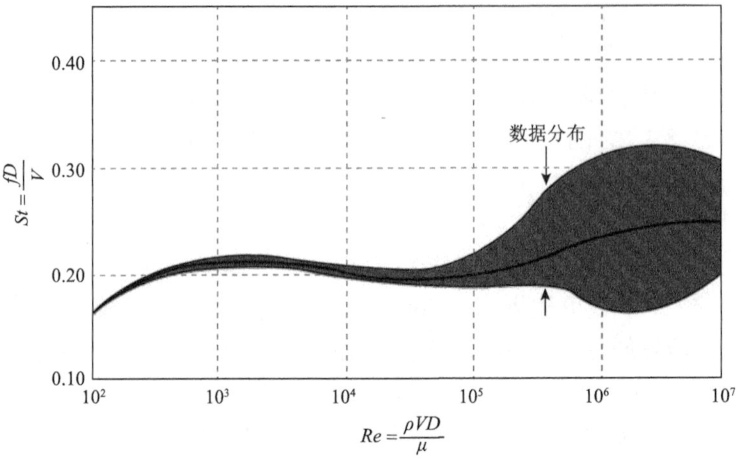

图 8.3.8　圆柱体涡脱落无量纲频率与雷诺数关系

物体绕流尾迹的特征总是表现为存在一个低速流动区域，这导致尾迹中旋涡运动形成动量损失区域，该区域的压强小于驻点压强(图 8.3.2)。此外，旋涡的交替脱落会对圆柱产生脉动的升力和阻力。如果涡脱落的频率与柱体系泊系数或支撑系统的固有频率相耦合，则柱体可能发生较大的横流振荡，称为涡激振动。涡激振动导致了 1940 年华盛顿州塔科马海峡吊桥(Tacoma Narrows)的倒塌。虎门大桥的涡激振动也是典型案例。

例题 8-2　在室外，电线会在风吹过时“唱歌”。求当风速为 23.59km/h、电线直径为 0.00635m 时音符的频率。空气的运动黏性系数假定为 $\nu = 15 \times 10^{-6}\,\mathrm{m^2/s}$。

解　首先需要知道雷诺数 *Re* 的大小：

$$Re = \frac{VD}{\nu} = 2774$$

由图 8.3.8 可知，在 *Re*=2774 时，施特鲁哈尔数近似等于 0.21。
所以

$$f = \frac{0.21V}{D}\,\mathrm{Hz} = 217\mathrm{Hz}$$

8.4　钝体和流线型体的阻力

8.4.1　摩擦阻力与压阻力

通过层流和湍流边界层的讨论可知，边界层对在流体中运动的物体会施加阻力。通过流动分离现象的讨论可知，钝体尾迹的形成与导致动量损失的旋涡运动有关。因此，物体在流体中运动时所受的总阻力通常分为两部分，分别称为摩擦阻力(frictional drag)和压阻力(pressure drag)。摩擦阻力来自边界层内的黏性应力，并且与雷诺数密切相关。压阻力来自物体下游尾迹中形成的涡流运动，与摩擦阻力相比，压阻力通常对雷诺数不那么敏感。两种类型的阻力都是因为流体的黏性作用。但黏性作用机制是有区别的，因为这两种类型的阻力源于不同的流动现象。摩擦阻力对于没有流动分离的情况是很重要的，因而与流动中的湿表面积有关。压阻力来自流动分离，它与物体的迎流面积和形状有关，故压阻力又称为形阻(form drag)。

通过分析机翼在不同攻角下的绕流现象，分析摩阻和形阻的作用特点，如图 8.4.1 所示。在小攻角时，机翼上下表面的边界层中压力梯度较小，并且它们几乎在整个弦长上保持附着状态(图 8.4.1(a)和(b))。这时绕流的尾迹很小，阻力主要由边界层内的摩阻所主导。在同一雷诺数下，湍流边界层的阻力比层流的阻力大。随着攻角的增大，机翼表面的压力梯度增大，特别是机翼上表面后部压力显著增大，这种逆来流的压力梯度可变得足够强，从而导致边界层中的流动分离(图 8.4.1(c)和(d))。同时，流动分离会使尾迹显著增强，尾迹中形成的涡流造成压力损失增大。因此，压阻力将变得重要。在大的攻角下，机翼上表面绕流大部分为分离流动，这时机翼称为失速(stalled)(图 8.4.1(e))状态。失速状态下，机翼的形阻远大于其摩阻。

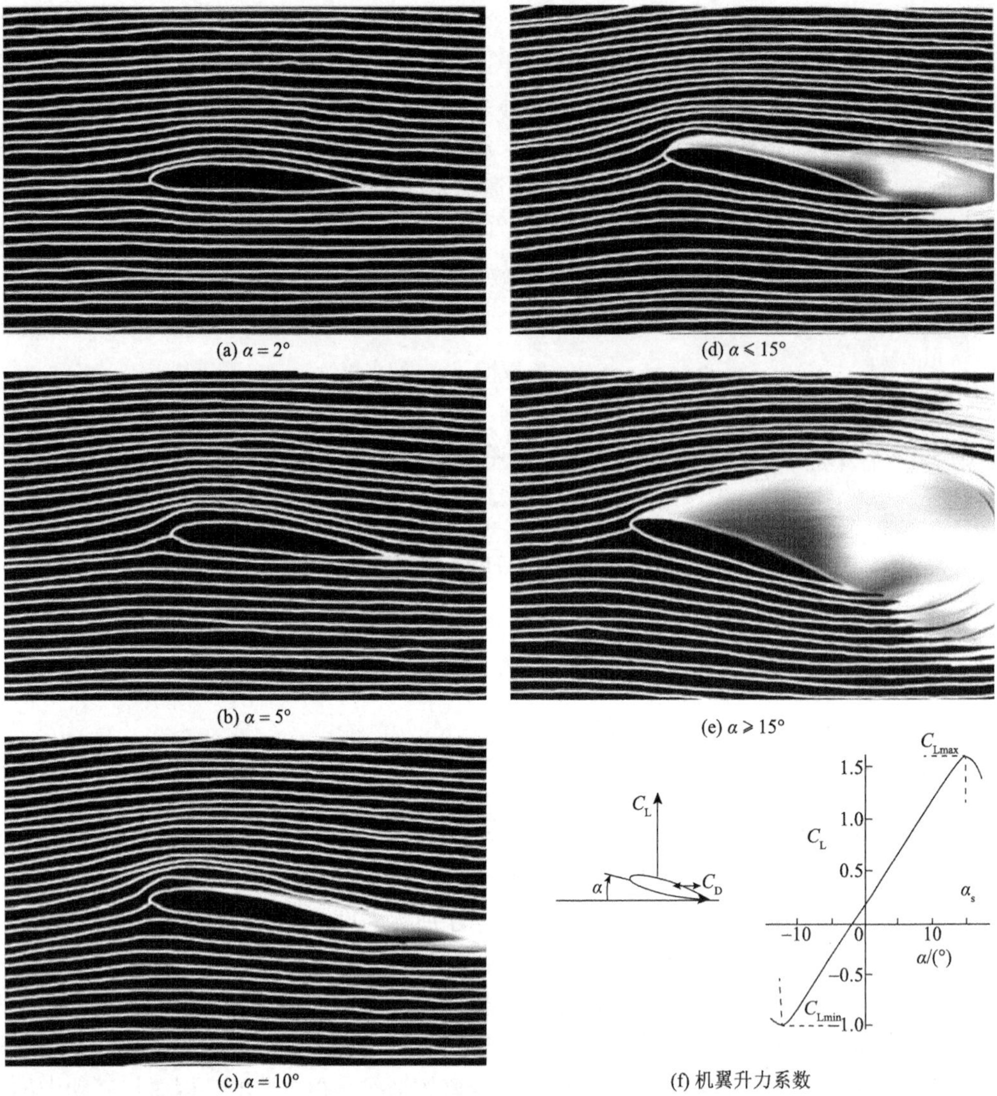

图 8.4.1　机翼绕流示意图

8.4.2　流线型体与钝体

当物体的绕流阻力主要由摩擦阻力引起且压阻力很小时，称物体为流线型体。当绕流摩擦阻力很小且总阻力主要由压阻力决定时，称物体为钝体。流动阻力是以摩擦阻力为主还是以压阻力为主，完全取决于物体的形状。对于游动的鱼或者小攻角机翼，其流动表现为流线型物体。对于圆柱体或大攻角机翼，其流动表现为钝体。对于同样的迎流面积和来流速度，流线型体比钝体具有更低的阻力。例如，直径为 D 的圆柱体的阻力大约是相同厚度流线型体的 10 倍。

圆柱体和球体是典型的钝体，当雷诺数远大于 1 时，其阻力主要由尾迹中的压力损失决定。阻力系数随雷诺数的变化如图 8.4.2 所示，相应的绕流形态如图 8.4.3 所示。我们看到，随着雷诺数的增加，阻力系数变化缓慢，在很大的雷诺数范围内它几乎是恒定的。

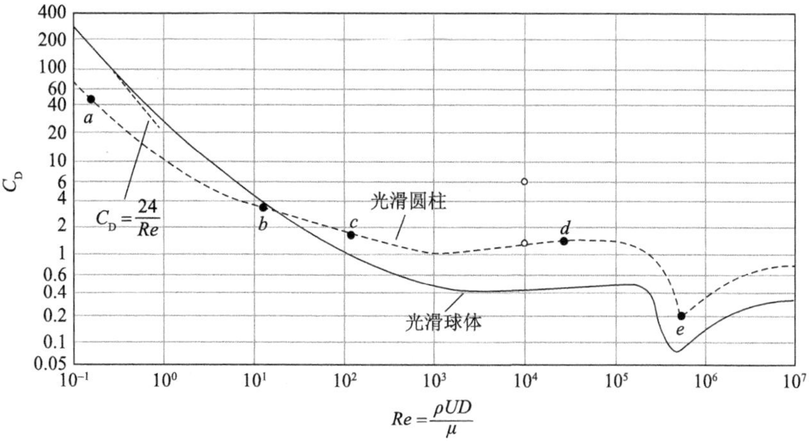

图 8.4.2　圆柱体与球体阻力系数随雷诺数的变化

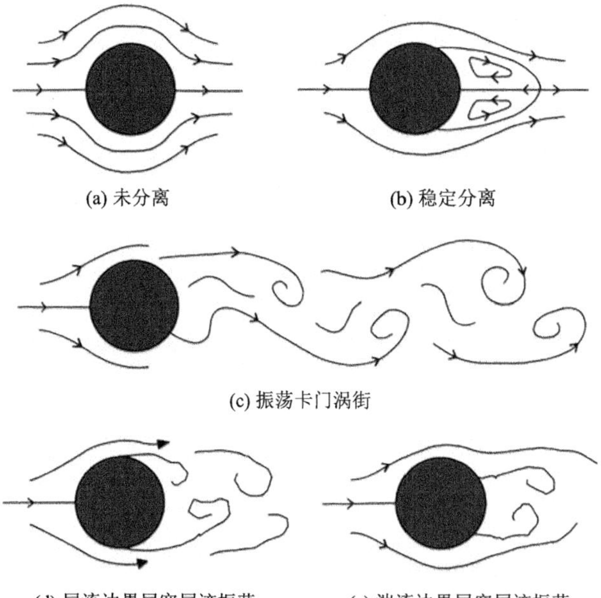

图 8.4.3　圆柱体绕流形态((a)～(e)分别与图 8.4.2 中 5 个指示点处雷诺数对应)

当雷诺数为 10^5～10^6 时，阻力系数突然下降。这种突降表明尾迹中的压力损失突然变小，如图 8.4.3(e)所示的实验，表明尾迹的尺度确实减小，并且边界层在圆柱体或球体表面的分离点更偏向下游。

这是由于湍流是一种非常有效的混合过程，动量的湍流输运在补充近壁动量方面非常有效，因而在同样的外部绕流速度下，湍流边界层比层流边界层在壁面附近的动量更大。当进入逆压梯度区域时，与层流相比，湍流边界层可以持续更长的流动距离才发生流动分离。

球体或圆柱体前表面的边界层，在低雷诺数时是层流边界层，在高雷诺数时是湍流边界层。现在可以重新考虑雷诺数约为 250000 时阻力系数的下降(图 8.4.2 中 e 点)。阻力系数的突然下降发生在边界层由层流变为湍流的地方。当它是层流时($Re<10^5$)，一旦出现逆压梯度流动分离即出现，并且形成了宽大的尾迹。当它是湍流时($Re>10^6$)，分离被延迟，尾迹相应变得窄小。流动边界层发生层流到湍流的切换，进而出现阻力突然减小的雷诺数称为临界雷诺数。

由此可见，若能在低于临界雷诺数值时使球面的边界层转变为湍流，则球体阻力会立即减小。这可以通过使用激流丝来实现。激流丝就是以轴对称的方式紧贴在球体迎流面的金属丝。当气流经过金属丝时，它在边界层中激发较大的扰动，从而导致层流较早地过渡为湍流。它对尾流大小的影响非常显著。在船模水池进行船舶缩比模型阻力实验时，由于实船绕流为高雷诺数湍流流动，为了实现船模表面与实船表面湍流边界层相似，常在距离船首 5%船长的横剖面外布设激流丝。

对于椭球或者椭圆柱体以及机翼形物体的绕流阻力都存在一个临界雷诺数。而具有锋锐边缘的物体，由于分离点固定在锋边，不随雷诺数变化，不存在临界雷诺数。

第 9 章　涡旋流动与无旋流动

9.1　流体微元运动剖析

由前两章黏性流动知识可知运动流体中微元之间由于剪切作用而流动。而流动的流体微元中，流体质点与其极小邻域内其他流体质点存在普遍的运动学联系，这是理解流体内应力与速度场之间关系的基础。那么流体微元的运动有何特点？如何描述流体微元的运动？什么是流体涡旋流动？什么是无旋流动？这是本节要讨论的问题。

9.1.1　流体微元的四种运动类型

刚体运动有平移和旋转两种类型，而固体除了整体的平移和旋转运动外，由材料力学实验可知，固体还具有内部各点之间相对运动而产生的整体变形，以及局部点的线应变和剪应变两种变形，如图 9.1.1 所示。那么如何描述流体的运动类型呢？与固体变形的直观可见不同，理解流体运动需要一点想象力，某时刻由选定几何形体包围的大量流体质点组成的流体物质微元，简称流体微元。随着微元中流体质点的运动，流体微元也有四种运动与变形，但是与固体运动变形有三点不同：一是流体微元的四种运动与变形往往同时产生；二是外力消失后运动与变形一般不能恢复；三是流体的运动与变形是持续存在的，除非流体静止。因此，流体微元运动不是用线位移和角位移表示，而是用运动变化率，即速度和角速度以及它们的导数表示。

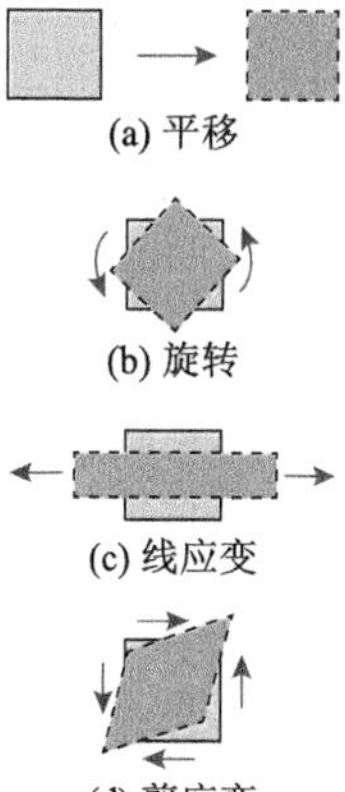

图 9.1.1　固体的四种运动与变形

1) *流体微元平移运动速度*(rate of translation)

如图 9.1.1(a)所示，流体微元平移运动易于理解，流体中一点处的三维平移运动速度，在直角坐标系中可以用速度向量表示。

$$\boldsymbol{V} = u\boldsymbol{i} + v\boldsymbol{j} + w\boldsymbol{k} \tag{9.1.1}$$

对于图 9.1.1(a)中二维平移运动示意图，$u > 0$，$v = 0$，$w = 0$。

2) *流体微元旋转运动速度*(rate of rotation)

流体中一点处的旋转运动速率，定义为在该点处垂直相交的两条直线的平均旋转速度。注意，这两条直线是某时刻以该点为顶点选定流体微元的边界线(实际上，也是时间线或流体线，见 4.1.1 节)。如图 9.1.1(b)中左下角点处相交的底边和左边，以相同角速度逆时针旋转，左下角始终保持 90° 角。但是流体微元旋转不像固体微元旋转那么简单，由于微元中及其边界上流体质点的不断运动，其平移、变形和旋转一般同时发生。

为便于理解，以平面流动为例，如图 9.1.2 所示，初始时刻t_1空间点 P 处流体速度为 $\boldsymbol{V}=u\boldsymbol{i}+v\boldsymbol{j}$，选定垂直相交于 P 点的两条无限短的流体线，即直线a和b，角点 $PABC$ 构成四边形流体微元E_{t_1}，在下一时刻t_2，空间点 P 处的流体质点平移运动到P'点，同时，由于角点 A 处的 y 轴分量运动速度与点 P 处的 y 轴分量运动速度不同，经过时间增量，微元直线a按照右手系正向旋转α_a角；同理，由于角点 B 与点 P 处的 x 轴分量运动速度不同，直线b正向旋转α_b角。因此，流体微元除了平移运动外，还变形为$E_{t_2}(P'ACB)$。注意，由于流体线无限短，旋转后a和b仍为直线，微元的平均旋转角度为$0.5(\alpha_a+\alpha_b)$，但角变形大小与时间有关，微元旋转运动速度，即旋转角度的时间导数为

$$\omega_z=\frac{\mathrm{d}}{\mathrm{d}t}\left(\frac{\alpha_a+\alpha_b}{2}\right)=\frac{1}{2}\left(\frac{\partial v}{\partial x}-\frac{\partial u}{\partial y}\right) \tag{9.1.2}$$

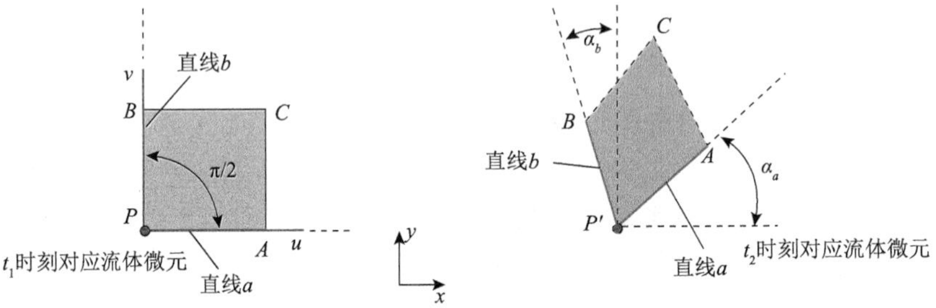

图 9.1.2 流体微元的平移与变形

同理可知，在三维流动中，以任意流体质点 P 为角点的流体微元六面体的其他两个流体面的旋转角速度分别为

$$\omega_x=\frac{1}{2}\left(\frac{\partial w}{\partial y}-\frac{\partial v}{\partial z}\right) \tag{9.1.3}$$

$$\omega_y=\frac{1}{2}\left(\frac{\partial u}{\partial z}-\frac{\partial w}{\partial x}\right) \tag{9.1.4}$$

因此，流体微元的旋转运动角速度矢量为

$$\begin{aligned}\omega&=\omega_x\boldsymbol{i}+\omega_y\boldsymbol{j}+\omega_z\boldsymbol{k}\\&=\frac{1}{2}\left(\frac{\partial w}{\partial y}-\frac{\partial v}{\partial z}\right)\boldsymbol{i}+\frac{1}{2}\left(\frac{\partial u}{\partial z}-\frac{\partial w}{\partial x}\right)\boldsymbol{j}+\frac{1}{2}\left(\frac{\partial v}{\partial x}-\frac{\partial u}{\partial y}\right)\boldsymbol{k}\end{aligned} \tag{9.1.5}$$

3) 流体微元线应变率(linear strain rate)

流体微元的线应变率定义为单位长度流体微元的长度增大速度。由于线应变率与流体微元线变形方位有关，为一般化起见，选取初始时刻任意方位 x_α 的单位长度 $\mathrm{d}x_\alpha$ 的流体微元 PQ，经过微小的时间增量，该流体微元线变形增长为$P'Q'$，如图 9.1.3 所示。根据定

义，可知沿方位 x_α 的线应变率 $\varepsilon_{\alpha\alpha}$ 为

$$\begin{aligned}\varepsilon_{\alpha\alpha} &= \frac{1}{\mathrm{d}t}\left(\frac{P'Q'-PQ}{PQ}\right) \\ &\approx \frac{1}{\mathrm{d}t}\frac{\left(u_\alpha + \dfrac{\partial u_\alpha}{\partial x_\alpha}\mathrm{d}x_\alpha\right)\mathrm{d}t + \mathrm{d}x_\alpha - u_\alpha \mathrm{d}t - \mathrm{d}x_\alpha}{\mathrm{d}x_\alpha} = \frac{\partial u_\alpha}{\partial x_\alpha}\end{aligned} \tag{9.1.6}$$

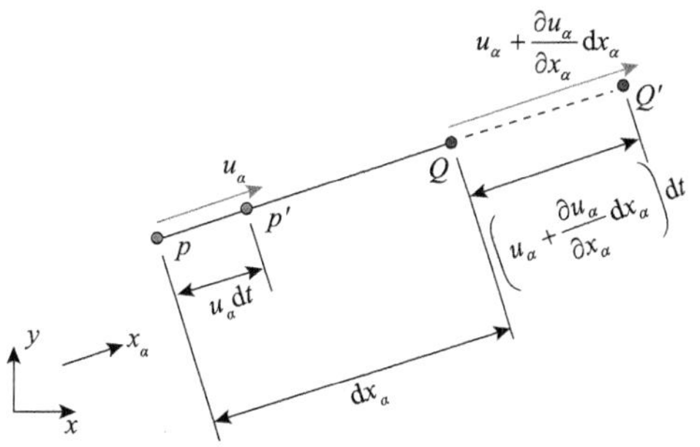

图 9.1.3　流体微元任意方位的线变形速率

在直角坐标系中，流体微元六面体沿着三个坐标轴的线应变率分别为

$$\varepsilon_{xx} = \frac{\partial u}{\partial x}, \quad \varepsilon_{yy} = \frac{\partial v}{\partial y}, \quad \varepsilon_{zz} = \frac{\partial w}{\partial z} \tag{9.1.7}$$

根据对线、杆、梁等固体线变形的日常观察，当固体单元沿着水平方位产生拉长变形时，其沿垂直方向会产生收缩变形，如图 9.1.1(c)所示。但是流体微元的变形与固体并不完全类似。

对于不可压缩流，流体微元包含的流体质点所占体积保持不变，即流体微元密度不变。因此，以二维流动为例，当流体微元沿着水平方位产生正的线应变率时，其沿着垂直方向产生负的线应变率。

但是，对于可压缩流，流体微元的体积，随着其密度增大或减小，而相反地发生减小或增大，注意，无论是流体可压缩与否，流体微元中分子数量不变，因而其质量保持不变。例如，气缸中的被压气体如图 9.1.4 所示。

随着气缸活塞向下压缩，气体体积减小，密度增大，其中任选的流体微元质量不变。单位体积流体微元的体积增大速率，称为流体的体积应变率(bulk strain rate)，与其相同含义的另外一个常用词是体积膨胀率(rate of volumetric dilatation)。

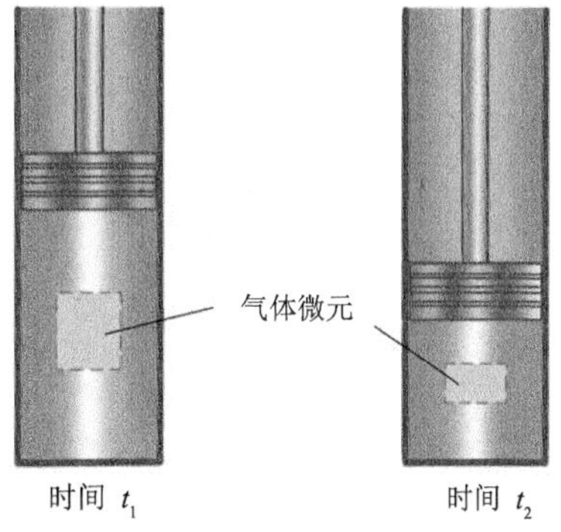

图 9.1.4　打气筒中的流体微元变形示意图

直角坐标系下，流体体积应变率的定义为

$$\frac{1}{\nabla}\frac{\mathrm{D}\nabla}{\mathrm{D}t} = \varepsilon_{xx} + \varepsilon_{yy} + \varepsilon_{zz} = \frac{\partial u}{\partial x} + \frac{\partial v}{\partial y} + \frac{\partial w}{\partial z} \tag{9.1.8}$$

式中，左端对于体积的微分用到了物质导数 D/Dt，表示跟随一个确定流体分子团组成的流体微元。显然，对于不可压缩流，其体积应变率为零。

4) 流体微元剪应变率(shear strain rate)

流体微元的剪应变率定义为流场中某时刻某点处正交的两条流体线夹角减小速率的一半。如图 9.1.1(d)所示，流体微元左下角和右上角随着流体变形，其夹角减小，这两个角点处的剪应变率为正，相反，右下角和左上角随着流体变形，其夹角增大，这两个角点处剪应变率为负。

对于平面流动，参照图 9.1.2，流体微元四边形 $PACB$ 随着流动产生平移和旋转，同时流体线 a 和 b 的夹角 $\alpha_{a\text{-}b}$ 也由直角变小，按照定义，剪应变率为

$$\varepsilon_{xy}=-\frac{1}{2}\frac{\mathrm{d}}{\mathrm{d}t}\alpha_{a\text{-}b}=-\frac{1}{2}\frac{\mathrm{d}}{\mathrm{d}t}(\alpha_b-\alpha_a)=\frac{1}{2}\left(\frac{\partial u}{\partial y}+\frac{\partial v}{\partial x}\right)\tag{9.1.9}$$

同理，可以分别给出另外两个流体面的剪应变率为

$$\varepsilon_{zx}=\frac{1}{2}\left(\frac{\partial w}{\partial x}+\frac{\partial u}{\partial z}\right),\quad \varepsilon_{yz}=\frac{1}{2}\left(\frac{\partial v}{\partial z}+\frac{\partial w}{\partial y}\right)\tag{9.1.10}$$

9.1.2 流场速度的亥姆霍兹分解定理

从 9.1.1 节可以看出，流体微元运动比刚体运动复杂，也不同于一般的固体中质点位移引起的变形。流体运动的本质是速度场的时空分布变化。因此，从流动速度场出发，从一般意义上讲，进一步对任意一点处的速度进行分解，观察其组成特征和变化特性。

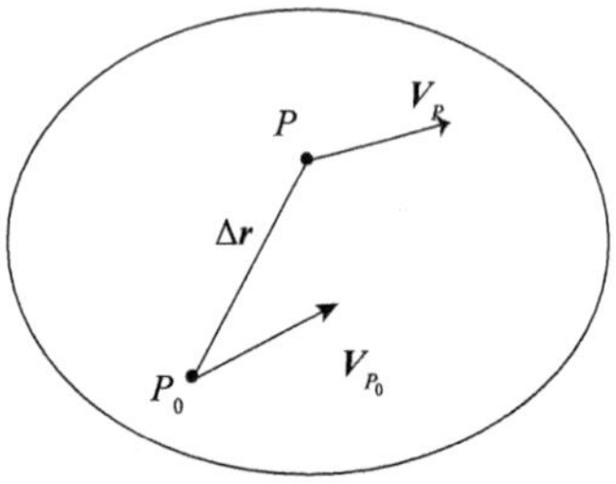

图 9.1.5 微元运动

如图 9.1.5 所示，某时刻，对流场中 $P_0(x,y,z)$ 点速度进行分析，选取包括 $P_0(x,y,z)$ 点在内的流体微元，微元上 $P_0(x,y,z)$ 点速度为 $\boldsymbol{V}_{P_0}=(u_{P_0},v_{P_0},w_{P_0})$，微元内与 P_0 相距 $\Delta\boldsymbol{r}(\Delta x\boldsymbol{i}+\Delta y\boldsymbol{j}+\Delta z\boldsymbol{k})$ 的相邻点 $P(x+\Delta x,y+\Delta y,z+\Delta z)$ 处速度 $\boldsymbol{V}_P=(u_P,v_P,w_P)$，可以在 P_0 点应用泰勒级数展开，并略去 Δx、Δy、Δz 二阶以上小量获得。以 x 方向速度分量为例展开分析：

$$\begin{aligned}u_P=u_{P_0}&+\frac{1}{2}\left(\frac{\partial u}{\partial x}+\frac{\partial u}{\partial x}\right)_{P_0}\Delta x+\frac{1}{2}\left(\frac{\partial u}{\partial y}+\frac{\partial v}{\partial x}\right)_{P_0}\Delta y\\&+\frac{1}{2}\left(\frac{\partial u}{\partial z}+\frac{\partial w}{\partial x}\right)_{P_0}\Delta z+\frac{1}{2}\left(\frac{\partial u}{\partial y}-\frac{\partial v}{\partial x}\right)_{P_0}\Delta y\\&+\frac{1}{2}\left(\frac{\partial u}{\partial z}-\frac{\partial w}{\partial x}\right)_{P_0}\Delta z\\=u_{P_0}&+\varepsilon_{xx}\Delta x+\varepsilon_{xy}\Delta y+\varepsilon_{xz}\Delta z-\omega_z\Delta y+\omega_y\Delta z\end{aligned}\tag{9.1.11}$$

同理可得 v_P,w_P 的展开式，合并成矢量式：

$$\boldsymbol{V}_P=\boldsymbol{V}_{P_0}+\boldsymbol{\omega}\times\Delta\boldsymbol{r}+[\varepsilon]\cdot\Delta\boldsymbol{r}\tag{9.1.12}$$

式(9.1.12)称为亥姆霍兹速度分解定理(Helmholtz velocity decomposing theorem)，其中

$$\boldsymbol{\omega}=(\omega_x,\omega_y,\omega_z)=\left[\frac{1}{2}\left(\frac{\partial w}{\partial y}-\frac{\partial v}{\partial z}\right),\frac{1}{2}\left(\frac{\partial u}{\partial z}-\frac{\partial w}{\partial x}\right),\frac{1}{2}\left(\frac{\partial v}{\partial x}-\frac{\partial u}{\partial y}\right)\right] \tag{9.1.13}$$

是流体微元旋转运动角速度矢量。

$$[\varepsilon]=\begin{bmatrix}\varepsilon_{xx} & \varepsilon_{xy} & \varepsilon_{xz}\\ \varepsilon_{yx} & \varepsilon_{yy} & \varepsilon_{yz}\\ \varepsilon_{zx} & \varepsilon_{zy} & \varepsilon_{zz}\end{bmatrix}=\begin{bmatrix}\frac{1}{2}\left(\frac{\partial u}{\partial x}+\frac{\partial u}{\partial x}\right) & \frac{1}{2}\left(\frac{\partial u}{\partial y}+\frac{\partial v}{\partial x}\right) & \frac{1}{2}\left(\frac{\partial w}{\partial x}+\frac{\partial u}{\partial z}\right)\\ \frac{1}{2}\left(\frac{\partial u}{\partial y}+\frac{\partial v}{\partial x}\right) & \frac{1}{2}\left(\frac{\partial v}{\partial y}+\frac{\partial v}{\partial y}\right) & \frac{1}{2}\left(\frac{\partial v}{\partial z}+\frac{\partial w}{\partial y}\right)\\ \frac{1}{2}\left(\frac{\partial w}{\partial x}+\frac{\partial u}{\partial z}\right) & \frac{1}{2}\left(\frac{\partial v}{\partial z}+\frac{\partial w}{\partial v}\right) & \frac{1}{2}\left(\frac{\partial w}{\partial z}+\frac{\partial w}{\partial z}\right)\end{bmatrix} \tag{9.1.14}$$

是流体微元的应变率张量。对角线上三个元素是线应变率，其他是剪(角)应变率。容易看出，应变率张量是二阶对称张量，满足张量的数学特性，如张量不变量、张量变换和张量主轴等。

经常采用ε_{ij}表示应变率张量，其中两个下角标表示直角坐标系的三个轴向，分别从 1、2、3 取值，因此该表示法强调应变率有 9 个分量。$\boldsymbol{\omega}$ 和$[\varepsilon]$各分量的含义见 9.1.1 节分析。

注意，这里的亥姆霍兹速度分解是指流场中任意一点处流体微元的速度分解，这与刚体整体的运动速度分解不同。式(9.1.12)表明，流体微元的速度可以分解成三部分：平移、转动和变形，而刚体的速度分解没有变形部分。

9.2　涡量场与涡旋流动

流体的涡旋流动(vortex flow)是自然界和工程中普遍存在的一种流动现象。海洋中不同尺度的旋涡、台风或飓风等热带气旋、龙卷风涡旋以及气象中的冷涡和低涡等现象都是涡旋流动的实例。鸟的飞行和鱼的游动、飞机的飞行和风机的运转，都有涡旋流动伴随。著名的科学难题湍流流动，就是由许多大小不同尺度的三维涡量脉动随机组成的。涡旋流动是如何产生和变化的？这一问题有重要的实际意义和理论价值，至今仍在不断深化探索中。本节将从运动学角度介绍描述涡旋流动的基本概念。

9.2.1　流场的涡量

涡旋流动常发生于自然界中，如船尾或桥墩后的水流涡旋区，大气中的龙卷风等。但是多数涡旋流动并非直观可辨别。流场的涡量定义为流速场的旋度向量(vorticity vector)，记作

$$\boldsymbol{\Omega}=\nabla\times\boldsymbol{V} \tag{9.2.1}$$

在直角坐标系 $oxyz$ 中，位置向量和速度向量分别为 $\boldsymbol{R}=x\boldsymbol{i}\times y\boldsymbol{j}+z\boldsymbol{k}$ ，$\boldsymbol{V}=u\boldsymbol{i}\times v\boldsymbol{j}+w\boldsymbol{k}$ ，涡量向量的计算公式为

$$\boldsymbol{\Omega} = \nabla \times \boldsymbol{V} = \left(\frac{\partial w}{\partial y} - \frac{\partial v}{\partial z}\right)\boldsymbol{i} + \left(\frac{\partial u}{\partial z} - \frac{\partial w}{\partial x}\right)\boldsymbol{j} + \left(\frac{\partial v}{\partial x} - \frac{\partial u}{\partial y}\right)\boldsymbol{k} \tag{9.2.2}$$

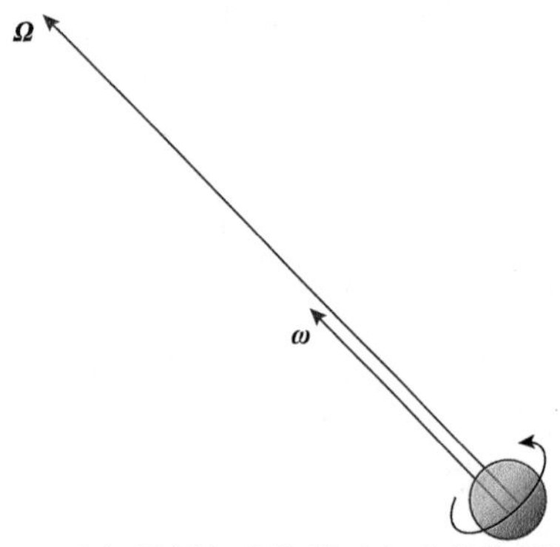

图 9.2.1　流场涡量与流体微元角速度关系示意图

对比流体微元角速度式(9.1.13)可知，涡量等于流体微元旋转角速度的两倍，即 $\boldsymbol{\Omega} = 2\boldsymbol{\omega}$。该关系如图 9.2.1 所示。

涡量是空间坐标和时间坐标的连续函数，涡量构成的矢量场称为涡量场。

在流场任何一个区域中，若涡量不为零，则称该区域是有旋流动，也称为涡旋流动，否则称为无旋流动。

如果流场是二维的，例如，流场沿着 $\boldsymbol{k}$ 方向不发生变化，也就是垂直于 OZ 轴的任意平面内流动相同。这时，$w=0$，$\partial / \partial z = 0$，则涡量向量退化为

$$\boldsymbol{\Omega} = \nabla \times \boldsymbol{V} = 0\boldsymbol{i} + 0\boldsymbol{j} + \Omega_z \boldsymbol{k} = \left(\frac{\partial v}{\partial x} - \frac{\partial u}{\partial y}\right)\boldsymbol{k} \tag{9.2.3}$$

假设流动在桌面内，如果 $\Omega_z > 0$ 表示流体微元逆时针旋转，按照右手系，则涡向量指向桌面上方；反之，如果 $\Omega_z < 0$ 表示流体微元顺时针旋转，则涡向量指向桌面下方。

对于二维流动，如果采用极坐标系 o-θ-r 描述流动，则涡量为

$$\begin{aligned}\Omega_z &= \frac{1}{r}\left[\frac{\partial (r u_\theta)}{\partial r} - \frac{\partial u_r}{\partial \theta}\right] = \frac{1}{r}\left[u_\theta + r\frac{\partial (u_\theta)}{\partial r} - \frac{\partial u_r}{\partial \theta}\right] \\ &= \frac{u_\theta}{r} + \frac{\partial u_\theta}{\partial r} - \frac{1}{r}\frac{\partial u_r}{\partial \theta}\end{aligned} \tag{9.2.4}$$

下面举例讨论几种典型的二维流场的涡量。

例题 9-1　如图 9.2.2 所示的点涡流场，设流体微元 P 以切向速度和径向速度分别为 $u_\theta = \dfrac{K}{r} = \dfrac{\Gamma}{2\pi r}$ 和半径 r 绕中心 O 做等速圆周运动，流线为圆周线。根据式(9.2.4)，当流体微元不在原点时，该流场旋度为

$$\Omega_z = \frac{u_\theta}{r} + \frac{\partial u_\theta}{\partial r} = \frac{K}{r^2} + \left(-\frac{K}{r^2}\right) = \frac{\Gamma}{2\pi r^2} + \left(-\frac{\Gamma}{2\pi r^2}\right) = 0 \tag{9.2.5}$$

由式(9.2.5)可见，流体微元的旋度由两部分组成：第一部分为微团整体绕当地流线曲率中心 O 做整体旋转的角速度。第二部分为微元绕其自身中心 P 点做局部旋转的角速度。而对于点涡流场，这两种旋转角速度彼此抵消。除原点外，其他流体微元仅做平移运动，并无转动，流场除原点有旋外处处无旋。这就像人们乘坐摩天轮，虽然轮子整体在转动，但是吊篮中乘坐人始终身体垂直于地面无转动。

例题 9-2　如图 9.2.3 所示，流体微元 P 以角速度 ω 和半径 r 绕中心 O 做等速圆周运动。

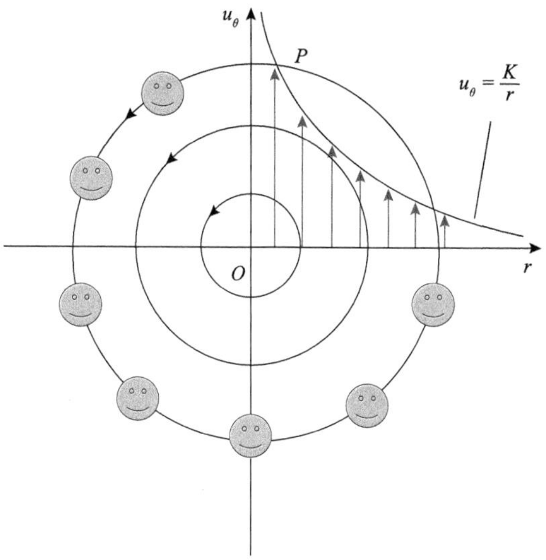

图 9.2.2　点涡流场示意图

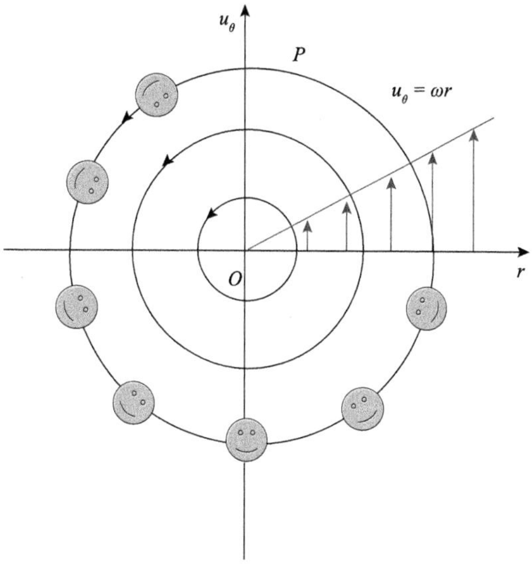

图 9.2.3　流体的刚性旋转示意图

在以 O 点为原点的极坐标系中，切向速度和径向速度分别为 $u_\theta=\omega r$，$u_r=0$，根据式(9.2.4)，该流场旋度为

$$\Omega_z=\frac{u_\theta}{r}+\frac{\partial u_\theta}{\partial r}=\omega+\omega=2\omega \tag{9.2.6}$$

注意，与点涡流场不同，这里流体微元 P 绕自身中心 P 点的旋转角速度与流体微元整体沿着当地流线的曲率半径做整体旋转运动的角速度大小一致，方向相同。由此不难理解，为什么涡量是流体微元平均旋转角速度的两倍。这就像人们乘坐过山车，不仅过山车整体沿着轨道转动，乘车人也在绕自身重心转动。

例题 9-3　绕平板的层流流动，流体质点做直线运动，流线为直线，流场也可能有旋，如图 9.2.4 所示。

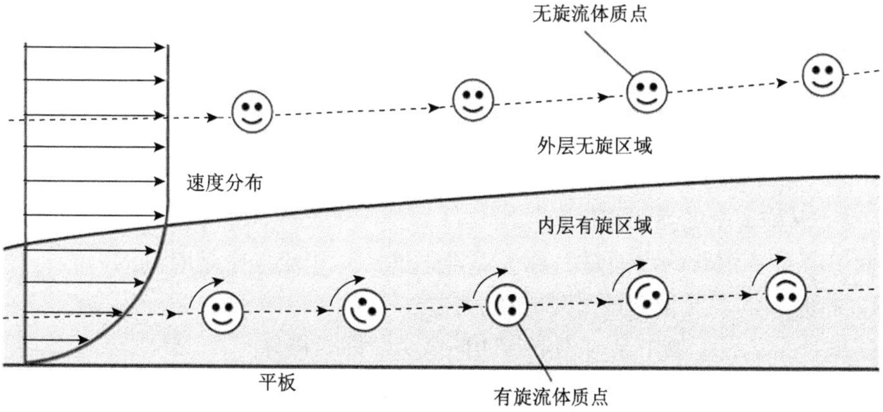

图 9.2.4　绕平板的层流流动

9.2.2　涡通量与速度环量

(1) 涡线：正如流线是流速场的矢量线一样，定义涡线是涡量场的矢量线。对于任意时刻 t，涡线上每一点切线方向与该点涡向量方向一致，即 $\boldsymbol{\Omega}\times \mathrm{d}\boldsymbol{l}=0$。如图 9.2.5(a)所示。直角坐标系中，涡线的微分方程为

$$\frac{\mathrm{d}x}{\Omega_x(x,y,z,t)}=\frac{\mathrm{d}y}{\Omega_y(x,y,z,t)}=\frac{\mathrm{d}z}{\Omega_z(x,y,z,t)} \tag{9.2.7}$$

式中，Ω_x、Ω_y、Ω_z 是涡量 $\boldsymbol{\Omega}$ 在直角坐标系中的分量。

(2) 涡面：在涡量场中任取一条非涡线的曲线，过该曲线的每一点作同一时刻的涡线，构成一个曲面，称为涡面，如图 9.2.5(b)所示。

(3) 涡管：对应于流速场中流管的概念可以建立涡量场中的涡管。在涡量场中取非涡线的封闭曲线，则在同一时刻过该曲线的每一点作涡线，就形成了一个管状的曲面，称为涡管，如图 9.2.5(c)所示。

显然，根据定义，涡面和涡管上任一点的法线方向 $\boldsymbol{n}$ 和该点的涡量是垂直的。

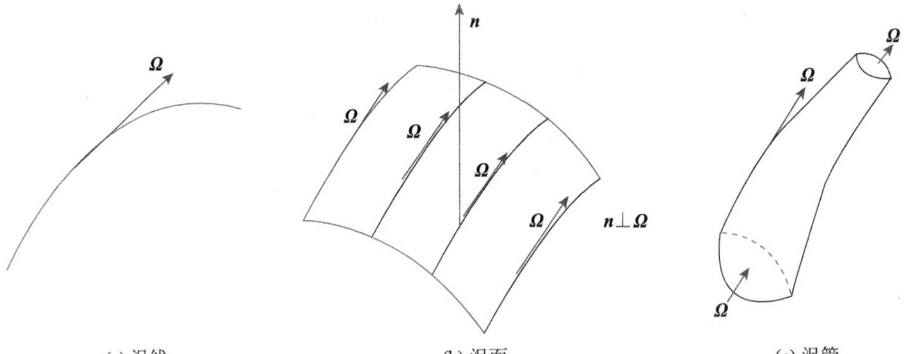

图 9.2.5　涡线、涡面和涡管

(4) 涡通量：涡量场的通量称为涡通量。在流场中取某一曲面 S，$\boldsymbol{n}$ 为单位法向量，则通过曲面 S 的涡通量为

$$J=\iint_S \boldsymbol{\Omega}\cdot\boldsymbol{n}\mathrm{d}S \tag{9.2.8}$$

它反映了涡旋运动的强弱程度。

(5) 涡管强度：涡管的涡通量又称为涡管强度。对于流场中某时刻的涡管，任取其横截面 A，称过曲面 A 的涡通量为该瞬时的涡管强度。

(6) 速度环量：在流场中某时刻取封闭曲线 L，称线积分

$$\Gamma=\oint_L \boldsymbol{u}\cdot\mathrm{d}\boldsymbol{l} \tag{9.2.9}$$

为沿该封闭曲线的速度环量。

(7) 速度环量定理(斯托克斯定理)。

速度环量与流速的方向有关，还与线积分绕行 L 的方向有关。由微积分中的斯托克斯定理可知

$$\varGamma = \oint_L \boldsymbol{u} \cdot \mathrm{d}\boldsymbol{l} = \iint_S (\nabla \times \boldsymbol{u}) \cdot \boldsymbol{n}\mathrm{d}S = \iint_S \boldsymbol{\Omega} \cdot \boldsymbol{n}\mathrm{d}S = J \tag{9.2.10}$$

这说明沿封闭曲线 L 的速度环量等于穿过以该曲线为周界的任意曲面的涡通量。其中，$\boldsymbol{n}$ 为曲面 S 的法向，S 周界 L 的正向与 $\boldsymbol{n}$ 成右手系。涡通量和速度环量都刻画了流体运动中的涡旋特性。

(8) 涡管强度守恒定理。

在同一时刻同一涡管的各个截面上，涡通量都是相同的，即涡管强度是守恒的。

这是由于 $\nabla \cdot \boldsymbol{\Omega} = \nabla \cdot (\nabla \times \boldsymbol{u}) \equiv 0$，所以涡量场是无源(管形)场。这表明在同一时刻，穿过同一涡管的各断面的涡通量都是相同的。换句话说，同一时刻，一根涡管对应一个涡管强度，截面积越小，涡量越大。这是个纯运动学范畴的定理。表明涡管不能在流体中产生与消失，要么成为环形涡环，要么两端位于流场的自由面或固体边界，或伸至无穷远。

封闭流体线上的速度环量对于时间的变化率等于此封闭流体上的加速度环量，记

$$\varGamma = \oint_L \boldsymbol{u} \cdot \mathrm{d}\boldsymbol{l}$$

则

$$\frac{\mathrm{d}\varGamma}{\mathrm{d}t} = \oint_L \frac{\mathrm{d}\boldsymbol{u}}{\mathrm{d}t} \cdot \mathrm{d}\boldsymbol{l}$$

注意，这里的 L 是由确定的流体质点组成的一条封闭线，是一个系统，在流动中会改变位置和形状。相应的速度环量对时间的变化率指的是全导数。

现简要地证明上面的结论，为使符号意义更明确，把对空间微分符号记为 δ，符号 d 专门用于表示对时间的微分。

$$\begin{aligned}
\frac{\mathrm{d}\varGamma}{\mathrm{d}t} &= \frac{\mathrm{d}}{\mathrm{d}t}\oint_L \boldsymbol{u} \cdot \delta\boldsymbol{l} = \oint_L \frac{\mathrm{d}}{\mathrm{d}t}(\boldsymbol{u} \cdot \delta\boldsymbol{l}) = \oint_L \frac{\mathrm{d}\boldsymbol{u}}{\mathrm{d}t}\delta\boldsymbol{l} + \oint_L \boldsymbol{u} \cdot \delta\frac{\mathrm{d}\boldsymbol{l}}{\mathrm{d}t} \\
&= \oint_L \frac{\mathrm{d}\boldsymbol{u}}{\mathrm{d}t} \cdot \delta\boldsymbol{l} + \oint_L \boldsymbol{u} \cdot \delta\boldsymbol{u} \\
&= \oint_L \frac{\mathrm{d}\boldsymbol{u}}{\mathrm{d}t} \cdot \delta\boldsymbol{l}
\end{aligned}$$

最后一个等号是因为速度为单值函数。

9.3 无旋流动的速度势

9.3.1 流场速度势函数

在流场某个区域中，如果涡量处处为零，则称该区域流场为无旋流动。

根据涡量的向量表达式(9.2.2)，在无旋流动区域，流场速度在直角坐标系下满足如下条件：

$$\frac{\partial w}{\partial y}=\frac{\partial v}{\partial z},\quad \frac{\partial u}{\partial z}=\frac{\partial w}{\partial x},\quad \frac{\partial v}{\partial x}=\frac{\partial u}{\partial y} \tag{9.3.1}$$

可以定义一个函数 $\varphi(x,y,z)$ 称为速度势，它与流场速度满足如下关系：

$$u=\frac{\partial \varphi}{\partial x},\quad v=\frac{\partial \varphi}{\partial y},\quad w=\frac{\partial \varphi}{\partial z} \tag{9.3.2}$$

对照式(9.3.1)各项可知

$$\begin{aligned}
&\frac{\partial w}{\partial y}=\frac{\partial^2 \varphi}{\partial z \partial y},\quad \frac{\partial v}{\partial z}=\frac{\partial^2 \varphi}{\partial y \partial z}\\
&\frac{\partial u}{\partial z}=\frac{\partial^2 \varphi}{\partial x \partial z},\quad \frac{\partial w}{\partial x}=\frac{\partial^2 \varphi}{\partial z \partial x}\\
&\frac{\partial v}{\partial x}=\frac{\partial^2 \varphi}{\partial y \partial x},\quad \frac{\partial u}{\partial y}=\frac{\partial^2 \varphi}{\partial x \partial y}
\end{aligned}$$

可见速度势函数完全满足无旋条件(9.3.1)，这就是场论中所说的，无旋场与有势场是等价的，无旋必有势。如果已知速度势，则流场的速度可以通过式(9.3.2)求出。

9.3.2 速度势函数的性质

(1) 速度势沿任一方向的方向导数 $\frac{\partial \varphi}{\partial l}$ 等于速度在该方向上的投影：$\frac{\partial \varphi}{\partial l}=v_l$。$\frac{\partial \varphi}{\partial l}=\nabla\varphi\cdot \boldsymbol{e}_l=\boldsymbol{v}\cdot\boldsymbol{e}_l=v_l$，$\boldsymbol{e}_l$ 为有向曲线 $\boldsymbol{l}$ 方向的单位矢量。

(2) 等势面与流面垂直。

等势面：$\varphi(x,y,z,t)=$ 常数的面，与速度势的梯度 $\nabla\varphi=\boldsymbol{v}$ 垂直。

流面：由流线构成，流线与速度 $\boldsymbol{v}$ 相切。

(3) 不可压缩流体的势函数为调和函数(满足拉普拉斯方程的函数)。

由质量守恒和连续方程可知，对于不可压缩流体，有

$$\nabla\cdot\boldsymbol{v}=\nabla\cdot\nabla\varphi=\nabla^2\varphi=\frac{\partial^2 \varphi}{\partial x^2}+\frac{\partial^2 \varphi}{\partial y^2}+\frac{\partial^2 \varphi}{\partial z^2}=0 \tag{9.3.3}$$

式中，∇^2 称为拉普拉斯算子。

(4) 势函数 φ 具有可叠加性。

对于不可压缩流体，有 $\nabla \cdot \boldsymbol{v} = \nabla \cdot \nabla \varphi = \nabla^2 \varphi = 0$。

若 $\varphi_1, \varphi_2, \varphi_3, \cdots$ 为几种流动的速度势，都满足拉普拉斯方程 $\nabla^2 \varphi_1 = 0, \nabla^2 \varphi_2 = 0, \cdots$ 则由拉普拉斯方程的线性特征，有 $\nabla^2 \varphi = \nabla^2 \varphi_1 + \nabla^2 \varphi_2 + \cdots = 0$。叠加后新的势函数 φ 仍然满足拉普拉斯方程。

9.3.3　由无旋流速求势函数

1) 无旋场与有势场的等价性

一个矢量场的旋度处处为零，称为无旋场，无旋场与有势场是等价的。流体流动的速度场无旋，就称为无旋流动，也称为有势流动。现在来证明这种等价性，即

$$\boldsymbol{u} = \nabla \varphi \Leftrightarrow \nabla \times \boldsymbol{u} = 0$$

先证明“$\Longrightarrow$”：将 $\boldsymbol{u} = \nabla \phi$ 代入，即可得 $\nabla \times \boldsymbol{u} = \nabla \times \nabla \varphi = 0$。

再证明“$\Longleftarrow$”：

$$\nabla \times \boldsymbol{u} = 0,\ \oint_L \boldsymbol{u} \cdot \mathrm{d}\boldsymbol{l} = 0$$

自起点到终点的速度环量与路径无关，在起点固定的条件下，可以定义

$$\varphi(x, y, z) = \int_{M_0(x_0, y_0, z_0)}^{M(x, y, z)} u_x \mathrm{d}x + u_y \mathrm{d}y + u_z \mathrm{d}z$$

易得

$$\frac{\partial \varphi}{\partial x} = \lim_{\Delta x \to 0} \frac{1}{\Delta x} \int_{(x, y, z)}^{(x+\Delta x, y, z)} u_x \mathrm{d}x = u_x,\quad \frac{\partial \varphi}{\partial y} = u_y,\quad \frac{\partial \varphi}{\partial z} = u_z$$

这表明

$$\begin{gathered} \mathrm{d}\varphi = u_x \mathrm{d}x + u_y \mathrm{d}y + u_z \mathrm{d}z \\ \boldsymbol{u} = \nabla \varphi \end{gathered} \tag{9.3.4}$$

2) 无旋流动速度势函数的求法

如果已知速度矢量 $\boldsymbol{v}$，将式(9.3.4)两侧同时点乘曲线 M_0M 得到弧元素 $\mathrm{d}\boldsymbol{l}$，有 $\boldsymbol{v} \cdot \mathrm{d}\boldsymbol{l} = \mathrm{d}\varphi$，然后沿着曲线 M_0M 进行积分，可得

$$\varphi(M) = \varphi(M_0) + \int_{M_0}^{M} \boldsymbol{v} \cdot \mathrm{d}\boldsymbol{l}$$

在直角坐标系中，$u = \dfrac{\partial \varphi}{\partial x}, v = \dfrac{\partial \varphi}{\partial y}, w = \dfrac{\partial \varphi}{\partial z}$，$\mathrm{d}\boldsymbol{l} = \mathrm{d}x\boldsymbol{i} + \mathrm{d}y\boldsymbol{j} + \mathrm{d}z\boldsymbol{k}$，则速度势可以表示为

$$\varphi(M)=\varphi(M_0)+\int_{M_0}^{M}u\mathrm{d}x+v\mathrm{d}y+w\mathrm{d}z$$

在柱坐标系中，$v_r=\dfrac{\partial\varphi}{\partial r}$，$v_\theta=\dfrac{\partial\varphi}{r\partial\theta}$，$\mathrm{d}\varphi=\dfrac{\partial\varphi}{\partial r}\mathrm{d}r+\dfrac{\partial\varphi}{\partial\theta}\mathrm{d}\theta$，则速度势表示为

$$\varphi(M)=\varphi(M_0)+\int_{M_0}^{M}v_r\mathrm{d}r+rv_\theta\mathrm{d}\theta$$

在确认流动的速度场无旋，即 $\nabla\times\boldsymbol{u}=0$ 的前提下，可由速度场根据定义

$$\varphi(x,y,z)=\int_{M_0(x_0,y_0,z_0)}^{M(x,y,z)}u\mathrm{d}x+v\mathrm{d}y+w\mathrm{d}z$$

求取势函数，选择由几段坐标线组成的路径以使计算简单，千万不可误认为做三个独立的不定积分。也可以用寻找全微分 $\mathrm{d}\varphi=u\mathrm{d}x+v\mathrm{d}y+w\mathrm{d}z$ 的办法求速度势函数。

3) *有旋流动和有势流动的判别*

有势流动就是无旋流动，所以有旋流动和有势流动的判别就在于流速场的旋度是否为零。这样又可按照是否有旋来对流动进行分类。需要提醒大家的是，不要根据流线是直线还是曲线来直观判别。事实上，流线是圆周的平面流动$\left(u_r=0,u_0=\dfrac{k}{r}\right)$，恰恰是无旋的；而流线是直线的平面流动$(u=ky,v=0)$，恰恰是有旋的。上述两个流动是否有旋也可用流体直角的平分线在流动中是否转动来说明。

9.4　不可压平面流动的流函数

平面流动是指流场中各点流体速度都平行于某一固定平面，并且各物理量在此平面的垂直方向上没有变化，通常设该平面为 x-y 平面，或在柱坐标系中为 r-平面，垂直于该平面为 z 轴。物理量与 z 坐标无关，速度的 z 轴方向分量为零，因此平面内流动也称为二维流动。

9.4.1　流函数的定义

如果流体不可压缩，则在直角坐标系下对于二维流场，$\boldsymbol{V}=u\boldsymbol{i}+v\boldsymbol{j}$，连续方程表示为

$$\nabla\cdot\boldsymbol{V}=\frac{\partial u}{\partial x}+\frac{\partial v}{\partial y}=\frac{\partial u}{\partial x}-\frac{\partial(-v)}{\partial y}=0 \tag{9.4.1}$$

这恰好说明矢量场 $-v\boldsymbol{i}+u\boldsymbol{j}$ 是无旋场，必有相应的势函数，定义其势函数为原流速场 $u\boldsymbol{i}+v\boldsymbol{j}$ 的流函数 $\psi(x,y)$，并要求它与流场速度满足如下关系：

$$\frac{\partial\psi}{\partial x}=-v,\quad \frac{\partial\psi}{\partial y}=u \tag{9.4.2}$$

将式(9.4.2)代入式(9.4.1)，显而易见，这里定义的流函数能够描述不可压平面流动。因

此，二维不可压速度场可以用流函数表达为

$$\boldsymbol{V}=u\boldsymbol{i}+v\boldsymbol{j}=\frac{\partial\psi}{\partial y}\boldsymbol{i}-\frac{\partial\psi}{\partial x}\boldsymbol{j} \tag{9.4.3}$$

注意，二维不可压速度场 $u\boldsymbol{i}+v\boldsymbol{j}$ 并不一定是无旋场：

$$\nabla\times\boldsymbol{V}=\left(\frac{\partial v}{\partial x}-\frac{\partial u}{\partial y}\right)\boldsymbol{k}=\left(-\frac{\partial^2\psi}{\partial x^2}-\frac{\partial^2\psi}{\partial y^2}\right)\boldsymbol{k}=0$$

即无旋流动的流函数也满足拉普拉斯方程：

$$\nabla^2\psi=\frac{\partial^2\psi}{\partial x^2}+\frac{\partial^2\psi}{\partial y^2}=0 \tag{9.4.4}$$

将平面上一段有向微元弧长 $\mathrm{d}\boldsymbol{l}=\mathrm{d}x\boldsymbol{i}+\mathrm{d}y\boldsymbol{j}$ 顺时针转 90°，方向为 $\mathrm{d}\boldsymbol{l}$ 的法向 $\boldsymbol{n}$，大小为 $\mathrm{d}l$，可记为 $\boldsymbol{n}\mathrm{d}\boldsymbol{l}=\mathrm{d}x\boldsymbol{i}+\mathrm{d}y\boldsymbol{j}$，根据流函数定义可知

$$\mathrm{d}\psi=\frac{\partial\psi}{\partial x}\mathrm{d}x+\frac{\partial\psi}{\partial y}\mathrm{d}y=-v\mathrm{d}x+u\mathrm{d}y=\boldsymbol{V}\cdot\boldsymbol{n}\mathrm{d}l$$

这说明流函数的微分为穿过微元弧长的流量，因此把 ψ 称为流函数。穿过 M_0-M 连线的流量表示为

$$\psi(x,y)=\int_{M_0(x_0,y_0)}^{M(x,y)}\mathrm{d}\psi=\int_{M_0(x_0,y_0)}^{M(x,y)}-v\mathrm{d}x+u\mathrm{d}y$$

流量与连线路径无关，在起点 M_0 确定的情况下是终点 M 的坐标的函数。这对于不可压流体的平面流动是容易理解的，而三维流动就得不到这样的结论。根据定义确定流函数时选取不同的起点 M_0，流函数将相差一个常数，但同样不会影响对流场的描述。

当流函数为常数时，$\mathrm{d}\psi=\frac{\partial\psi}{\partial x}\mathrm{d}x+\frac{\partial\psi}{\partial y}\mathrm{d}y=-v\mathrm{d}x+u\mathrm{d}y=0$，即

$$\frac{\mathrm{d}y}{\mathrm{d}x}=\frac{v}{u},\quad \psi=C \tag{9.4.5}$$

这说明，沿着流函数为常数点的连线，其切线方向与当地的流速方向一致。因此，流函数为常数的点连线为流线，$\psi=C$ (常数)是不可压流体平面流动的流线方程。

两点流函数的差表示穿过两点间任意连线的流量，若 $\psi(M_2)-\psi(M_1)=C_2-C_1>0$，则表示有流量自 M_1M_2 连线左侧流进右侧，由此可确定流动方向。

对于平行于 x 轴并朝其正向的平面流动，流函数沿着 y 轴正向增大，$\mathrm{d}\psi|_{x=c}=\psi(y+\mathrm{d}y)-\psi(y)>0$，所以 $u=\frac{\partial\psi}{\partial y}$。

对于平行于 y 轴并朝其正向的平面流动，流函数沿着 x 轴负向增大，$\mathrm{d}\psi|_{y=c}=$

$\psi(x+\mathrm{d}x)-\psi(x)<0$，所以 $v=-\dfrac{\partial\psi}{\partial x}$。

如果在极坐标中描述平面流动，则对于沿着 r 轴并朝其正向的平面流动，流函数沿着 θ 正向增大，$\mathrm{d}\psi\big|_{r=c}=\psi(\theta+d\theta)-\psi(\theta)>0$，所以 $u_r=\dfrac{1}{r}\dfrac{\partial\psi}{\partial\theta}$。

对于沿着 θ 轴并朝其正向的平面流动，流函数沿着 r 轴负向增大，$\mathrm{d}\psi\big|_{\theta=c}=\psi(r+\mathrm{d}r)-\psi(r)<0$，所以 $u_\theta=-\dfrac{\partial\psi}{\partial r}$。

9.4.2　流函数和势函数都存在的流动

1) 流线与等势线正交

对于任何无旋流动都存在速度势函数，而不可压流体平面流动都存在流函数，因而对于平面内、不可压流体和无旋流动，既有速度势函数又有流函数。由式(9.3.3)和式(9.4.4)可知，在上述三个条件下，速度势和流函数都满足拉普拉斯方程，都是调和函数。

直角坐标系下，流函数和流速场的关系为

$$\begin{cases} u=\dfrac{\partial\varphi}{\partial x}=\dfrac{\partial\psi}{\partial y} \\ v=\dfrac{\partial\varphi}{\partial y}=-\dfrac{\partial\psi}{\partial x} \end{cases} \tag{9.4.6}$$

极坐标系下，它们和流速场的关系为

$$\begin{cases} u_r=\dfrac{\partial\varphi}{\partial r}=\dfrac{1}{r}\dfrac{\partial\psi}{\partial\theta} \\ u_\theta=\dfrac{1}{r}\dfrac{\partial\varphi}{\partial\theta}=-\dfrac{\partial\psi}{\partial r} \end{cases} \tag{9.4.7}$$

当速度视为常数时，$\mathrm{d}\varphi=\dfrac{\partial\varphi}{\partial x}\mathrm{d}x+\dfrac{\partial\varphi}{\partial y}\mathrm{d}y=u\mathrm{d}x+v\mathrm{d}y=0$，即

$$\frac{\mathrm{d}y}{\mathrm{d}x}=-\frac{u}{v},\quad \varphi=C \tag{9.4.8}$$

于是由式(9.4.5)和式(9.4.8)可知

$$\left.\frac{\mathrm{d}y}{\mathrm{d}x}\right|_{\varphi=C}\times\left.\frac{\mathrm{d}y}{\mathrm{d}x}\right|_{\psi=C'}=-\frac{u}{v}\times\frac{v}{u}=-1$$

这说明，速度势等值线与流函数等值线互相正交，也称为流网，如图 9.4.1 所示。

速度势梯度 $\nabla\varphi$ 的方向与速度势变化最大方向一致，也就是 $\boldsymbol{V}=\nabla\varphi$ 总是垂直于当地速度势的等值线，由于流线的切线方向与当地的流速方向 $\boldsymbol{V}$ 一致，而流函数等值线为流线，这就解释了等势线垂直于流线。

也可以从另一角度来看，由复变函数的数学知识可知，称式(9.4.6)为这对调和函数满足柯西-黎曼条件，互为共轭调和函数。并且它们的等值线必是互相正交的。因为由柯西-黎曼条件，易知

$$\nabla\varphi\cdot\nabla\psi=\frac{\partial\varphi}{\partial x}\frac{\partial\psi}{\partial x}+\frac{\partial\varphi}{\partial y}\frac{\partial\psi}{\partial y}=-uv+uv=0$$

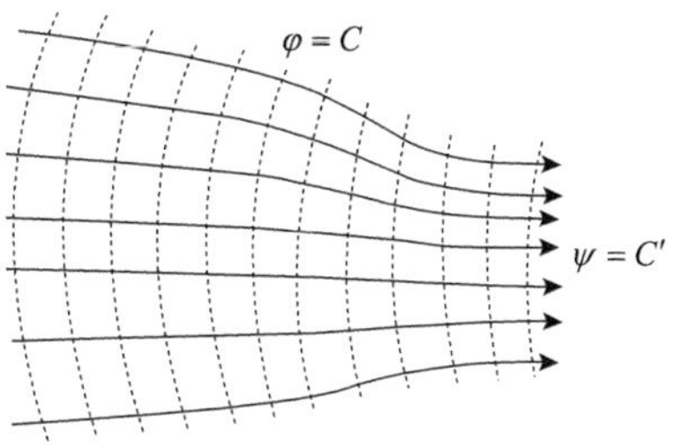

图 9.4.1　流网示意图

2) 复势与复速度

共轭调和函数 φ 和 ψ 可以组成解析的复变函数 $W(z)=\varphi(x,y)+\mathrm{i}\psi(x,y)$，其中 i 是虚数单位，$z=x+\mathrm{i}y$，$W(z)$ 称为复势。复势的导函数称为复速度：

$$\overline{V}=\frac{\mathrm{d}W}{\mathrm{d}z}=\frac{\partial\varphi}{\partial x}+\mathrm{i}\frac{\partial\psi}{\partial x}=u-\mathrm{i}v$$

它是流速 $V=u+\mathrm{i}v$ 的共轭。

任何一个不可压平面有势流动，都与一个确定的复势相对应。复势清晰地描述并揭示流动的内在规律，它不仅同时给出了速度势函数和流函数，还规定了两者之间的共轭关系。

从上述讨论可知，对于存在速度势函数的无旋流动，并不一定都存在流函数，这取决于流动是否为平面不可压流动。本章后续内容，都假设速度势和流函数同时存在。从两者任何一个已知量，都可以根据式(9.4.6)获得流场的速度，进而根据定常流的伯努利方程(4.2.1)获得流场压力。

例题 9-4　证明 $\varphi=x^3-3xy^2$ 是一个有效的速度势，它描述了一个不可压缩流场。确定相应的流函数。在流体稳定的条件下，求出停滞点和压力分布。

解　φ 为有效速度势，必须满足无旋条件。

对于二维笛卡儿流场，有

$$\boldsymbol{u}=\frac{\partial\varphi}{\partial x},\quad \boldsymbol{v}=\frac{\partial\varphi}{\partial y}$$

因此

$$\boldsymbol{u}=3x^2-3y^2,\quad \boldsymbol{v}=-6xy$$

其旋度为

$$\nabla\times V=\left(\frac{\partial\boldsymbol{v}}{\partial x}-\frac{\partial\boldsymbol{u}}{\partial y}\right)\boldsymbol{k}=\left(-6y+6y\right)\boldsymbol{k}=0$$

所以 φ 是一个有效的速度势。

速度场的散度为

$$\nabla\cdot V=\frac{\partial\boldsymbol{u}}{\partial x}+\frac{\partial\boldsymbol{v}}{\partial y}=6x-6x=0$$

所以流场是不可压缩的。

从流函数的定义

$$u=\frac{\partial \psi}{\partial y},\quad v=-\frac{\partial \psi}{\partial x}$$

可以分别对 x 和 y 积分：

$$\psi=3x^2y-y^3+f(x)+C_1$$
$$\psi=3x^2y+g(y)+C_2$$

式中，C_1 和 C_2 是积分常数；f 和 g 分别是 x 和 y 的未知函数。通过比较 ψ 的两个结果，得到

$$\psi=3x^2y-y^3+C$$

常数是任意的(只对 ψ 的导数感兴趣)，所以可以通过在原点处选择 ψ=0 来将其设为零。最后

$$\psi=3x^2y-y^3$$

通过定位 $u=v=0$ 的点可以找到驻点。对于本例题，这种情况只发生在原点，所以只有一个驻点，在[0，0]。

压力分布由伯努利方程给出，因此

$$p+\frac{1}{2}(u^2+v^2)=p_0$$

$$p-p_0=9(x^2+y^2)^2$$

9.5　平面势流基本解

对于平面不可压流体的无旋流动，同时存在速度势和流函数，并且它们都满足拉普拉斯方程。在 9.3.2 节证明，拉普拉斯方程是线性偏微分方程，它的解满足线性叠加原理。也就是说，可以利用方程的已知解，根据不同流动的边界条件来构造方程新的解。本节将给出若干二维势流速度势和流函数的基本解。

9.5.1　均匀流

假设某种流动可以简化为平面不可压势流，对于如图 9.5.1 所示自左向右的水平均匀流，流速为 $u=U, v=0$，根据方程(9.4.6)，$u=\dfrac{\partial \varphi}{\partial x}=U$，对其关于 x 积分可得

$$\varphi=Ux+f(y)+常数 \tag{9.5.1}$$

又根据方程(9.4.6)，$v=\dfrac{\partial \varphi}{\partial y}=0$，代入式(9.5.1)后可知 $f(y)=0$，所以速度势函数为

$$\varphi = Ux + 常数 \tag{9.5.2}$$

采用势流分析的最终目的是获知流场的速度，而流速为速度势的梯度，$\boldsymbol{V} = \nabla\varphi$，因而对于速度势中的常数并不感兴趣，可以设定为任意方便的数值，这里取值为零。进而水平均匀流的速度势可表示为 φ

$$\varphi = Ux \tag{9.5.3}$$

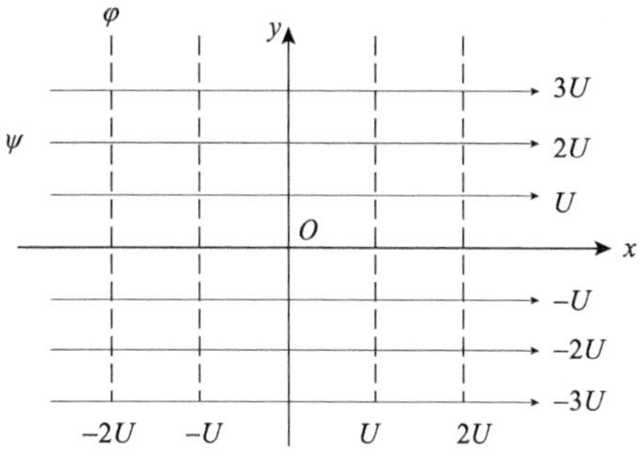

图 9.5.1　水平均匀流的流函数与势函数示意图

关于均匀流的流函数，根据方程(9.4.6)，$u = \dfrac{\partial\psi}{\partial y} = U$，对其关于 y 积分可得

$$\psi = Uy + f(x) + 常数 \tag{9.5.4}$$

又根据方程(9.4.6)，$v = \dfrac{\partial\psi}{\partial x} = 0$，代入式(9.5.4)后可知 $f(x) = 0$，所以流函数为 $\psi = Uy + 常数$，同样取积分常数为零。水平均匀流的流函数可表示为

$$\psi = Uy \tag{9.5.5}$$

在柱坐标系下，水平均匀流的速度势和流函数可分别表示为

$$\varphi = Ur\cos\theta, \quad \psi = Ur\sin\theta \tag{9.5.6}$$

图 9.5.1 绘出了单位网格尺度下的速度势和流函数等值线，可见等势线和流函数等值线正交，流函数的等值线恰好为流线，对于均匀流，这些等值线是相互平行的。

9.5.2　点源与点汇流动

平面点源(source)流动描述以某点为圆心沿着径向直线均匀地向圆外流出的流场，这种流动称为源流，该点称为源点。如图 9.5.2 所示。若流体沿着径向直线从周围均匀地流入圆心，则这种流动称为汇流，该点称为汇点(sink)。源点和汇点是流线的交点，平面点源和点汇的体积流速率 $\dot{q}$ 为常数，表示单位时间内垂直该平面单位长度源汇的体积流速率，其量纲为 L^2T^{-1}。

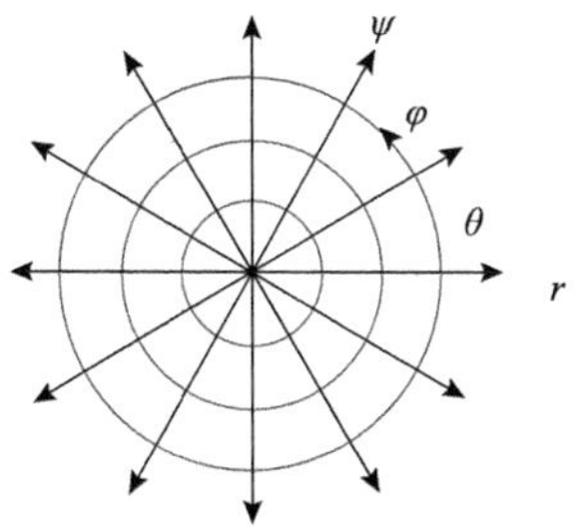

图 9.5.2　点源流动的流线和等势线示意图

柱坐标系是描述点源点汇流动的自然坐标系，根据质量守恒要求，通过任意圆柱面的体积流速率相同，即 $\dot{q} = 2\pi r u_r$，其中 u_r 为径向流速，对源流而言，$\dot{q}$ 大于零，于是有

$$u_r = \frac{\dot{q}}{2\pi r} = \frac{\partial\varphi}{\partial r} = \frac{1}{r}\frac{\partial\psi}{\partial\theta}, \quad u_\theta = 0 \tag{9.5.7}$$

因此，在柱坐标系下，根据式(9.4.7)分别积分，得到点源流动的速度势和流函数分别为

$$\varphi=\frac{\dot{q}}{2\pi}\ln r,\quad \psi=\frac{\dot{q}}{2\pi}\theta \tag{9.5.8}$$

在直角坐标系下，点源流动的速度势和流函数分别为

$$\varphi=\frac{\dot{q}}{2\pi}\ln\sqrt{x^2+y^2},\quad \psi=\frac{\dot{q}}{2\pi}\arctan\left(\frac{y}{x}\right) \tag{9.5.9}$$

对于点汇流动，相当于体积流速率为负数的点源，于是点汇流动的速度势和流函数分别为

$$\varphi=-\frac{\dot{q}}{2\pi}\ln r,\quad \psi=-\frac{\dot{q}}{2\pi}\theta \tag{9.5.10}$$

点汇流的流线在图 9.5.2 中与点源流线类似，仅是流向相反。等势线为半径不同的圆，流线为极角不同的径线，两者正交。

由式(9.5.7)～式(9.5.10)可知，当 $r=0$ 时，点源和点汇的速度势以及速度都变成无穷大。因此，源点和汇点又称为奇点。

如果源汇平面 o-r-θ 是无限大水平面，则根据沿流线的伯努利方程：

$$\frac{p}{\rho}+\frac{u_r^2}{2}=\frac{p_\infty}{\rho}+\frac{u_\infty^2}{2}$$

式中，p_∞, u_∞ 表示 $r\to\infty$ 处的流体压强和流速。又根据式(9.5.7)可知，$u_\infty=0$，$u_r=\dfrac{\pm\dot{q}}{2\pi r}$，源汇平面任意半径处压强为

$$\frac{p}{\rho}=\frac{p_\infty}{\rho}-\frac{\dot{q}^2}{8\pi^2}\frac{1}{r^2} \tag{9.5.11}$$

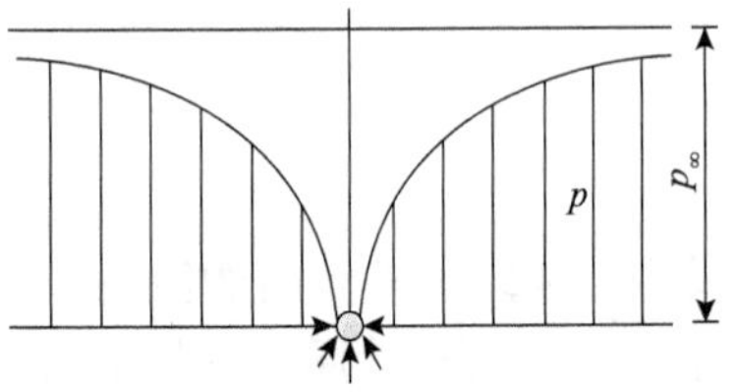

图 9.5.3　源汇流动的压强沿半径分布示意图

可见，源汇流压强随半径减小而降低，当半径 $r_0=\sqrt{\rho\dot{q}^2/(p_\infty 8\pi^2)}$ 时，$p=0$。实际上，绝对压强不能为零，故源汇流理论的适用范围为 $r>r_0$。图 9.5.3 展示了 $r>r_0$ 时源汇流的压强沿半径的分布。

9.5.3　点涡流动

若平面涡流的涡管半径趋于零，则涡管变为一条直涡线，平面上的涡核区缩为一点，称为涡点，这样的流动称为点涡流，如图 9.5.4 所示。在例题 9-1 中，图 9.2.2 给出了点涡流场示意图。流体切向速度和径向速度分别为

$$u_\theta=\frac{\Gamma}{2\pi r},\quad u_r=0 \tag{9.5.12}$$

以半径 r 绕中心 O 做等速圆周运动，流线为圆周线。对于点涡流场，除原点外，其他流体微元仅做平移运动，并无转动，流场除原点有旋外，处处无旋。故点涡流又称为势涡或自由涡流。

在柱坐标系下，对式(9.4.7)分别积分，得到点涡流动的速度势和流函数分别为

$$\varphi = \frac{\Gamma}{2\pi}\theta, \quad \psi = -\frac{\Gamma}{2\pi}\ln r \tag{9.5.13}$$

式中，环量 Γ 在涡流逆时针流动时为正值；涡流顺时针流动时环量为负值。

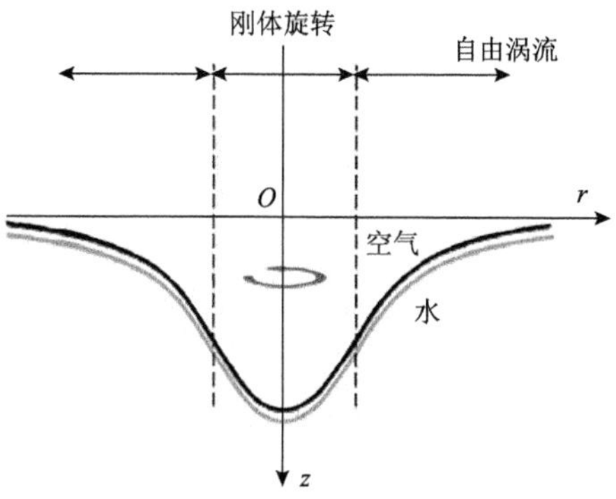

图 9.5.4　旋涡流动水面形状示意图

在直角坐标系下，点涡流流动的速度势和流函数分别为

$$\varphi = \frac{\Gamma}{2\pi}\arctan\left(\frac{y}{x}\right), \quad \psi = -\frac{\Gamma}{2\pi}\ln\sqrt{x^2 + y^2} \tag{9.5.14}$$

由式(9.5.12)可知，当半径趋于零时，点涡流切向速度趋于无穷大，实际上由于流体黏性等因素，流速不可能出现无穷大，由于黏性摩擦作用涡核部位将像固体一样整体旋转，从而在涡核流域不再是无旋流动。

在涡核之外的势流区域，只要流动是定常的，对任意两点之间应用伯努利方程，可以得到类似点汇流压强表达式(9.5.11)的结果。只不过其中的体积流速率 $\dot{q}$ 被这里点涡流的环量 Γ 代替。

$$p = p_\infty - \frac{\Gamma^2}{8\pi^2}\frac{\rho}{r^2} \tag{9.5.15}$$

同样，点涡流沿着半径方向的压强分布类似于图 9.5.3。可见在势涡核心处压强极低，正是这个自由涡低压区吸引空气中的水汽凝结，使得飞机飞行的长线尾迹可见。

可以做一个物理实验来观察势流自由涡，在水桶内静水中旋转一根垂直细长的柱体，柱体表面为无滑移条件，于是柱体表面形成边界层，由第 8 章知识可知，边界层中黏性应力显著，流场为有旋流动，边界层外为无旋流动，流速分布类似势流自由涡。其中，涡强度等于圆柱旋转角速度的两倍。这里圆柱扮演了点涡涡核的作用，而边界层中黏性应力导致边界层中流体像固体一样旋转。

实际上，水中旋涡运动与上述例子非常类似。水的自由表面为大气常压力 p_0 面，根据伯努利方程，联系旋涡中心区域与远方自由表面两点后，有

$$\frac{p_r}{\rho} + \frac{V_r^2}{2} + gh_r = \frac{p_\infty}{\rho} + \frac{u_\infty^2}{2} + gh_\infty$$

由于 $p_0 = p_r = p_\infty$，$V_\infty = 0$，伯努利方程变形为

$$\frac{V_r^2}{2} + gh_r = gh_\infty \tag{9.5.16}$$

由式(9.5.16)可见，当走向旋涡中心时，根据式(9.5.12)，流速增大，旋涡中心形成凹面。

如图 9.5.4 所示，由于任意半径处的流速大小都等于该半径处的点涡流周向速度 $V_r = u_\theta = \Gamma / (2\pi r)$。于是旋涡在靠近中心时的水面高度为

$$h_r = h_\infty - \frac{\Gamma^2}{8g\pi^2}\frac{1}{r^2} \tag{9.5.17}$$

实际上，在旋涡中心内流域，由于速度梯度大，黏性应力导致该流域的流动近似固体旋转，也就是有旋流动。如图 9.5.4 所示的旋涡流自由面高度为内部有旋和外部无旋流自由面的组合形状。

9.5.4 均匀流与源汇流叠加

平面均匀流、点源、点汇、点涡的流函数和势函数都是拉普拉斯方程的解(奇点除外)，称为势流基本解。由于拉普拉斯方程是线性方程，利用它的解线性叠加，可构造出若干非常有实用价值的势流流场解。这里考察将一个点源放在均匀流场中的效果。首先将水平方向均匀流的流函数 ψ_1 与点源的流函数 ψ_2 相加，得到流函数 ψ：

$$\psi = \psi_1 + \psi_2 = Uy + \frac{\dot{q}}{2\pi}\theta = Uy + \frac{\dot{q}}{2\pi}\arctan\left(\frac{y}{x}\right) \tag{9.5.18}$$

该流函数的流动图案如图 9.5.5 所示，其中取流函数为不同的常数画出了对应流动的不同流线。

同样可以将水平方向均匀流的速度势函数 φ_1 与点源的势函数 φ_2 相加，得到速度势函数 φ：

$$\varphi = \varphi_1 + \varphi_2 = Ux + \frac{\dot{q}}{2\pi}\ln r = Ux + \frac{\dot{q}}{2\pi}\ln\sqrt{x^2 + y^2} \tag{9.5.19}$$

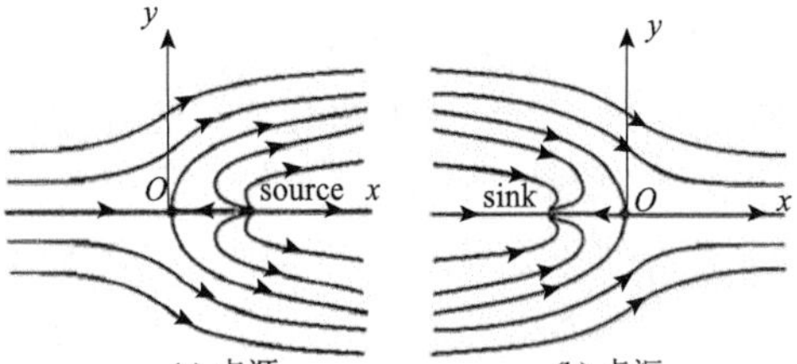

图 9.5.5 均匀流与点源以及点汇的叠加

根据 9.4.2 节知识，速度势为常数的线与流线正交。因此，可以对照绘制出图 9.5.5 中的等势线。

如果将同样体积速率的点汇置入同样的水平均匀流中，可以获得如图 9.5.5(b)所示的流动图案。可以看出，图 9.5.5(b)为图 9.5.5(a)的镜像。

流函数为常数的线对应流线，由于流线上每一点的速度都与流线相切，所以不可能有流体跨过流线，利用该特征，可以将流函数为常数的线代表理想流体(无黏流)中的物体表面。对于无黏流，物面的无滑移条件不再成立，如 5.3.3 节所示，物面条件成为不可穿透条件，它可以表示为如下三式中任何一个。

$$\boldsymbol{n}\boldsymbol{V} = \boldsymbol{n}\boldsymbol{V}_{\text{body}}, \quad \psi = C_{\text{body}}, \quad \frac{\partial\varphi}{\partial n} = \boldsymbol{n}\boldsymbol{V}_{\text{body}} \tag{9.5.20}$$

根据流线与无黏流中物体表面的互换性质，图 9.5.5 表达了均匀流关于无穷多个可能外

形半个物体的绕流图案，每一条流线代表一种构型的物体。而通过 O 点的流线形状代表了特别感兴趣的物体形状，其中通过 O 点的水平直线流线可表达另外一个平面形状的物体，上半平面可以表示绕过特殊凸起外形物体的流动。通过调整源汇体积速率与来流速度的相对值，可以获得多种形状的流线图案。

采用这种基本解叠加法(又称奇点叠加方法)，可以得到无黏流中多种形状物体的绕流速度场和压力场，这种势流解虽然不能描述实际流动的边界层，但是对于边界层外场势流解是非常实用的分析技术。

考虑一对等强度(即相同的体积流速率)的点源和点汇水平置于均匀流中，源点和汇点在 x 轴上的间距为 $2a$，这样三个基本解叠加构成的流函数为

$$\psi = Uy + \frac{\dot{q}}{2\pi}\arctan\left(\frac{y}{x+a}\right) - \frac{\dot{q}}{2\pi}\arctan\left(\frac{y}{x-a}\right) \tag{9.5.21}$$

如图 9.5.6 所示，可以看到一组封闭物体的绕流图案。在封闭流线内部，源自点源的流动都流进了点汇，这里的封闭流线可以代表某个物体表面，通过调整来流速度与源汇强度的比值，可以获得不同长短轴比例的物体绕流场。

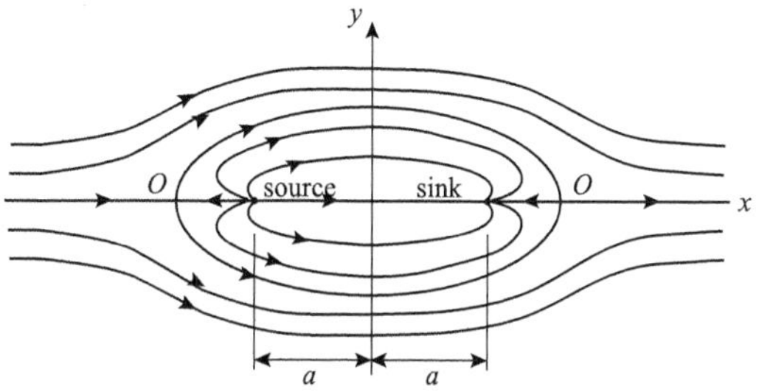

图 9.5.6　均匀流与一对源汇的叠加

『实践感悟真知』-【附加质量与海洋浮体运动】 刚体在本为静止的无界流体域中做变速运动时，流体的动能也会随之改变，需要由刚体提供作用力做功，其反作用力是流体作用在刚体上的，称为附加惯性力。海洋浮体在海水中做变速运动，不仅要克服自身的惯性，而且要克服海水流体的惯性，比起物体在真空中做变速运动要显得困难，就好像物体质量有了一个增加，称为附加质量。

附加质量的概念是源自流体做非定常运动时的附加惯性力，但附加质量的计算却可以用定常流动的速度势进行，而且附加质量与物体运动速度的大小无关，仅取决于运动物体的形状。请从网络等途径查找相关文献资料。推导圆柱直线运动的附加质量等于与其体积相同的流体质量。体会附加质量为何可以事先准备好，如何用于水下机器人的变速直线运动分析。

9.6　圆柱绕流与升力问题

9.6.1　圆柱绕流分析

1. 绕圆柱的流线和流速分布特点

利用势流方法可以对比分析流体力学中最常见的圆柱绕流问题，圆柱绕流无黏流动可以利用一对源汇置于均匀流中描述。如图 9.5.6 所示。显然，当源点和汇点无限靠近时，封闭流线趋近圆形，但是当源点和汇点完全重合时，点源流出流量与点汇流入流量抵消，却仅剩均匀流，为了避免这种无意义的结果，可以对奇点进行某些限制。

在极坐标系下分析这对源汇的流函数，如图 9.6.1 所示，流函数表示为

$$\psi = \frac{\dot{q}}{2\pi}(\theta_2 - \theta_1) \tag{9.6.1}$$

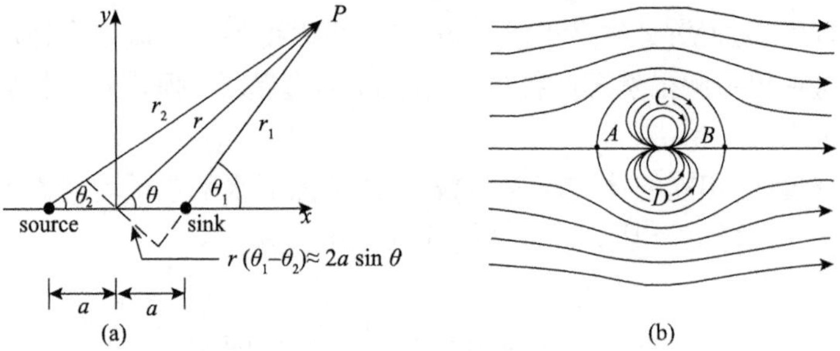

图 9.6.1　偶极、均匀流与偶极的叠加

当源点和汇点都趋于坐标系原点时，a 和$(\theta_2-\theta_1)$都趋于零，于是$r(\theta_2-\theta_1)\approx -2a\sin\theta$，于是式(9.6.1)近似为

$$\psi = \frac{\dot{q}}{2\pi}(\theta_2 - \theta_1) = -\frac{\dot{q}a\sin\theta}{\pi r}$$

当源汇间距趋于零，即$a\to 0$时，增大源和汇的强度$\dot{q}$，并保持$\dot{q}a$为有限大小的常数，于是

$$\psi = \frac{\dot{q}}{2\pi}(\theta_2 - \theta_1) = -\frac{\dot{q}a\sin\theta}{\pi r} = -\frac{\mu\sin\theta}{r} \tag{9.6.2}$$

这种特殊条件下的一对源汇称为偶极(dipole)，并称$\mu=\dfrac{\dot{q}a}{\pi}$为偶极强度。

均匀流叠加偶极的流函数为

$$\psi = Uy - \frac{\mu\sin\theta}{r} = Ur\left(1-\frac{\mu}{Ur^2}\right)\sin\theta = Ur\left(1-\frac{R^2}{r^2}\right)\sin\theta \tag{9.6.3}$$

该流函数为常数的流线如图 9.6.1(b)所示。在式(9.6.3)最后一个等号，取偶极强度$\mu=UR^2$，这样对应流函数为常数零，即$\psi=0$的流线正好为图 9.6.1(b)中的圆形封闭流线。这就说明均匀流U与偶极强度$\mu=UR^2$的偶极叠加，可以表示半径为R的圆柱无黏绕流流场。

对应均匀流叠加偶极的速度势函数为

$$\phi = Ux + \frac{\mu\cos\theta}{r} = Ur\left(1+\frac{R^2}{r^2}\right)\cos\theta \tag{9.6.4}$$

可以根据流函数或者速度势的表达式，获得圆柱无黏绕流的速度场：

$$u_r = \frac{1}{r}\frac{\partial\psi}{\partial\theta} = \frac{\partial\phi}{\partial r} = U\left(1-\frac{R^2}{r^2}\right)\cos\theta$$

$$u_\theta = -\frac{\partial \psi}{\partial r} = \frac{1}{r}\frac{\partial \phi}{\partial \theta} = -U\left(1+\frac{R^2}{r^2}\right)\sin\theta$$

在圆柱表面 $r=R$，法向速度 $u_r=0$，处处满足不可穿透条件(9.5.20)。圆柱表面的切向速度为

$$u_{\theta s} = u_\theta\big|_{r=R} = -2U\sin\theta \tag{9.6.5}$$

显然，无黏流动在圆柱表面不再满足无滑移条件，因此不会形成边界层，这是无黏流动与真实的黏性流动的重要差别之一。

关于圆柱无黏绕流，在圆柱表面有 4 个特殊的点，如图 9.6.1(b)所示。其中，在圆柱体迎流侧和背流侧的 A 和 B 点法向速度和切向速度都为零，称为驻点，在圆柱上的 C 和 D 点处切向速度最大，为来流速度的两倍。

2. 绕圆柱表面的压强分布特点

针对圆柱的无黏、无旋、定常不可压绕流，已知流场速度分布，根据伯努利方程可以得到压强分布。如果远方来流处处压强为 p_∞，则沿着远方至柱体表面驻点的流线，并接续柱体表面流线，应用伯努利方程，有

$$p_\infty + \frac{1}{2}\rho U^2 = p_{sA} = p_s + \frac{1}{2}\rho u_{\theta s}^2$$

式中，p_{sA} 为圆柱前驻点 A 处的压强；p_s 和 $u_{\theta s}$ 为圆柱体表面任意一点处的压强和切向速度。将 $u_{\theta s}$ 的表达式(9.6.5)代入上式，可得到圆柱表面任意一点处的压强为

$$p_s = p_\infty + \frac{1}{2}\rho U^2(1-4\sin^2\theta)$$

进一步，根据压强系数的定义，见式(4.3.8)，可得

$$C_p = \frac{p-p_\infty}{\frac{1}{2}\rho U^2} = (1-4\sin^2\theta) \tag{9.6.6}$$

图 9.6.2 展示了无黏流压强系数沿着圆柱表面的分布曲线，以及与真实黏性流动实验的压强系数对比。由图可见，当 $\theta>135^\circ$ 时，无黏流和真实黏性流的压强系数非常接近，但是 $\theta=90^\circ$ (对应图 9.6.1 的 C 点和 D 点)，无黏流的压强系数比实验值偏低很多。在圆柱尾流区 $\theta<90^\circ$，无黏流理论的尾流压强与迎流侧压强对称，因而无黏势流方法给出圆柱绕流的阻力为零，这显然与实际不符，对照 8.4.2 节圆柱尾流的讨论，在尾流区由于边界层和尾涡主导作用，圆柱尾流区压强系数的实验值与无黏势流解相差很大，并且依赖于雷诺数。

3. 流体黏性作用再分析

自然界中大部分流体的黏性很小，所以 19 世纪的流体力学科学家专注理想流体研究，但是物体绕流存在阻力，却是理想流体无法解释的事实。该问题首先由法国科学家达朗贝尔

提出，又称“达朗贝尔悖论”。这个矛盾被德国科学家普朗特在 20 世纪初提出的边界层理论所解决。普朗特指出，物体表面绕流由于黏性形成具有显著流速梯度的边界层，虽然流体黏性较小，但是黏性应力的贡献来自黏性和速度梯度的乘积，边界层中黏性应力贡献显著。

对照圆柱无黏绕流解，我们进一步分析圆柱绕流的黏性影响，在圆柱的迎流侧(从 $\theta=180°$ 至 $\theta=90°$)，压强在降低，流速在增大。在该流域边界层很薄，圆柱面与边界层外流线几乎平行，穿过边界层的压强变化很小，由图 9.6.2 可知，柱面压强近似等于无黏势流压强。

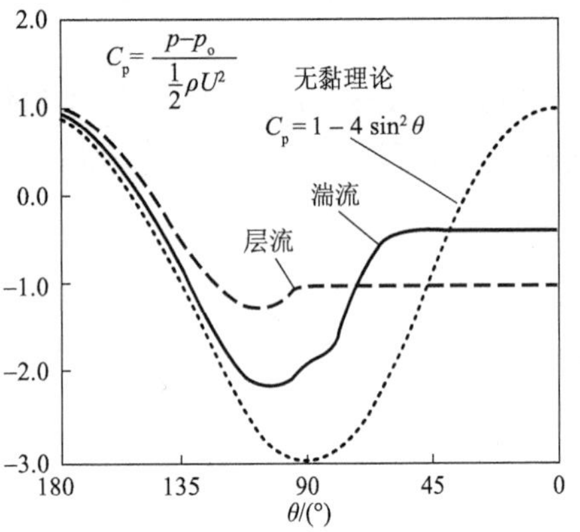

图 9.6.2　无黏流和黏性流动关于圆柱绕流压强系数分布比较

在圆柱的肩部，即 $\theta=90°$ 附近，从迎流侧过渡到背流侧，外部势流压强梯度发生变化，从顺压区变为逆压区，流场压强所致作用力的方向与流动方向相反，从加速作用力变为减速作用力，同时圆柱边界层内流体由于黏性应力作用导致流动动量在减小，沿着流动方向的流体动量无法克服逆压作用力，随着压强进一步增大，圆柱壁面附近部分的流体质点相对主流方向产生倒退运动，流动发生分离，形成尾流大涡运动区，进而造成该流域较大的压强损失，同势流压强分布相比相差很大。实际上，黏性尾流对于上游边界层流动也产生了影响，如图 9.6.2 所示，流动分离发生在肩部靠前部位($\theta=100°$)。

圆柱的阻力由两部分构成，即贡献较小的柱体表面黏性摩擦力，和贡献较大的迎流侧和背流侧的压差力。称阻力主要来自压差力贡献的物体为钝体，圆柱绕流就是典型的钝体流动。而阻力主要来自黏性摩擦的物体称为流线型体，机翼在小攻角时是典型的流线型体流动。

9.6.2　圆柱绕流叠加点涡流特性

利用无黏势流的基本解叠加法，如果在圆柱绕流解(均匀流叠加偶极)流函数基础上叠加点涡流函数基本解，可得

$$\psi=U_r\left(1-\frac{R^2}{r^2}\right)\sin\theta+\frac{\Gamma}{2\pi}\ln r \tag{9.6.7}$$

式中，点涡环量方向取为顺时针方向。环量从 $\Gamma_1=0$ 开始分三级增大，但是保持 $\psi=0$ 的流线为半径 $r=R$ 的圆柱不变。针对不同的环量大小，流动图案如图 9.6.3 所示。

从图 9.6.3 可知，圆柱对称绕流的驻点在点涡流作用下发生偏转，并且圆柱上部流线更为紧密，圆柱下部流线变得更稀疏。在流线发生疏密变化的同时，流场压强在圆柱下部增大，上部减小，导致圆柱上受到升力作用。随着点涡环量增大，流场驻点在圆柱面下方不断靠近，升力不断增大。

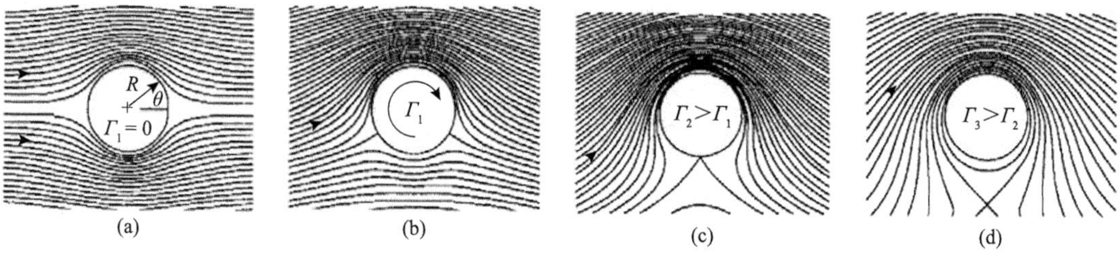

图 9.6.3　圆柱绕流叠加不同环量的点涡流动图案

利用流线伯努利方程和压强积分法，可得到圆柱的升力为

$$F_L = \rho U \Gamma \tag{9.6.8}$$

可见圆柱受到的升力与点涡的环量成正比。

均匀流叠加点涡和偶极的流场分析，可以帮助我们理解两类重要的实际流动现象：旋转圆柱产生升力和机翼产生升力现象。

9.6.3　马格努斯效应

虽然图 9.6.3 展示的流线是纯粹无黏势流场结果，但是在真实黏性流体中，垂直来流旋转一个圆柱体，得到的流场与势流结果非常相似。圆柱表面一薄层空气由于黏性摩擦效应随着圆柱旋转，该薄层之外的流动类似 9.6.2 节讨论的均匀流绕固定圆柱流场再叠加点涡流之后的流场。在圆柱表面旋转导致流体运动方向与来流方向一致的一侧，流动总速度增大，流线加密，压强降低；旋转导致流体运动方向与来流方向相反的一侧，流动总速度减小，流线稀疏，压强增大。圆柱受到的总压力有一个垂直自由来流方向的分量，即升力。事实上，圆柱旋转造成一个绕圆柱的环量，类似虚拟点涡效应，而环量大小依赖圆柱旋转速率。

旋转圆柱或旋转圆球导致升力的现象，又称为马格努斯效应，是因为该现象的上述物理解释，最早由瑞士科学家马格努斯在 1853 年给出。实际上，关于马格努斯效应，几乎所有球类运动爱好者，都有体会，特别是高尔夫球、棒球、板球、网球等，球下旋会产生升力。

马格努斯效应在旋转车轮中也会体现，例如，在随车平动坐标系中观察汽车轮胎的旋转，轮胎上表面运动方向与来流相反，其边界层外流速小于不旋转时的来流状态，轮胎上表面压强大于轮胎不旋转状态，因而车轮受到向下的作用力。同时边界层内黏性旋转流动导致轮胎上表面的分离点更靠来流一侧，或者说更靠前，进而导致车轮尾流高度更大，随着车速加大，车轮的形状阻力和指向地面的升力都增大。

近 10 年来，随着低碳航运的发展要求，不少新建船舶上加装了不同类型的绿色节能装置。其中，在船舶甲板上安装若干主动旋转的大型垂直圆筒，就是采用马格努斯效应利用海上风能助推的范例。

9.6.4　机翼升力与环量分析

观察飞机的机翼，无论它的平面形状如何，顺着来流方向切开机翼，机翼剖面都是圆头尖尾形状，这样的剖面称为翼型，如图 9.6.4 所示。其中，机翼前缘又称导边，尾缘又称随边。

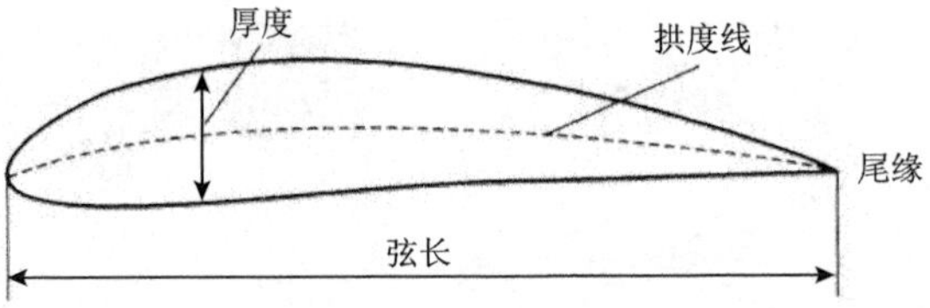

图 9.6.4　机翼剖面示意图

第 4 章介绍伯努利原理时，曾指出机翼上部压力小于下部压力，从而产生升力。

这里采用势流基本解叠加理论，进一步分析机翼绕流的流场特点，类似圆柱绕流的基本解叠加，得到的前驻点位于导边圆头部位，而后驻点的位置则存在不确定性，如图 9.6.5(a)所示，如果所选基本解中点涡流动的总环量为零，则发现后驻点位于随边上方，这种情况下机翼的升力和阻力都为零。这显然与机翼绕流产生升力的流体物理实际不符合。原因何在？

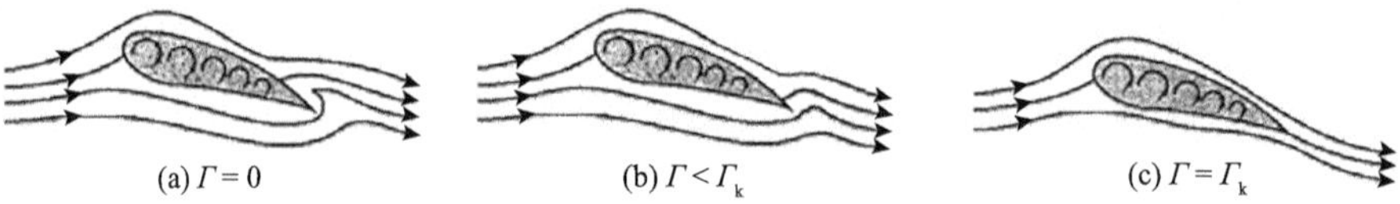

图 9.6.5　机翼绕流的势流叠加流线示意图

实际上，机翼随边为尖角边界，图 9.6.5(a)所示的势流解在随边尖角处下方流速和上方流速几乎反向，这就需要无穷大的加速度，意味着随边处存在无穷大的剪应力，而实际流体黏性不可能产生无穷大的应力。实践出真知，借助物理实验观察机翼绕流的真实流线，如图 9.6.6 所示，在随边处流线非常光滑，并没有发生图 9.6.5(a)所示的情况。这说明随边尖角处也是流动驻点，那里的剪应力自然是有限量。

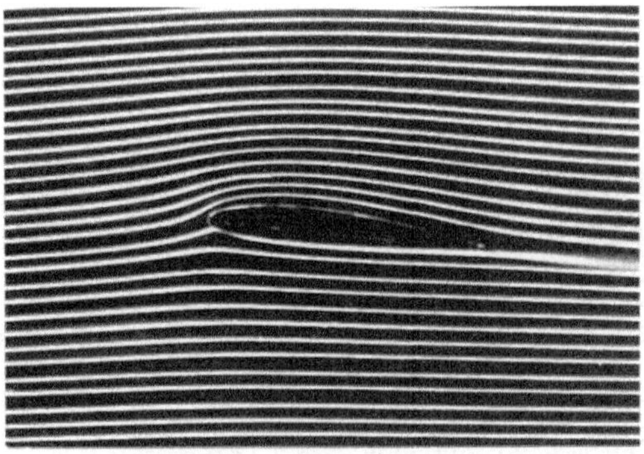

图 9.6.6　机翼绕流烟风洞流线

为反映机翼的真实流动，如何构造势流解？受到图 9.6.3 圆柱绕流叠加不同环量的点涡流动图案的启发，如果在势流解中增大顺时针点涡环量的大小，如图 9.6.5(b)所示，就可以在随边上方向下游移动驻点的位置，并且产生升力。实际上由零环量到顺时针非零环量，使机翼上方流速增大，下方流速减小，根据伯努利方程，沿着从前驻点到后驻点的流线，机翼下方压强大于上方压强，从而产生升力。

但是一个自然的疑问是，非零环量到底选多大数值是恰当的呢？20 世纪初德国数学家库塔和俄罗斯空气动力学家茹科夫斯基，分别根据二维定常无旋势流理论分析，独立给出相同的答案。选取环量等于 Γ_{k}，使得流动后驻点恰好位于随边尖角处，流线如图 9.6.5(c)所示。这时机翼的升力与圆柱绕流叠加环量为 Γ_{k} 的点涡之后圆柱升力一致，即

$$F_{\mathrm{L}} = \rho U_{\infty} \Gamma_{\mathrm{k}} \tag{9.6.9}$$

该式称为库塔-茹科夫斯基定理。

库塔-茹科夫斯基定理物理含义表述为：机翼剖面在远方来流 U_{∞} 中静止，绕机翼布置环量 Γ_{k}，则机翼定常无旋流动产生垂直于来流方向的升力，升力大小等于流体密度与来流速度及环量的乘积。升力方向为沿着远方流动去向逆速度环量转动 90°的方向。

根据库塔-茹科夫斯基定理，机翼升力是由速度环量产生的，而速度环量 Γ_{k} 的确定条件是机翼剖面上下绕流在机翼后缘驻点汇合，这称为库塔条件。

注意，虽然库塔条件仅适用于具有尖锐尾缘的机翼，但是库塔-茹科夫斯基定理对任意形状可产生升力的二维物体都适用，如圆柱有环量绕流、风帆切片、螺旋桨叶切片等。

思考题：库塔条件是针对机翼剖面理想流体的定常流动提出的，正如马格努斯效应是指旋转圆柱表面一薄层空气由于黏性摩擦效应随着圆柱旋转而产生环量，请思考机翼从静止到定常来流过程中，黏性流体和理想流体是如何联系的？环量是如何产生的？

对于机翼升力影响非常重要的一个概念是攻角(angle of attack)，攻角 α 定义为机翼弦线与来流的夹角。如图 9.6.2 所示，增大攻角时，流动为满足库塔条件，就必须增大环量，因而升力就会增大。

机翼在小攻角情况下，升力系数为

$$C_{\mathrm{L}} = \frac{F_{\mathrm{L}}}{0.5\rho U_{\infty}^{2} c} = 2\pi\alpha$$

式中，c 为机翼弦长。该结果对于许多机翼剖面在攻角 $\alpha < 10°$ 时都是适用的。当攻角继续增大时，机翼尾缘上表面出现边界层分离，机翼的流动阻力激增，而升力急剧下降，称为失速(stall)。

第10章　水 波 流 动

本章考察存在自由表面的流动。自由表面是液体和气体之间的界面，在这个界面上，压强往往是恒定的。例如，江河湖海中水的表面与大气接触的情况，假设自由表面的压力恒等于大气压力。如果没有破碎波等强扰动，并且流动定常，就可以沿自由表面使用伯努利方程。在自由表面以下，流体压强会随深度变化，静水压强作用不可忽略，因而动量方程中必须考虑静水压差所产生的力。

自由表面流动最有趣的现象是表面波。最常见的例子就是水波，平衡时水的表面是水平的。当有波存在时，有两种力试图使波峰平坦以恢复平衡，一种是重力，另一种是表面张力。把这种由表面张力和重力共同提供恢复力所产生的、主要出现在水表面的波称为表面张力-重力波。离表面越深的地方，波衰减得越厉害。当波长超过几厘米时，自由表面的曲率半径很大，导致表面张力对恢复力的贡献远小于重力，把这种由重力提供恢复力所产生的水自由表面波称为重力波。对于毫米级的波长，自由表面的曲率半径很小，导致表面张力对恢复力的贡献远大于重力，把这种由表面张力提供恢复力所产生的水自由表面波称为表面张力波。

船舶与海洋工程流体力学，相对于流体力学的其他分支，最独特的方面就是自由表面重力波效应的重要性。船舶航行的兴波特征与能耗、风浪运动能量谱及其利用、海洋畸形波演变及其载荷等问题，不断吸引船舶与海洋工程师的关注，推动船舶与海洋工程流体力学的前沿科学进展。

10.1　水波的量纲分析

作为量纲分析在流体动力学问题的第一个应用，分析在自由表面的振荡水波运动。

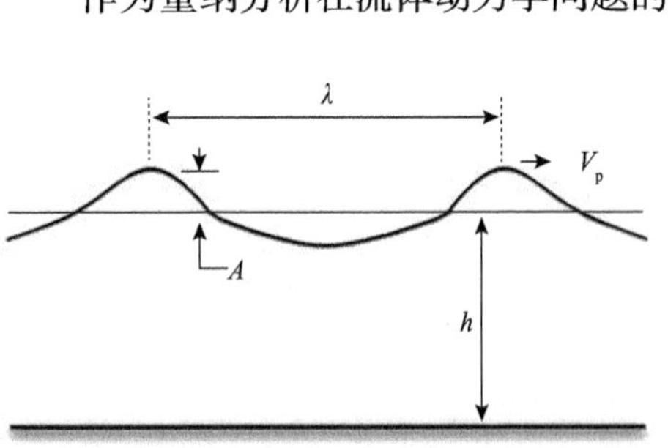

图 10.1.1　周期性行进水波示意图

图 10.1.1 所示为周期性的行进水波，其表征参数包括波幅 A、波长 λ、周期 T，圆频率 ω 与周期 T 可相互表示，即 $\omega = 2\pi / T$。水波波形以相速度(phase velocity) V_{p} 传播，也就是波形相位不变的任意定点，如波峰或波谷，在时间 T 内前进一个波长的距离对应的速度，即

$$V_{\mathrm{p}} = \frac{\lambda}{T} \tag{10.1.1}$$

10.1.1 水波问题无量纲过程

水波运动是水质点运动的动能和势能之间平衡的结果。水波运动参数为波幅A、波长λ、周期T，水波与水密度ρ、动力黏性系数μ、深度h、重力加速度g、表面张力σ等物理量可能关系密切。

按照6.2.3节物理问题无量纲化的步骤，利用量纲矩阵法对水波问题进行无量纲化分析。

写出该问题的量纲矩阵如表10.1.1所示。

表 10.1.1 量纲矩阵(一)

量纲	变量							
	A	λ	T	ρ	g	h	μ	σ
M	0	0	0	1	0	0	1	1
L	1	1	0	–3	1	1	–1	0
T	0	0	1	0	–2	0	–1	–2

相关物理量数$n=8$，计算量纲矩阵秩为$r=3$。根据白金汉Π定理，该问题有$n-r=5$个Π参数。

选择密度所在列，用于消去各列的质量量纲。得到新的量纲矩阵如表10.1.2所示。

表 10.1.2 量纲矩阵(二)

量纲	变量						
	A	λ	T	g	h	μ/ρ	σ/ρ
L	1	1	0	1	1	2	3
T	0	0	1	–2	0	–1	–2

进一步选择波长所在列，用于消去各列的长度量纲。得到又一个新的量纲矩阵，如表10.1.3所示。

表 10.1.3 量纲矩阵(三)

量纲	变量					
	A/λ	T	g/λ	h/λ	$\mu/\rho\lambda^2$	$\sigma/\rho\lambda^3$
T	0	1	–2	0	–1	–2

最后选择周期所在列，用于消去时间量纲，得到5个Π参数。

$$\Pi_1 = T\sqrt{\frac{g}{\lambda}},\quad \Pi_2 = \frac{A}{\lambda},\quad \Pi_3 = \frac{h}{\lambda},\quad \Pi_4 = \frac{\rho\lambda^2}{\mu T},\quad \Pi_5 = \frac{\rho\lambda^3}{\sigma T^2} \tag{10.1.2}$$

所以，一般水波问题无量纲函数关系为

$$\Pi_1 = T\sqrt{\frac{g}{\lambda}} = \overline{f}\left(\Pi_2,\Pi_3,\Pi_4,\Pi_5\right) = \overline{f}\left(\frac{A}{\lambda},\frac{h}{\lambda},\frac{\rho\lambda^2}{\mu T},\frac{\rho\lambda^3}{\sigma T^2}\right) \tag{10.1.3}$$

式中，Π_1 表示重力对水波传播影响的无量纲参数，根据式(10.1.1)，Π_1 也可表示为

$$\Pi_1 = T\sqrt{\frac{g}{\lambda}} = \frac{\sqrt{g\lambda}}{V_{\mathrm{p}}} = \frac{1}{F_{V_{\mathrm{p}}}} \tag{10.1.4}$$

即 Π_1 相当于按照波长和相速度衡量的弗劳德数。根据观察，深水造波水池中波长为 1m 的水波传播相速度约为 1.25m/s，即 Π_1 约为 2.5，水波弗劳德数 $F_{V_{\mathrm{p}}} \approx 0.4$ 。这说明水波流动惯性力与重力为相同数量级。

10.1.2 黏性和表面张力影响分析

进一步分析 Π_4，Π_4 为黏性对水波传播影响的无量纲参数，Π_4 也可以表示为

$$\Pi_4 = \frac{\rho\lambda^2}{\mu T} = \frac{\rho V_{\mathrm{p}}\lambda}{\mu} = Re_{V_{\mathrm{p}}} \tag{10.1.5}$$

即 Π_4 相当于按照波长和相速度衡量的雷诺数，对于常温下波长为 1m 的深水波，Π_4 为 $Re_{V_{\mathrm{p}}} \approx 1.1\times10^6$ ，对于更长的水波，雷诺数数量级还会进一步增大，联系 6.3.3 节，关于纳维-斯托克斯方程无量纲形式的讨论，水波雷诺数远远大于弗劳德数，也就是水波流动惯性力比黏性力大若干数量级，因此无论是根据日常观察，还是根据流体动力学方程，对于有限距离内水波的传播都可以忽略黏性的影响。

进一步分析 Π_5，Π_5 表示表面张力对水波传播影响的无量纲参数，Π_5 也可以表示为

$$\Pi_5 = \frac{\rho\lambda^3}{\sigma T^2} = \frac{\rho V_{\mathrm{p}}^2\lambda}{\sigma} = We \tag{10.1.6}$$

即 Π_5 相当于按照波长和相速度衡量的韦伯数，$We = (\rho V_{\mathrm{p}}^2\lambda)/\sigma$ ，韦伯数表示流体惯性力与表面张力的比值。对于常温下波长为 1m 的深水波，Π_5 为 $We \approx 2.1\times10^4$ ，对于更长的水波，韦伯数数量级更大，也就是水波流动惯性力比表面张力大若干数量级。因此莱特希尔(Lighthill)指出，对于波长 0.1m 以上的表面波，完全可以忽略表面张力的影响。

综合上述无量纲化分析，水波流动主要受到重力的影响，因此对于波长 0.1m 以上的表面波，可称为表面重力波。对于波长小于 0.1m 的表面波，如涟漪，称为表面张力-重力波。

10.1.3 深水和浅水重力波的不同

对于表面重力波，可以忽略黏性和表面张力影响，无量纲函数关系为

$$\Pi_1 = T\sqrt{\frac{g}{\lambda}} = f(\Pi_2,\Pi_3) = f\left(\frac{A}{\lambda},\frac{h}{\lambda}\right) \tag{10.1.7}$$

对式(10.1.7)进行量级分析，若波幅与波长之比为小量，如无量纲参数$\Pi_2 = A/\lambda = 0.01$，根据泰勒展开，可得到关于Π_2线性化的关系式：

$$\Pi_1 = T\sqrt{\frac{g}{\lambda}} \approx f\left(0, \frac{h}{\lambda}\right) \quad \left(\frac{A}{\lambda} \ll 1\right) \tag{10.1.8}$$

另外，如果水深与波长相比为大量，如深海波浪，则水波运动无量纲关系可表示为

$$\Pi_1 = T\sqrt{\frac{g}{\lambda}} \approx f\left(\frac{A}{\lambda}, \infty\right) \quad \left(\frac{h}{\lambda} \gg 1\right) \tag{10.1.9}$$

对于深水小振幅重力波，式(10.1.8)和式(10.1.9)同时满足，则有

$$\Pi_1 = T\sqrt{\frac{g}{\lambda}} \approx f(0, \infty) = C_{\text{DeepWaterWave}} \tag{10.1.10}$$

因此，深水中的微幅表面重力波，波浪周期T与波长平方根$\sqrt{\lambda}$成正比，进一步根据式(10.1.1)可知，相速度同样与波长平方根$\sqrt{\lambda}$成正比。

因为水波相速度和周期都依赖于水波波长，所以不同波长或者周期的深水重力波将按照不同的相速度传播，长波比短波传播速度快，因此深水水波称为色散波。这导致海面上观察到的波系不规则，并且沿时空不断变化而不重复。

如果水深与波长相比为小量，$h \ll \lambda$，则称为浅水中的重力波，在表10.1.2量纲矩阵分析时，可以选择以水深所在列消去长度量纲。则会得到新的无量纲关系：

$$\Pi_1' = T\sqrt{\frac{g}{h}} = f'(\Pi_2', \Pi_3') = f'\left(\frac{A}{h}, \frac{h}{\lambda}\right) \tag{10.1.11}$$

对于小振幅浅水重力波，不但$h \ll \lambda$，而且$A \ll h$，因此式(10.1.11)可以线性化近似：

$$\Pi_1' = T\sqrt{\frac{g}{h}} \approx f'(0, 0) = C_{\text{ShallowWaterWave}} \tag{10.1.12}$$

显然，浅水小振幅重力波与深水小振幅重力波明显不同，浅水波周期与波长无关，因而浅水波相速度也与波长无关，即浅水重力波并非色散波。

虽然式(10.1.10)和式(10.1.12)中的常数无法用量纲分析来确定，但是量纲分析的确给出了水波传播的重要规律。10.2节将给出浅水重力波的波速。10.3节将给出有限水深和无限水深重力波的色散关系式，进而确定无量纲分析式中的常数。

10.2 浅水重力波

在对水波流动进行量纲分析，获得水波主控无量纲参数的基础上，进一步分析重力波的量化特性，特别是量纲分析中无法确定的常数。对于浅水波分析，采用流体力学最基本的控制体方法和流线方法，综合利用守恒原理和伯努利原理，获得微幅浅水重力波的流动特性，并进一步给出大振浅水破碎波的非线性特征。

10.2.1　浅水微幅平面重力波

作为表面波现象最常见的身边实例之一，分析明渠中的浅水小振幅重力波的流动行为。明渠流是指水表面向大气开放的水道中的流动，重力波是指由重力驱动的波，小振幅是指水波高度与波长相比很小，浅水是指水的深度与波长度相比很小。观察明渠一般为长直水道，因此可以使用一维形式的流体运动方程分析。

1. 浅水波速与漂移速度

作为明渠流动模型，观察一个长条玻璃水槽中的浅水流动，水槽中水体原来静止，用与水槽宽度相当的挡板，将水槽左端水体提高一小段水位后释放，或者在水槽左端小振幅摆动挡板，会发现水的扰动将以速度常数 c 沿水槽移动，如图 10.2.1 所示，扰动面最前方称为波前(wave fronts)。如果水槽是平直等截面的，这种小振幅的扰动沿着水槽横截面不变，称其为平面水波，平面水波的波前为直线。

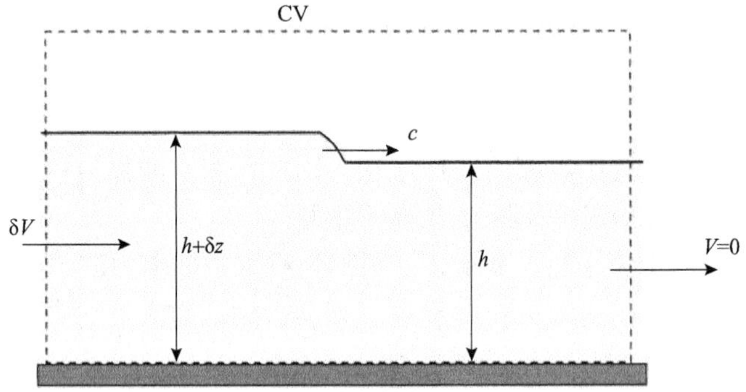

(a) 固定控制体

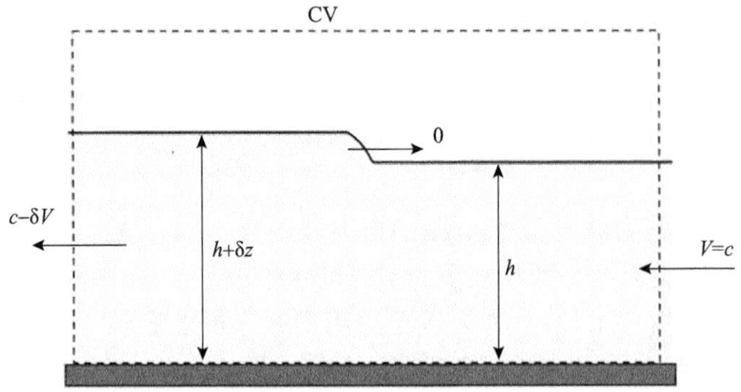

(b) 随波速平动的控制体

图 10.2.1　观察明渠浅水重力波，固定控制体和随波速平动的控制体

运用流体力学最基本的分析方法，使用控制体方法和伯努利方程来分析明渠浅水重力波。

如果选取相对水槽静止的控制体，如图 10.2.1(a)所示。在水波未到达控制体之前，控制体中包含一个深度为 h 的不动水体。当水波从左侧进入控制体时，波前后面的水深增加到 $h+\delta z$ 。相对于这个不动的控制体，由于波面向右移动，控制体中是非定常流动。显然，水波进入控制体后，由于水面升高 δz，控制体中水的质量会增加，由 3.3.3 节质量守恒理论，通过控制体左侧面必然有质量通量流进，因而控制体左侧面存在水体流入速度 δV，这个速度 δV 称为水波的漂移速度(drift velocity)，相对于波速 c，它通常是一个小量。

如果选择控制体包含水波波面并随波速 c 移动，分析将会变得简单。如图 10.2.1(b)所示，水波相对于观察者是静止的，波面在控制体中位置不变，流动是定常的，但是波面右侧的水会以速度 c 向左运动。这里的浅水假设，意味着漂移速度 δV 沿着深度 $h+\delta z$ 上没有变化，因而流动可以看作一维流动。

根据流动连续性方程可得

$$(c-\delta V)(h+\delta z)=cz \tag{10.2.1}$$

根据浅水($\delta z \ll h$)和小振幅波($\delta V \ll c$)假设，保留关于 δz 和 δV 的一阶小量，有

$$c\delta z = h\delta V \tag{10.2.2}$$

进一步假设流动没有能量损失，并注意自由表面是压力恒为大气压的流线，沿着水表面应用伯努利方程，可得

$$\frac{1}{2}c^2+gz=\frac{1}{2}(c-\delta V)^2+g(h+\delta z) \tag{10.2.3}$$

保留关于 δz 和 δV 的一阶小量，有

$$g\delta z = c\delta V \tag{10.2.4}$$

由方程(10.2.2)和方程(10.2.4)可得

$$c=\sqrt{gh} \tag{10.2.5}$$

因此，浅水中，如果水深 h 不变，发现小振幅重力波的传播速度不会因为扰动频率变化而变化，都等于 $\sqrt{gh}$。

2. 流动流体中的波

如果长条水槽中的水原来以速度 V 向右侧流动，即水质点初始状态并不是相对固定的观察者静止不动，如果在水槽左端小振幅摆动挡板，会发生什么?

在固定位置设置控制体来观察，会发现挡板对水的扰动将以 $V+c$ 的速度向水槽右侧移动，如图 10.2.2(a)所示。类似 10.1 节，用定常流动分析更为方便，选择以 $V+c$ 速度平动的控制体观察流场，这时流动为定常流动，如图 10.2.2(b)所示。

根据浅水($\delta z \ll h$)和小振幅波($\delta V \ll c$)假设，类似式(10.2.1)～式(10.2.5)的分析，保留关于 δz 和 δV 的一阶小量，可以得到水波相对固定位置观察者向右侧传播的速度是 $V+\sqrt{gh}$。同样，如果水槽中的水体以初始速度 V 向左侧流动，类似分析会发现扰动波相对固定位置观察者以 $V-\sqrt{gh}$ 的速度向左移动。综合上述两个方向流动流体中的波动分析，可以知道水波相对于流动的水体以 $c=\sqrt{gh}$ 速度向右侧运动。

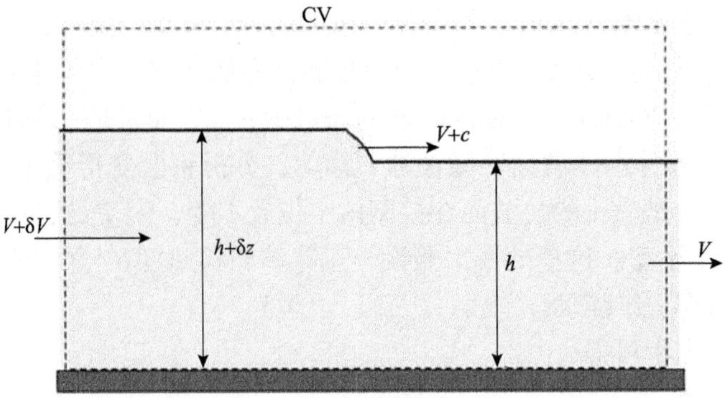

(a) 固定控制体

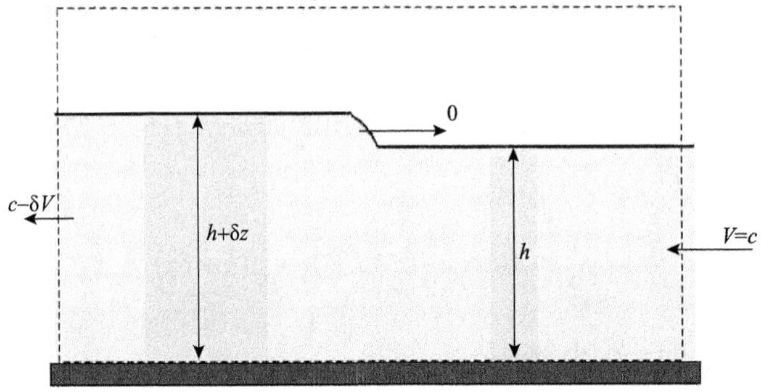

(b) 随波速平动的控制体

图 10.2.2　观察明渠浅水流动中的重力波，固定控制体和随波速平动的控制体

10.2.2　浅水微幅圆形重力波

研究水槽中平板扰动产生的平面水波现象，现在进一步考虑在水面上由点扰动产生的圆形水波。

1. 浅水临界流速及水波传播模式

做一个简单实验，首先在水盆中注水，到深度约为 10mm 后等水静止，准备一块浸泡过水的海绵。手持海绵在水面上方不移动，用手轻轻地挤压海绵使水滴到水面上，可以用秒表记录一下，水滴产生的圆形波纹以约 0.3m/s 的速度向外传播，与平面水波的波前为直线不同，圆形水波的波前为圆形。

还可以做另一个实验，手持海绵慢慢前移，同时挤压海绵，发现每滴水碰到水面时，就有一个圆形扰动向外传播，多滴水就会有多个圆形波外传，但是手前移方位的圆形水波的间距比反方向部位更紧密。这个现象与水滴在流动的水面上产生的效果相同。如果手持海绵在水面上方不移动，而水是流动的，那么水滴兴起的波浪向上游传播速度比向下游传播慢，如图 10.2.3(a)所示。

上述两个实验中水波外传的形状都保持圆形，原因是水深相同时，浅水波相对静止和流动水体的传播速度 $c=\sqrt{gh}$ 是相同的。但是水体流动对水波产生向下游的对流，因而相对固定位置观测者来说，水波向上游传播比向下游传播得慢。

水流中浅水波的传播模式取决于水的流速 V 与波速 $c=\sqrt{gh}$，两者之比称为弗劳德数 $Fr=V/\sqrt{gh}$。用以纪念英国科学家威廉·弗劳德(William Froude)，他开创了建设船模拖曳水池并实验研究船舶受水波作用科学问题的先河。

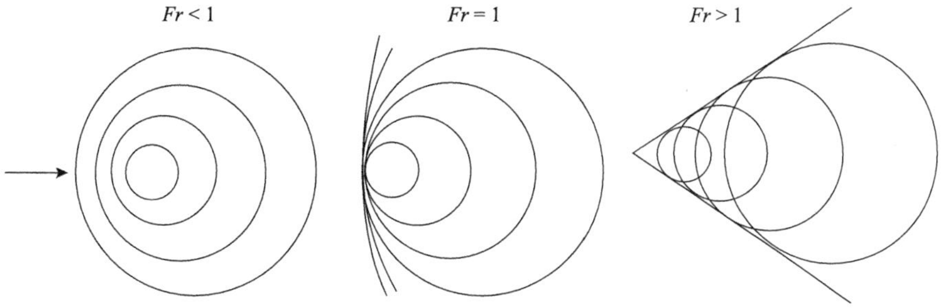

图 10.2.3 观察水面上不同速度移动点扰动产生的水波图案

如图 10.2.3(a)所示，$Fr<1$ 称为亚临界流(又称缓流)，类似于我们熟悉的声波多普勒效应，火车朝你驶来的鸣笛声(频率增大)比远离你的火车鸣笛声(频率降低)要高。如图 10.2.3(b)所示，$Fr=1$ 称为临界流，这时对水面点扰动的移动速度与波速相同。以速度 $c=\sqrt{gh}$ 向上游运动的扰动波，被同样速度的水流 $V=c$ 向下游对流传送，因此所有传向上游的波前聚集趋向一条直线。当扰动点移动速度更快，或者扰动点不动而水流得更快时，$Fr>1$，得到如图 10.2.3(c)所示的波动模式。水流将波前向下游传送的速度比波前向上游运动的速度大，形成了一个特征角为 α 的楔形图案，称为超临界流(又称急流)。

2. 弗劳德数

从无量纲形式纳维-斯托克斯方程(6.3.7)中可以发现，当重力对流动影响重要时，就必须考虑弗劳德数大小。对于明渠中的流动，$Fr=V/\sqrt{gh}$，给出了水流速度与小振幅扰动水波速度之比。当流速较低或水深较大时，弗劳德数将小于 1。一般大型江河流动的弗劳德数可能较低。当速度较大或深度较小时，弗劳德数将大于 1，这称为超临界流(supercritical flow)，有时也称为喷射流(shooting flow)。

弗劳德数另一种理解是流体动能和势能之比。这可以将其平方并将分子和分母乘以密度看到，如式(10.2.6)所示：

$$Fr^2=2\frac{\frac{1}{2}\rho V^2}{\rho gh}=\frac{V^2}{gh} \tag{10.2.6}$$

从式(10.2.6)可以看出，浅河道内的快速流动具有较大的弗劳德数，其动能相对于势能较大。根据式(10.2.6)，弗劳德数也可以解释为流体动压强与典型静水压强之比。

对于超临界弗劳德数($Fr>1$)，水波特征呈楔形模式，如图 10.2.3 所示，特征角为 α。在给定的时间间隔 Δt 内，水流的对流作用将扰动中心向下游移动距离 ΔtV，而波前移动距离

为 $\Delta t\sqrt{gh}$ 。故有

$$\sin\alpha = \frac{\Delta t\sqrt{gh}}{\Delta tV} = \frac{1}{F} \tag{10.2.7}$$

因此，对于小振幅水波，可以通过测量波前与水流方向的夹角来估计弗劳德数。角 α 称为弗劳德角。这个角所定义的线就是超临界流中小扰动的传播线。

10.2.3　浅水大幅破碎波

前面对浅水波的讨论局限于小扰动产生的小振幅重力波，水波及其波前都是光滑连续的自由面。本节讨论强扰动产生的浅水大振幅破碎波。

1. 平底浅水破碎波

准备水深为 h_2 的长条水槽进行实验，在左端大振幅摆动造波挡板来产生大的平面扰动水波，实验观察会发现波浪沿着水槽向右侧移动时，它会变得越来越高，越来越陡，并最终破碎。

如何解释浅水波会变陡并破碎的现象？如图 10.2.4 所示，对于固定位置的观测者来说，波前最初以接近当地水深 h_2 小扰动重力波速度 $\sqrt{gh_2}$ 移动，波的后部以非常接近 $\sqrt{gh_1}+\delta V$ 的速度移动，即当地水深 h_1 小振幅扰动波的速度加上波浪漂移速度 δV 。因为 $\sqrt{gh_1}+\delta V>\sqrt{gh_2}$ ，所以波浪后面水体赶超前面水体，导致波浪逐渐变陡并最终破裂，也称为正浪涌(positive surge)。

2. 坡底浅水破碎波与底部回流

在海边、湖边或者河边的浅滩上，也经常会观察到浅水波增陡破碎现象。但是这种波浪变陡并不是扰动幅度增大所致，而是由水底部的坡度增大水深变浅引起的。如图 10.2.5 所示，当波浪传播方向上水深减少至 $h_2(<h_1)$ 时，波浪传播速度降低，波前波后速度差异逐渐加大，进而引起波浪变陡破碎。

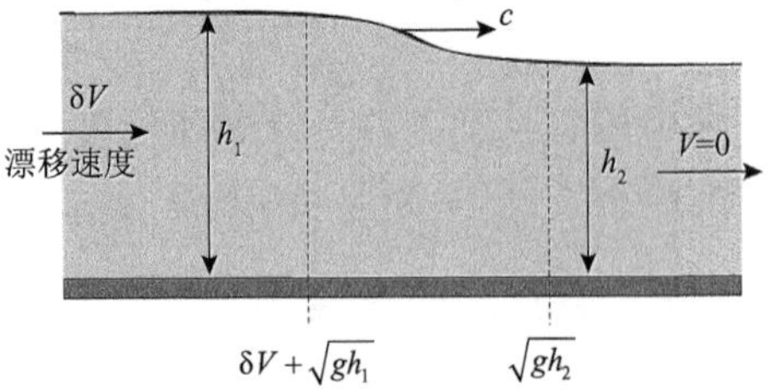

图 10.2.4　固定观察者看到的平底浅水波传播变陡过程示意图

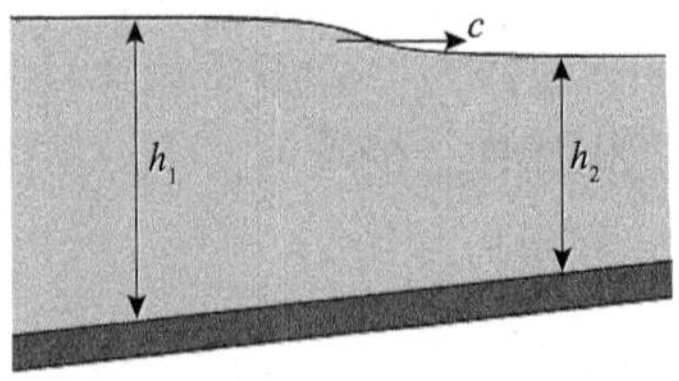

图 10.2.5　固定观察者看到的坡底浅水波传播变陡过程示意图

需要特别注意的是，浅水波在坡底波陡增加的同时，还会产生显著的底部回流。根据质量守恒定律，当表面波把水带到浅滩上时，水底部附近必然有水流把它带回来。这种底部暗流加剧了底部坡度造成的影响，并加速了破碎波的形成。

3. 海啸是典型的浅水波

与前几节讨论的对水面附近水体施加扰动产生水波不同，海啸是地震或者海底火山喷发等海底剧烈低频运动产生的浅水波现象。

1960 年 5 月 21 日发生在智利的 9.5 级地震，产生的海啸从智利海岸开始，23h 穿过太平洋，袭击了日本的太平洋海岸。按照浅水波速 $c=\sqrt{gh}$ 计算，太平洋平均水深约 4000m，海啸传播速度为 200m/s，与喷气飞机航行速度相当。

海啸波从开阔大洋接近陆地时，由于海深变浅，出现坡底浅水波效应，波浪高度、陡度都增加，对沿岸生命财产造成巨大威胁。注意，海啸对于海岸的冲击可能不止一次。在日本近岸曾观察到，一次地震出现 10 次海啸波的冲击。

10.3 深水重力波

10.1 节对水波流动进行了量纲分析，发现了深水重力波具有色散性，即波浪周期 T 与波长平方根 $\sqrt{\lambda}$ 成正比的规律：

$$T\sqrt{\frac{g}{\lambda}}=C_{\text{DeepWaterWave}} \tag{10.3.1}$$

但是量纲分析无法确定该比例常数，一般有两条解决途径：一条途径是进行物理模型实验，如 10.2 节所介绍的水池实验等观测和分析方法，对于任何新问题和新现象，这都是最真实有效的；第二条途径是采用数学物理方程分析或者数值模拟。

水波的数学物理方程都是根据一些理论假设建立的。基于 10.1 节的量纲分析，最基本的水波数理模型假定流体是理想(无黏性)的、流场是无旋的、波浪是微幅的，因而可以采用具有线性化特性的速度势理论描述水波流动。实际上，即使水波流动环境是微幅线性的，船舶航行局部兴波流动，如船首部破碎波，或微幅水波对于小尺度结构物的绕流也会有显著的非线性和黏性效应。但是，作为认识深水波浪流场的第一步，在此仅介绍线性水波理论最基本的特性。

10.3.1 水波速度势与流体压强

数理方程分析途径首先需要建立坐标系。取静水面为 xoy 平面，z 轴垂直向上，设水底深度为 h，扰动后的自由面方程或波面高度为 $z=\zeta(x,y,t)$，如图 10.3.1 所示。

图中 A^+称为波峰高，A^-称为波谷高，连续两个波峰(或波谷)的间距称为波长。

根据 10.1 节的量纲分析，可以不可压缩流体的无旋运动描述水波流动，根据 9.3.3 节无旋流的性质，在自

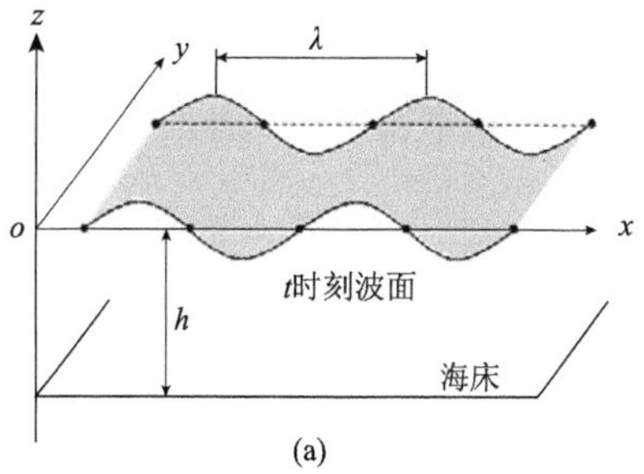

(a)

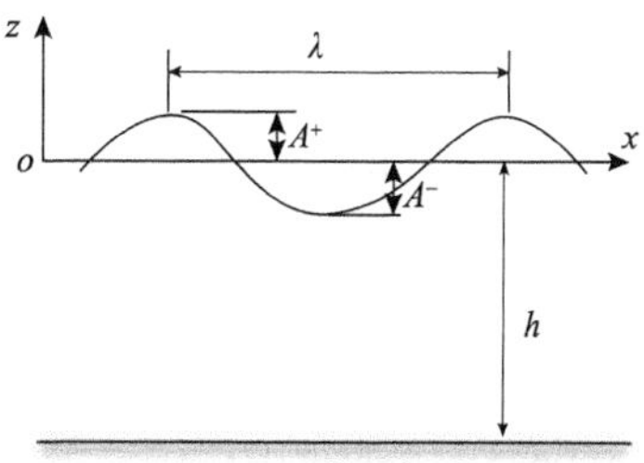

(b)

图 10.3.1 水波定解问题坐标系

由面以下的流场中，存在流体速度势 $\varphi(x,y,z,t)$，它满足拉普拉斯方程

$$\nabla^2\varphi(x,y,z,t)=0 \tag{10.3.2}$$

一旦获得流场速度势的解，那么根据 9.3.2 节速度势的定义，就可给出水波流场的速度分布：

$$u(x,y,z,t)=\frac{\partial\varphi}{\partial x},\quad v(x,y,z,t)=\frac{\partial\varphi}{\partial y},\quad w(x,y,z,t)=\frac{\partial\varphi}{\partial z} \tag{10.3.3}$$

进一步，利用理想流体的运动微分方程——欧拉方程：

$$\frac{\partial u}{\partial t}+u\frac{\partial u}{\partial x}+v\frac{\partial u}{\partial y}+w\frac{\partial u}{\partial z}=-\frac{1}{\rho}\frac{\partial p}{\partial x} \tag{10.3.4}$$

$$\frac{\partial v}{\partial t}+u\frac{\partial v}{\partial x}+v\frac{\partial v}{\partial y}+w\frac{\partial v}{\partial z}=-\frac{1}{\rho}\frac{\partial p}{\partial y} \tag{10.3.5}$$

$$\frac{\partial w}{\partial t}+u\frac{\partial w}{\partial x}+v\frac{\partial w}{\partial y}+w\frac{\partial w}{\partial z}=-\frac{1}{\rho}\frac{\partial p}{\partial z}-g \tag{10.3.6}$$

以 x 方向运动方程(10.3.4)为例，将式(10.3.3)代入，可得

$$\frac{\partial}{\partial t}\left(\frac{\partial\varphi}{\partial x}\right)+\frac{\partial\varphi}{\partial x}\frac{\partial}{\partial x}\left(\frac{\partial\varphi}{\partial x}\right)+\frac{\partial\varphi}{\partial y}\frac{\partial}{\partial y}\left(\frac{\partial\varphi}{\partial x}\right)+\frac{\partial\varphi}{\partial z}\frac{\partial}{\partial z}\left(\frac{\partial\varphi}{\partial x}\right)=-\frac{1}{\rho}\frac{\partial p}{\partial x}-g_x \tag{10.3.7}$$

式(10.3.7)等价于

$$\frac{\partial}{\partial x}\left[\frac{\partial\varphi}{\partial t}+\frac{1}{2}\left(\frac{\partial\varphi}{\partial x}\right)^2+\frac{1}{2}\left(\frac{\partial\varphi}{\partial y}\right)^2+\frac{1}{2}\left(\frac{\partial\varphi}{\partial x}\right)^2\right]=\frac{\partial}{\partial x}\left(-\frac{p}{\rho}\right) \tag{10.3.8}$$

类似地，可得其他两个方向的运动方程变形：

$$\frac{\partial}{\partial y}\left[\frac{\partial\varphi}{\partial t}+\frac{1}{2}\left(\frac{\partial\varphi}{\partial x}\right)^2+\frac{1}{2}\left(\frac{\partial\varphi}{\partial y}\right)^2+\frac{1}{2}\left(\frac{\partial\varphi}{\partial x}\right)^2\right]=\frac{\partial}{\partial y}\left(-\frac{p}{\rho}\right) \tag{10.3.9}$$

$$\frac{\partial}{\partial z}\left[\frac{\partial\varphi}{\partial t}+\frac{1}{2}\left(\frac{\partial\varphi}{\partial x}\right)^2+\frac{1}{2}\left(\frac{\partial\varphi}{\partial y}\right)^2+\frac{1}{2}\left(\frac{\partial\varphi}{\partial x}\right)^2\right]=\frac{\partial}{\partial z}\left(-\frac{p}{\rho}-zg\right) \tag{10.3.10}$$

对式(10.3.8)～式(10.3.10)关于空间坐标积分，可得

$$\frac{\partial\varphi}{\partial t}+\frac{1}{2}V^2+\frac{p}{\rho}+gz=f(t) \tag{10.3.11}$$

式(10.3.11)称为欧拉方程的柯西-拉格朗日积分。其中，右端 $f(t)$为关于时间 t 的函数，对整个流场都适用，因与空间位置无关，故可被吸收进速度势函数 $\varphi(x,y,z,t)$ 而不影响速度

分布，从而使得式右端为零。

对于理想流体的无旋定常流动，式(10.3.11)中左端第一项为零，柯西-拉格朗日积分的形式为

$$\frac{1}{2}V^2+\frac{p}{\rho}+gz=\text{流场常数} \tag{10.3.12}$$

与第 4 章中定常流的伯努利方程(4.2.6)对比可以发现，无黏无旋定常流式(10.3.12)中积分常数在整个流场都一样，而无黏有旋定常流式(4.2.6)中积分常数在同一流线上一样，不同流线该常数不同。

可进一步将式(10.3.11)表述为

$$p=-\rho\left(\frac{\partial\varphi}{\partial t}+\frac{1}{2}V^2+gz\right) \tag{10.3.13}$$

式(10.3.13)称为非定常形式的伯努利方程，一旦求得流场速度势，则可以根据该方程得到流场压强分布。显然引进势流假设后，将欧拉方程(5.3.1)这一压强-速度强耦合的非线性偏微分方程转化为控制速度势的线性拉普拉斯方程(10.3.1)和速度-压强解耦的伯努利方程(10.3.7)。这将大大简化水波问题的求解。

10.3.2 线性重力水波色散关系

1. 线性自由面条件

虽然水波的势流假设大大简化了欧拉方程的求解，但是水波流动解析的另一个困难在于自由面条件的非线性，从运动学角度来看，未破碎自由面上的流体质点 (x,y,z) 永远在自由面上，即

$$\frac{\mathrm{D}}{\mathrm{D}t}\left[z-\zeta(x,y,t)\right]=0,\quad z=\zeta(x,y,t) \tag{10.3.14}$$

从动力学角度来看，自由面上的压强可认为等于大气压强 p_0，若取相对压强，则由式(10.3.13)可得

$$\frac{\partial\varphi}{\partial t}+\frac{1}{2}V^2+gz=-\frac{p_0}{\rho}=0,\quad z=\zeta(x,y,t) \tag{10.3.15}$$

显然，在位置待求解而未知的自由面 $z=\zeta(x,y,t)$ 上满足条件(10.3.14)和条件(10.3.15)，并且两个条件关于速度势都是非线性的。为得到水波的解析解，数学家不得不做出各种简化，在此介绍应用最为普遍的微幅线性水波解析解。

在水波微幅假设下，利用关于波幅小量的泰勒展开，将本来在未知位置 $z=\zeta(x,y,t)$ 上满足的自由面条件，展开到已知平面 $z=0$ 上满足。在线性水波假设下，将自由面条件中关于速度势的非线性项略去。这样得到微幅水波的自由面线性运动学条件：

$$\frac{\partial \zeta}{\partial t}=\frac{\partial \varphi}{\partial z}\quad (z=0) \tag{10.3.16}$$

和自由面线性动力学条件：

$$\zeta=-\frac{1}{g}\frac{\partial \varphi}{\partial t}\quad (z=0) \tag{10.3.17}$$

对于深水重力波，假设水底为平底 $z=-h$，根据 5.3.3 节和 9.5.1 节对固壁边界条件的讨论，水波速度势在水底满足

$$\frac{\partial \varphi}{\partial z}=0\quad (z=-h) \tag{10.3.18}$$

这样将瞬时自由面 $z=\zeta(x,y,t)$ 以下流场中满足的拉普拉斯方程简化到两个水平面之间的空间中成立，即

$$\nabla^2\varphi(x,y,z,t)=0\quad (-h<z<0) \tag{10.3.19}$$

2. 线性水波速度势解析解

寻求满足条件(10.3.16)～条件(10.3.19)的简谐(周期)水波的解析解。对于平面周期行进水波($y=$常数)，自由面形状假设为波面方程：

$$\zeta=A\cos(kx-\omega t) \tag{10.3.20}$$

式中，A 为波幅；ω 为圆频率；$k=\dfrac{2\pi}{\lambda}$ 为波数。

采用分离变量法求解速度势的拉普拉斯方程，考虑周期行进水波的周期性可以直接假设

$$\varphi(x,z,t)=Z(z)\sin(kx-\omega t) \tag{10.3.21}$$

这里关于 x 方向取正弦函数，是考虑到式(10.3.17)和波面方程(10.3.20)的形式。将式(10.3.21)代入拉普拉斯方程(10.3.19)，可得

$$\frac{\mathrm{d}^2 Z}{\mathrm{d}z^2}-k^2 Z=0 \tag{10.3.22}$$

方程(10.3.22)是常系数二阶齐次常微分方程，其通解是

$$Z=\alpha_1\mathrm{e}^{kz}+\alpha_2\mathrm{e}^{-kz} \tag{10.3.23}$$

将式(10.3.23)代入式(10.3.21)，可得

$$\varphi=(\alpha_1\mathrm{e}^{kz}+\alpha_2\mathrm{e}^{-kz})\sin(kx-\omega t) \tag{10.3.24}$$

将水底边界条件(10.3.18)代入式(10.3.24)，可以得到

$$\alpha_2=\alpha_1\mathrm{e}^{-2kh} \tag{10.3.25}$$

进一步，利用双曲余弦函数 $\mathrm{ch}k(z+h)=\dfrac{1}{2}\left[\mathrm{e}^{k(z+h)}+\mathrm{e}^{-k(z+h)}\right]$，并注意利用自由面动力学条件(10.3.17)确定积分常数，可给出有限水深平面周期行进水波速度势的解析式为

$$\varphi=\frac{Ag}{\omega}\cdot\frac{\mathrm{ch}k(z+h)}{\mathrm{ch}(kh)}\sin(kx-\omega t) \tag{10.3.26}$$

3. 重力水波色散关系式

需要特别注意，解析式(10.3.26)的推导，并未用到自由面运动学条件(10.3.16)。实际上对于周期行进水波的相函数 $(kx-\omega t)$ 并未施加任何约束。正如 10.1.3 节关于深水重力波具有色散性，而浅水重力波不具有色散性的讨论，水波的时空传播，即相函数 $(kx-\omega t)$ 需要满足一定的条件，因此需要进一步考察运用自由面运动学条件后，流场速度势会出现什么特殊性质。

将式(10.3.16)和式(10.3.20)用于式(10.3.26)后可得

$$\frac{\omega^2}{g}=k\,\mathrm{th}(kh) \tag{10.3.27}$$

由式(10.3.27)可见，深水重力波的相函数 $(kx-\omega t)$ 是有特殊约束条件的，波数 k 与圆频率 ω 必须满足式(10.3.27)。由于该式与水深密切相关，故称为有限水深重力波的色散关系式。根据式(10.3.27)，有限水深重力波的相速度为

$$C=\frac{\lambda}{T}=\frac{gT}{2\pi}\mathrm{th}(kh) \tag{10.3.28}$$

注意到，当水深恰好等于波长的一半时，$kh=\dfrac{2\pi}{\lambda}h=\pi$，$\mathrm{th}(kh)\big|_{kh=\pi}=0.996$。而当水深与波长之比趋于无穷大时，$\mathrm{th}(kh)\big|_{kh\to\infty}=1$，$\left.\dfrac{\mathrm{ch}[k(z+h)]}{\mathrm{ch}(kh)}\right|_{kh\to\infty}=\mathrm{e}^{kz}$。因此，对于水深大于一半波长的表面重力波流场，可以称为无水深影响的深水波，其流场速度势的解析式为

$$\varphi=\frac{Ag}{\omega}\cdot\mathrm{e}^{kz}\sin(kx-\omega t) \tag{10.3.29}$$

深水重力波的色散关系式为

$$\frac{\omega^2}{g}=k \tag{10.3.30}$$

根据式(10.3.30)，深水重力波的相速度为

$$C=\frac{\lambda}{T}=\frac{gT}{2\pi}=1.56T \tag{10.3.31}$$

联系 10.2 节浅水波的讨论，表 10.3.1 给出按照水深对于微幅线性重力水波的类型。

表 10.3.1 微幅线性重力水波的类型

分类	浅水重力波	有限水深重力波	深水重力波
行进波形	$\zeta = A\cos(kx-\omega t)$	$\zeta = A\cos(kx-\omega t)$	$\zeta = A\cos(kx-\omega t)$
水深范围	$kh \leqslant 0.1\pi$ 或者 $\dfrac{h}{\lambda} \leqslant \dfrac{1}{20}$	$0.1\pi \leqslant kh \leqslant \pi$ 或者 $\dfrac{1}{20} \leqslant \dfrac{h}{\lambda} \leqslant \dfrac{1}{2}$	$kh \geqslant \pi$ 或者 $\dfrac{h}{\lambda} \geqslant \dfrac{1}{2}$
流场速度势	$\varphi = \dfrac{Ag}{\omega}\cdot\dfrac{\mathrm{ch}[k(z+h)]}{\mathrm{ch}(kh)}\sin(kx-\omega t)$	$\varphi = \dfrac{Ag}{\omega}\cdot\dfrac{\mathrm{ch}[k(z+h)]}{\mathrm{ch}(kh)}\sin(kx-\omega t)$	$\varphi = \dfrac{Ag}{\omega}\cdot \mathrm{e}^{kz}\sin(kx-\omega t)$
色散关系	非色散	$\dfrac{\omega^2}{g} = k\,\mathrm{th}(kh)$	$\dfrac{\omega^2}{g} = k$
相速度	$C = \dfrac{\lambda}{T} = \sqrt{gh}$	$C = \dfrac{\lambda}{T} = \dfrac{gT}{2\pi}\mathrm{th}(kh)$	$C = \dfrac{\lambda}{T} = \dfrac{gT}{2\pi} = 1.56T$

10.3.3 线性水波流场特性分析

1. 线性水波速度场和压强场

虽然重力水波的波形以相速度行进，但是自由面下水质点的运动速度(u,w)比相速度小很多。由式(10.3.26)速度势解析表达，可求得有限水深平面行进水波流动近似速度场(u,w)和当地加速度场$\left(\dfrac{\partial u}{\partial t},\dfrac{\partial w}{\partial t}\right)$。

$$
\begin{aligned}
u &= \frac{\partial \varphi}{\partial x} = A\omega\frac{\mathrm{ch}[k(z+h)]}{\mathrm{sh}(kh)}\cos(kx-\omega t) \\
w &= \frac{\partial \varphi}{\partial z} = A\omega\frac{\mathrm{sh}[k(z+h)]}{\mathrm{sh}(kh)}\sin(kx-\omega t)
\end{aligned}
\tag{10.3.32}
$$

$$
\begin{aligned}
\frac{\partial u}{\partial t} &= A\omega^2\frac{\mathrm{ch}[k(z+h)]}{\mathrm{sh}(kh)}\sin(kx-\omega t) \\
\frac{\partial w}{\partial t} &= -A\omega^2\frac{\mathrm{sh}[k(z+h)]}{\mathrm{sh}(kh)}\cos(kx-\omega t)
\end{aligned}
\tag{10.3.33}
$$

可以看出，水波流体质点在水平和垂直方向均做简谐运动。随着流体质点离开水面距离$|z|$的增大，流体速度和加速度迅速减小。图 10.3.2 给出波幅水深之比 1/5、波幅波长之比 1/20 对应的流场速度矢量图。

由非定常形式的伯努利方程(10.3.17)可得到压强分布。这里给出线性动压场：

$$
\begin{aligned}
p &= -\rho\frac{\partial \varphi}{\partial t} = \rho g A\frac{\mathrm{ch}[k(z+h)]}{\mathrm{ch}(kh)}\cos(kx-\omega t) \\
&= \rho g \zeta(x,t)\frac{\mathrm{ch}[k(z+h)]}{\mathrm{ch}(kh)}
\end{aligned}
\tag{10.3.34}
$$

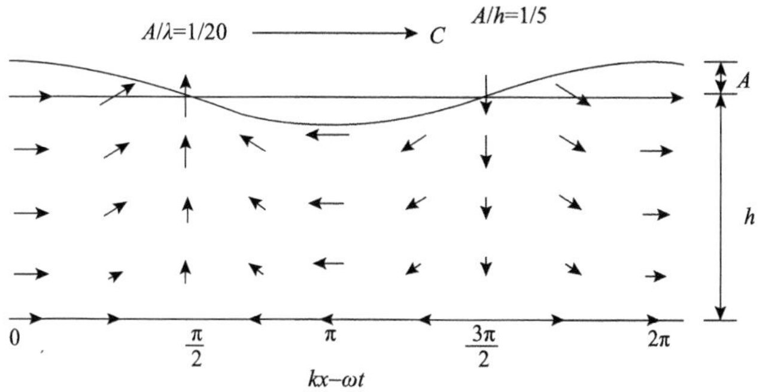

图 10.3.2 水波四个典型相位处的水质点速度大小比例与方向示意图

考虑浅水波和深水波两种极限情况，对于浅水波，$kh \ll 1$，利用关于小量 $kh \ll 1$ 的泰勒级数：

$$\mathrm{e}^{(0\pm kh)} = \mathrm{e}^0 + \left.\frac{\mathrm{d}e^z}{\mathrm{d}z}\right|_{z=0}(\pm kh) + \left.\frac{\mathrm{d}^2e^z}{\mathrm{d}z^2}\right|_{z=0}\frac{(kh)^2}{2!} + \cdots = 1 \pm kh + \frac{(kh)^2}{2} + \cdots \tag{10.3.35}$$

注意 $\mathrm{ch}(kh)\big|_{kh\to 0} = \left(\dfrac{\mathrm{e}^{kh}+\mathrm{e}^{-kh}}{2}\right)_{kh\to 0} = 1$，$\mathrm{sh}(kh)\big|_{kh\to 0} = \left(\dfrac{\mathrm{e}^{kh}-\mathrm{e}^{-kh}}{2}\right)_{kh\to 0} = kh$，$\mathrm{th}(kh)\big|_{kh\to 0} = kh$，可得到浅水波的速度场 $(u_\mathrm{S}, w_\mathrm{S})$ 和总压场 p_S：

$$\begin{aligned} u_\mathrm{S} &= \frac{A}{h}\sqrt{gh}\cos(kx-\omega t) = \frac{\zeta}{h}C \\ w_\mathrm{S} &= \frac{A}{h}\left(1+\frac{z}{h}\right)k\sqrt{gh}\sin(kx-\omega t) = -\frac{\partial\zeta}{\partial x}\left(1+\frac{z}{h}\right)C \\ p_\mathrm{S} &= -\rho g z + \rho g\zeta = \rho g(\zeta - z) \end{aligned} \tag{10.3.36}$$

可见，浅水波流场水平速度沿水深不变，垂向速度沿水深线性递减至零，由于 $kh \ll 1$，$\dfrac{(u_\mathrm{S})_{\max}}{(w_\mathrm{S})_{\max}} = \dfrac{1}{kh}$，水平速度最大值比垂向速度最大值大得多。并且由总压场表达式(10.3.36)可知，浅水波面下的任意点处流体压强，等于该点以上波面以下的水柱高度静压强，这说明浅水波水质点的垂向加速度极小。

对于深水波，$kh \gg 1$，$\dfrac{\mathrm{ch}[k(z+h)]}{\mathrm{sh}(kh)} \approx \dfrac{\mathrm{sh}[k(z+h)]}{\mathrm{sh}(kh)} \approx \mathrm{e}^{kz}$，所以深水波的速度场 $(u_\mathrm{D}, w_\mathrm{D})$ 和总压场 p_D 为

$$\begin{aligned} u_\mathrm{D} &= \omega A\mathrm{e}^{kz}\cos(kx-\omega t) = 2\pi\frac{\zeta}{\lambda}\mathrm{e}^{kz}C \\ w_\mathrm{D} &= \omega A\mathrm{e}^{kz}\sin(kx-\omega t) = -\frac{\partial\zeta}{\partial x}\mathrm{e}^{kz}C \\ p_\mathrm{D} &= -\rho g z + \rho g\zeta\mathrm{e}^{kz} = \rho g(\zeta\mathrm{e}^{kz} - z) \end{aligned} \tag{10.3.37}$$

可见，深水波流场水平速度和垂向速度幅值相等，并且沿水深指数衰减。同样相速度下，波

陡越大，流体质点速度越大。深水波压强沿水深指数衰减，水深半个波长处的流速和压强都衰减为自由面的 $e^{-\pi} \approx 4.3\%$ 。

2. 线性水波流体质点轨迹

由图 10.3.2 速度场可知，水波流体质点围绕平均位置振荡运动，对于小波陡微幅水波，假设流体质点瞬时位置 (x,z) 与其平均位置 (x_0,z_0) 间距离 $(\mathrm{d}x,\mathrm{d}z)$ 为小量，因此流场速度可以取关于波陡的一阶近似值，即

$$\begin{aligned} u(x,z,t) &= u\left[x_0+\mathrm{d}x, z_0+\mathrm{d}z, t\right] \approx u(x_0,z_0,t) = A\omega\frac{\mathrm{ch}[k(z_0+h)]}{\mathrm{sh}(kh)}\cos(kx_0-\omega t) \\ w(x,z,t) &= w\left[x_0+\mathrm{d}x, z_0+\mathrm{d}z, t\right] \approx w(x_0,z_0,t) = A\omega\frac{\mathrm{sh}[k(z_0+h)]}{\mathrm{sh}(kh)}\sin(kx_0-\omega t) \end{aligned} \tag{10.3.38}$$

对式(10.3.38)关于时间积分，可得平均位置在 (x_0,z_0) 的流体质点的瞬时位置：

$$\begin{aligned} x &= \int_{t_0}^{t} u(x_0,z_0,\tau)\,\mathrm{d}\tau = -A\frac{\mathrm{ch}[k(z_0+h)]}{\mathrm{sh}(kh)}\sin(kx_0-\omega t)+C_x \\ z &= \int_{t_0}^{t} w(x_0,z_0,\tau)\,\mathrm{d}\tau = A\frac{\mathrm{sh}[k(z_0+h)]}{\mathrm{sh}(kh)}\cos(kx_0-\omega t)+C_z \end{aligned} \tag{10.3.39}$$

式中，积分常数 (C_x,C_z) 取与积分初始时刻无关的位置量，注意到流体质点围绕平均位置 (x_0,z_0) 振荡运动，所以取 $(C_x \approx x_0, C_z \approx z_0)$ ，这样近似下，消去时间项，可得到水波质点的轨迹方程：

$$\frac{(x-x_0)^2}{\left(A\dfrac{\mathrm{ch}[k(z_0+h)]}{\mathrm{sh}(kh)}\right)^2}+\frac{(z-z_0)^2}{\left(A\dfrac{\mathrm{sh}[k(z_0+h)]}{\mathrm{sh}(kh)}\right)^2}=\frac{(x-x_0)^2}{a^2}+\frac{(z-z_0)^2}{b^2}=1 \tag{10.3.40}$$

显然，在线性近似下，流体质点的轨迹为椭圆，如图 10.3.3 所示。

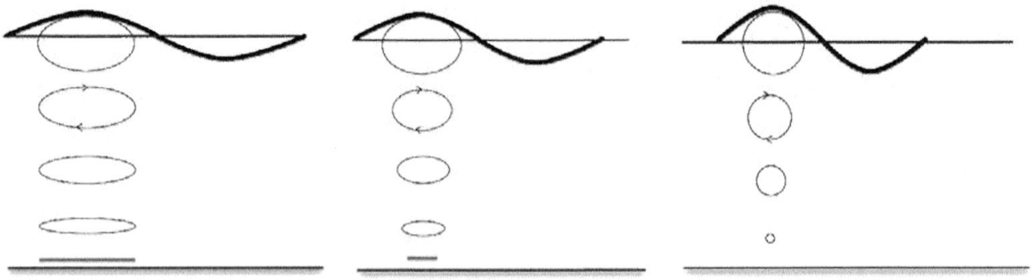

(a) $kh<\frac{\pi}{10}\left(\frac{h}{L}<\frac{1}{20}\right)$　(b) $\frac{\pi}{10}<kh<\pi\left(\frac{1}{20}<\frac{h}{L}<\frac{1}{2}\right)$　(c) $kh>\pi\left(\frac{h}{L}>\frac{1}{2}\right)$

图 10.3.3　不同相对水深水波的质点轨迹示意图

水平长半轴为 $a=A\dfrac{\mathrm{ch}[k(z_0+h)]}{\mathrm{sh}(kh)}$ ，垂直短半轴为 $b=A\dfrac{\mathrm{sh}[k(z_0+h)]}{\mathrm{sh}(kh)}$ ，从水面向水底，椭

圆半轴逐渐衰减。在水面处 $z_0=0, b=A$，在水底处 $z_0=-h, b=0$，流体质点做水平直线往复振荡，这与水底不可穿透条件协调。

对于深水波，$a=b=Ae^{kz_0}$，流体质点轨迹为圆周，圆周半径 r 沿水深指数衰减，如图 10.3.3 所示。三个典型水深处：

$$\begin{aligned}
&z_0=0, \quad \rightarrow \quad r=Ae^0=A \\
&z_0=-0.5\lambda, \quad \rightarrow \quad r=Ae^{-\pi}=0.043A \\
&z_0=-1.0\lambda, \quad \rightarrow \quad r=Ae^{-2\pi}=0.002A
\end{aligned} \tag{10.3.41}$$

10.3.4 水波能量特征

未破碎重力水波的能量主要由动能和势能组成，波面和水下质点都在随着时空振荡运动，因此需要区分水波的瞬时能量与平均能量。可以分别从时间平均或者空间平均的角度，讨论水波的平均能量。

这里，针对水平面投影为单位面积的垂直柱状控制体中的水波流动，分析时间长度为一个周期内水波能量的平均值。平均动能为

$$\begin{aligned}
E_K &= \frac{1}{T}\int_t^{t+T}\int_{-h}^{\zeta}\frac{1}{2}\rho(u^2+w^2)\,dzdt \\
&= \frac{1}{T}\int_t^{t+T}\frac{1}{2}\rho\left[\int_{-h}^{0}(u^2+w^2)\,dz+\int_0^{\zeta}(u^2+w^2)\,dz\right]dt
\end{aligned} \tag{10.3.42}$$

关于右端第一项积分，将速度表达式(10.3.32)代入，关于时间积分时，注意利用余弦函数的倍角公式，$\int_t^{t+T}\sin^2(kx-\omega t)\,dt=\int_t^{t+T}\cos^2(kx-\omega t)\,dt=\frac{T}{2}$，可得

$$\begin{aligned}
\frac{1}{T}\int_t^{t+T}\frac{1}{2}\rho\int_{-h}^{0}(u^2+w^2)dzdt &= \frac{1}{4}\rho A^2\frac{\omega^2}{\mathrm{sh}^2(kh)}\int_{-h}^{0}\left\{\mathrm{ch}^2[k(z+h)]+\mathrm{sh}^2[k(z+h)]\right\}dz \\
&= \frac{1}{4}\rho A^2\frac{\omega^2}{\mathrm{sh}^2(kh)}\int_{-h}^{0}[\mathrm{ch}^2 k(z+h)]dz \\
&= \frac{1}{4}\rho A^2\frac{\omega^2}{\mathrm{sh}^2(kh)}\frac{\mathrm{sh}^2(kh)}{2k}=\frac{1}{4}\rho gA^2
\end{aligned} \tag{10.3.43}$$

式(10.3.43)最后一步，利用了色散关系式(10.3.27)。

关于右端第二项积分：

$$\frac{1}{T}\int_t^{t+T}\frac{1}{2}\rho\int_0^{\zeta}(u^2+w^2)\,dzdt \approx \frac{1}{T}\int_t^{t+T}\frac{1}{2}\rho\left[\zeta(u^2+w^2)\Big|_{z=0}\right]dt \tag{10.3.44}$$

为关于波幅的立方量 $O(A^3)$，比第一项积分小一个数量级，可以忽略。可见平均动能为

$$E_K=\frac{1}{4}\rho gA^2 \tag{10.3.45}$$

以静水面为势能参考面，平均势能为

$$E_{\mathrm{P}}=\frac{1}{T}\int_{t}^{t+T}\int_{0}^{\zeta}\rho gz\mathrm{d}z\mathrm{d}t=\frac{1}{T}\int_{t}^{t+T}\frac{1}{2}\rho g\zeta^{2}\mathrm{d}t \tag{10.3.46}$$

由式(10.3.20)可知，波面表达式为$\zeta=A\cos(kx-\omega t)$，代入式(10.3.46)，积分可得

$$E_{\mathrm{P}}=\frac{1}{4}\rho gA^{2} \tag{10.3.47}$$

由线性水波理论分析结果式(10.3.47)和式(10.3.45)可见，水波在一个周期内(或一个波长内)的平均能量为

$$E=E_{\mathrm{K}}+E_{\mathrm{P}}=\frac{1}{2}\rho gA^{2} \tag{10.3.48}$$

式中，平均动能和平均势能各占一半。

参 考 文 献

范康年，2012. 物理化学[M]. 北京：高等教育出版社.
卡尼亚达克斯，柏斯考克，2006. 微流动——基础与模拟[M]. 中国科学院过程工程研究所多相反应重点实验室，多相复杂系统与多尺度方法课题组，译. 北京：化学工业出版社.
帕斯里亚，2017. 统计力学[M]. 方锦清，戴越，译. 北京：高等教育出版社.
普朗特，奥斯瓦提奇，维格哈特，1981. 流体力学概论[M]. 郭永怀，陆士嘉，译. 北京：科学出版社.
钱学森，2007. 物理力学讲义(新世纪版)[M]. 上海：上海交通大学出版社.
吴望一，1982. 流体力学(上册) [M]. 北京：北京大学出版社.
吴望一，1983. 流体力学(下册) [M]. 北京：北京大学出版社.
张亮，李云波，2001. 流体力学[M]. 哈尔滨：哈尔滨工程大学出版社.
张兆顺，崔桂香，1999. 流体力学[M]. 北京：清华大学出版社.
章梓雄，董曾南，1999. 黏性流体力学[M]. 北京：清华大学出版社.
周光坰，严宗毅，许世雄，等，2002a. 流体力学(上册)[M]. 北京：高等教育出版社.
周光坰，严宗毅，许世雄，等，2002b. 流体力学(下册)[M]. 北京：高等教育出版社.
BATCHELOR G K, 1967. An introduction to fluid dynamics[M]. Cambridge: Cambridge University Press.
SMITS A J, 2022. A physical introduction to fluid mechanics[M]. Princeton: Princeton University Press.